Guido Gozzano
Poesie

introduzione e note a cura di
GIORGIO BÁRBERI SQUAROTTI

Biblioteca Universale Rizzoli

Proprietà letteraria riservata
© 1977 RCS Rizzoli Libri S.p.A., Milano
© 1994 R.C.S. Libri & Grandi Opere S.p.A., Milano

ISBN 88-17-12132-0

prima edizione: settembre 1977
settima edizione: aprile 1996

CRONOLOGIA DELLA VITA E DELLE OPERE

1883, 19 dicembre Guido Gozzano nasce a Torino dall'ingegnere Fausto e da Diodata Mautino, figlia del senatore Mautino, amico personale di d'Azeglio e di Cavour.

1903 Consegue la licenza liceale, dopo studi non troppo brillanti, in parte compiuti in scuole pubbliche, in parte in collegio. Si iscrive alla facoltà di giurisprudenza dell'università di Torino (ma non giungerà mai a laurearsi). Pur essendo di salute abbastanza cagionevole, pratica o segue alcuni sport, come il pattinaggio sul ghiaccio, il ciclismo, il pugilato, il nuoto.

1904 Conosce Carlo Vallini, che diviene ben presto il suo più caro amico e confidente. Con lui, che è anche poeta, frequenta le lezioni di Arturo Graf e la sede della Società di Cultura, partecipando attivamente alla vita culturale torinese.

1904-1907 Compone le poesie de *La via del rifugio* (e alcune delle cosiddette *Poesie sparse*). La raccolta esce nel 1907 presso l'editore Streglio di Torino, e ha un buon successo, tanto che nello stesso anno viene ristampata.

1907 Ad Agliè, contemporaneamente all'uscita de *La via del rifugio*, viene colpito da un violento attacco di tubercolosi. I medici gli consigliano la partenza immediata per una località montana, e precisamente Davos, in Svizzera. Guido sceglie invece il mare, a San Giuliano d'Albaro, presso Genova, dove si ferma per l'estate e l'inverno successivo. Da San Giuliano inizia una relazione epistolare con la giovane, ma già nota poetessa Amalia Guglielminetti, di cui diviene ben presto l'amante. La relazione dura fino alla primavera del 1908, trasformandosi poi in una viva amicizia intellettuale.

1907-1911 La malattia lo costringe a dividere la sua vita fra il mare (per lo più San Giuliano d'Albaro o altre località nei pressi di Genova) e la montagna (Ceresole Reale, Ronco, Bertesseno, Fiery). Compone i *Colloqui* e inizia il poemetto, rimasto poi incompiuto, sulle farfalle.

1911 Escono *I Colloqui*, presso l'editore Treves di Milano. Intensifica la collaborazione a giornali, (« La Gazzetta del popolo », « La Stampa », « Il Momento ») e riviste (« La Rassegna latina », « La Donna », « La Lettura », « L'Illustrazione italiana).

1912 Si imbarca il 16 febbraio a Genova per l'India, insieme con un amico. Va a Colombo, nell'isola di Ceylon, e a Bombay. Il viaggio era stato consigliato dai medici: ed è molto probabile che i luoghi indiani che il Gozzano dice di aver visitato (Goa, Madura, Golconda, Giaipur, ecc.) non siano in realtà mai stati da lui effettivamente raggiunti. I versi scritti durante il viaggio furono distrutti per ordine di Guido perché da lui giudicati osceni (si salvarono soltanto *Ketty* e *Natale sul Picco d'Adamo*). Le « lettere dall'India » escono su « La Stampa », e saranno raccolte postume nel 1917, presso l'editore Treves, con titolo *Verso la cuna del mondo. Lettere dall'India (1912-1913)*, con prefazione di G. A. Borgese.

1914-1915 Scoppia la prima guerra mondiale, alla quale Guido dedica alcune poesie abbastanza mediocri e generiche.

1916, 9 agosto Muore a Torino, dopo aver ricevuto i sacramenti. Viene sepolto ad Agliè.

INTRODUZIONE

Si avverte subito, nella poesia di Gozzano, la presenza di una sorta di disperazione sulla possibilità di scrivere ancora versi, in una società, quale è quella borghese, che è sentita come del tutto aliena da qualsiasi forma di discorso poetico, intesa com'è in modo esclusivo all'utilità, al guadagno, all'economicità. Chi legga i versi di Gozzano (e dei crepuscolari) è immediatamente colpito dalla radicale riduzione, dal deciso abbassamento di livello tematico e linguistico che li contraddistingue: di fronte al sublime della tradizione, anche recente, di fronte all'uso della poesia che fanno i quasi contemporanei Pascoli e D'Annunzio, celebrativo, innografico, simbolico di una conoscenza metastorica e metarazionale del mondo (ora che la fiducia nella scienza è venuta meno con l'eclissi della filosofia positivista), il grado espositivo di Gozzano è quello del « parlato » della conversazione borghese, con un'irresistibile tendenza verso la prosa appena rianimata dalla rima e dalla cadenza degli accenti del verso, e oggetti quotidiani, comuni, banali, popolano salotti di città e vecchie ville decadute, i personaggi sono la « quasi brutta » Signorina Felicita, il farmacista, il gatto, la ghiandaia, la bertuccia di nome Makakita, la cocotte, la ragazza vestita e acconciata secondo l'ultima moda di Parigi, gli zii molto dabbene (e di tutto l'armamentario mitologico non rimangono che le statue camuse e senza braccia del parco di Villa Amarena).

Il problema di fare poesia, insomma, urta in pieno contro le buone cose di pessimo gusto della normale vita borghese: e allora la scelta di Gozzano (e dei crepuscolari in genere) è di accettare totalmente le condizioni che la norma sociale impone, quella norma che respinge ogni forma di diversità, si tratti dell'avventura eroica come di quella letteraria, e reputa lo scrivere versi una forma di stranezza, di cui bisogna vergognarsi. Nasce proprio da questa decisione di accettare di conformarsi all'ordine e alla norma sociale borghese la scelta del linguaggio e degli oggetti quotidiani come gli spazi entro cui il poeta tenta di inserirsi e di agire, onde cercare un modo di sopravvivenza della poesia in un contesto che le è ostile o, almeno, estraneo. La scommessa del poeta è giocata sulla possibilità che, in questo modo, il fare poesia sia ammesso dall'ideologia borghese: se nulla, nell'apparenza e alla superficie, viola la norma, allora anche lo scrivere versi può essere accettato come non aberrante, e la salvezza e la durata della poesia si possono attuare, anche al prezzo abbastanza alto della mimetizzazione della poeticità, della finzione della quotidianità, della «prosaicità» e della «prosa» come maschere (socialmente accettabili) del fare poetico. La mimesi del linguaggio medio e la normalità quotidiana delle situazioni e degli ambienti e degli oggetti e dei personaggi rappresentano la maschera che la poesia deve indossare per non essere rifiutata a priori dal contesto borghese. Il decreto di morte dell'arte e, in particolare, della poesia, che l'ideologia del guadagno e dell'utilità pronuncia, può forse essere sospeso quando la poesia divenga mimesi della normalità, non abbia più la parte dell'eccezione, della singolarità. Le buone cose di pessimo gusto finiscono a essere la raccomandazione necessaria perché lo scrivere versi non sia a priori respinto da una società che cerca di cancellare la poesia come il luogo del sublime, in quanto attentato al proprio ordine, indicazione di altro al di là delle proprie regole di vita e di comportamento.

A differenza degli altri crepuscolari, Gozzano ha chiara coscienza del carattere del tutto precario di tale finzione: per questo, nella sua poesia, si avverte continuamente, nei confronti della mimesi della norma, linguistica e tematica, del mondo borghese, una sorta di straniamento che si traduce nella presenza costante dell'ironia. L'ironia indica il giudizio di utopicità sull'effettiva possibilità di far durare la poesia sotto la maschera della mimetizzazione borghese, che Gozzano pronuncia nell'atto stesso in cui elenca le buone cose di pessimo gusto del salotto borghese, descrive l'accolita dei torinesi limitati e alieni da ogni manifestazione dell'arte, evoca l'ignorante consorte de *L'ipotesi*, la «quasi brutta» Signorina Felicita, col padre in fama di usuraio, col molto inclito collegio politico locale, e i villosi forestieri che bussano alla porta della villa di Totò Merùmeni: utopico è credere che la poesia possa essere accettata nell'ambito della società borghese intesa alla moneta, per il solo fatto di avere rinunciato a tutte le aureole e a tutte le pretese di distinzione, di diversità, non per questo davvero la corona d'alloro sul capo di Torquato Tasso, nella stampa conservata nel solaio di Villa Amarena, può essere rispettata dalla borghesissima Signorina Felicita, e non scambiata per una buffa corona di ciliege, o il poeta può essere accolto senza fastidio o insofferenza o compatimento dai buoni borghesi che nel salotto di Torino dicono di non capire nulla dell'arte della Duse e di andare a teatro esclusivamente per divertirsi. C'è uno stacco incolmabile fra il mondo borghese e la poesia, a meno che questa non vada ben oltre la mimesi della medietà borghese e la mimetizzazione nella norma, cioè accetti di vendersi, di diventare totalmente e assolutamente merce, cantando i «valori» (di guadagno e di utilità economica) di quel mondo.

Ne *L'ipotesi*, a uso dell'ipotetica consorte ignorante, Gozzano ricanta, secondo l'ideologia e i princìpi borghesi, il mito del Re-di-Tempeste Odisseo, *playboy* internazionale che frequenta le spiagge alla moda a bordo di un *yacht*, e, dopo essersi fatte perdonare dalla moglie fedele le scappatelle extraconiugali, riparte per l'America, poiché «non si può vivere senza / molti, molti denari». La prospettiva economica, tipica dell'ideologia borghese, si risolve in un'atroce parodia di Omero e di Dante, e anche dell'ulissismo celebrato dal D'Annunzio della *Laus vitae*: modelli impraticabili, nel mondo borghese, rifiutati come poesia e come vita, di fronte all'unico principio borghese del guadagno. I significati borghesi capovolgono crudamente i termini della grande celebrazione dantesca della sete di «vertute e canoscenza»: la «pieta» per il vecchio padre, con il valore religioso della parola, che allude a un sentimento di devoto e quasi sacro rispetto per la vecchiaia di Laerte, diventa la «pietà», cioè la compassione per gli inutili vecchi nel dominio dell'utilità e del denaro del mondo borghese; la «semenza» eroica che Dante indica essere quella dell'uomo, rivolto all'esperienza del mondo e alla conoscenza dell'ignoto, si rivolta, dal punto di vista borghese, nella necessità di fare denaro, l'economicità è la vera natura dell'uomo; il «debito amore» per Penelope diviene il dovere coniugale che compete alla «metà», che è la parola piú carica di ironia e di parodicità, proprio per il carattere piú scopertamente familiare e colloquiale che essa possiede e per l'appartenenza piú specifica al lessico dei rapporti borghesi. La parodia di Omero e di Dante, che cosí Gozzano scrive, verifica nel modo più acre e amaro l'impossibilità della grande poesia e dei grandi miti nel mondo contemporaneo: Ulisse si invilisce, si rivolta in conquistatore da strapazzo e in avido cercatore di facili fortune economiche (l'unica avventura ammissibile nel mondo contemporaneo è quella del tentare guadagni in America, cioè è l'avventura del denaro), se viene guardato e rappresentato secondo l'ottica borghese.

Anche Gozzano, allora, come D'Annunzio, verifica la morte della poesia nel mondo contemporaneo, dominato dall'esigenza di normalità e di ordine dell'ideologia borghese: ma, mentre D'Annunzio scrive la tragedia della bellezza soffocata e distrutta dall'economicità (come ne *Le vergini delle rocce*, osservando le ville romane abbattute e cancellate dalla speculazione edilizia, e come ne *Il fuoco*, descrivendo il parco della villa veneta in rovina, con le statue mutilate e semiabbattute, fra vinacce, legumi, letame) e quella dell'intellettuale e dell'artista assaliti, anche nella torre d'avorio che hanno cercato di innalzarsi, dalla volgarità e dalla bruttezza del mondo borghese, e condotti a cercare la morte per salvarsene (come ne *Il trionfo della Morte*), oppure contaminati irrimediabilmente da esse (come ne *Il compagno dagli occhi senza cigli* e ne *La Leda senza cigno*), Gozzano, invece, denuncia, con l'ironia, l'impossibilità anche della tragedia nella morte dell'arte e della bellezza antiche nel mondo borghese, e, ripetendo le pagine dannunziane de *Il fuoco* per descrivere lo stato di abbandono e di distruzione del parco di Villa Amarena, raffigura la degradazione, quasi la farsa dell'impossibilità e dell'inammissibilità della poesia e della bellezza nel contesto della normalità borghese.

Per la poesia, allora, l'esistenza non può aversi che in spazi laterali, nascosti, mimetizzati, fuori della regola sociale per disperata convenzione del poeta ovvero per qualche raro privilegio che la società consente. Si gioca qui la parte fondamentale che la malattia ha nel garantire la possibilità di fare poesia. Nell'opera poetica di Gozzano la malattia salva dalla resa all'ideologia borghese del guadagno: la « signora vestita di nulla », come Gozzano chiama la morte ne *L'ipotesi*, è per via, quindi l'ipotesi del tranquillo matrimonio borghese, con la consorte ignorante, con il figlio ben sistemato nel lavoro e la figlia nella funzione di donna di casa e di madre felice, con il ritorno, nella vecchiaia, « alla gioventù clericale » per garantirsi prudentemente verso i rischi dell'al di là, non ha nessuna possibilità di vera attuazione, rimane un sogno ironico ovvero un incubo, o, ancor meglio, una forma di esorcisma che allontana definitivamente e vince i fantasmi e il mortale (per il poeta) pericolo della normalità della vita borghese. Sì, Gozzano dichiara che la Signorina Felicita lo farebbe più felice di un'intellettuale gemebonda, delle donne rifatte sui romanzi, delle donne raffinate e sapute, ma la dichiarazione è collocata all'interno di una situazione reale nella quale, a opera della malattia, il poeta frequenta e ha rapporti soltanto con quel tipo di donne d'eccezione, non già con le buone e limitate donne della borghesia intesa al guadagno. Non c'è nessun pericolo che il sogno del matrimonio borghese con la Signorina Felicita si compia davvero: quando sembra proprio che l'aspirazione alla normalità stia per essere soddisfatta, ecco che la malattia interviene a imporre il viaggio oltremare, ecco che il rischio incombente dell'« altro viaggio », quello della morte, stacca il poeta dalla Signorina Felicita, e fa svanire per sempre l'immagine e la possibilità della vita secondo la norma borghese. In coerenza con la rappresentazione della malattia come il luogo dell'arte, quale si incontra nella letteratura fra la fine dell'Ottocento e l'inizio del Novecento (Thomas Mann, D'Annunzio, Svevo, ecc.), Gozzano congiunge arte e malattia, morte e poesia. La malattia dell'artista è il simbolo della malattia mortale della poesia nel mondo borghese, respinta, rifiutata, negata: ma quella malattia è pure il privilegio del poeta, che l'usa come difesa contro gli sforzi di assorbimento e di integrazione che il contesto sociale, più o meno terroristicamente, compie su di lui (si legga, ad esempio, *Alle soglie*).

L'altro privilegio è la giovinezza: la poesia è cosa del giovane Gozzano, e rifiuta la maturità, che è sotto il dominio della norma di vita borghese, quella che impone la professione, il lavoro ordinato, la testa a partito (*In casa del sopravissuto*). Nell'ultimo componimento de *I Colloqui* Gozzano definisce ancor meglio il legame che esiste fra la giovinezza e la poesia: questa non sarà la vecchia attrice che pargoleggia, cercando il plauso del pubblico anche quando ormai le sue grazie sono venute meno, ma imiterà la contessa Castiglione, che, giunta al momento della decadenza fisica, esce dalla vita, si chiude nella sua casa, non vede più nessuno, distrugge gli specchi. Spazio circoscritto e speciale, quello della giovinezza, slegato per ammissione e convenzione dalla norma, nel quale si può folleggiare ed essere strani e diversi, è deputato alla poesia: dopo, ci potrà essere sì la resa alla norma, ma soprattutto è certa la morte, a garantire dal rischio di una maturità « normale » e borghese.

Infine, c'è il vero e proprio esilio, quello di Totò Merùmeni nella vecchia villa del Canavese, con la madre inferma, la vecchia prozia, lo zio demente (le figure dell'anormalità rispetto alla regola borghese: la malattia, la vecchiaia, la follia), con la compagnia del gatto, della ghiandaia, della bertuccia di nome Makakita: ed è un esilio fisico e simbolico, al riparo del quale gli è possibile far nascere « una fiorita d'esili versi consolatori » (e, al tempo stesso, al riparo da ogni tipo di commozione e di emozione borghese, nella più completa aridità, nel deserto di ogni convenzione e pateticità, quale Totò Merùmeni si è costruito o ha ottenuto all'interno di un'altra malattia, quella dell'anima, che si è inaridita fino in fondo). La poesia, insomma, è sempre altrove rispetto allo spazio dominato dalla norma borghese. La sua astuzia (disperata) consiste nel trovarsi i luoghi dove durare e attuarsi, al prezzo della morte, dell'esilio, dell'impiego in essa della giovinezza, che così si perde e consuma e vota alla malattia, alla distruzione.

Ma il discorso di Gozzano sull'impossibilità della poesia nel mondo borghese, che coincide con la coscienza di trovarsi alla fine dell'esistenza dell'arte, di assistere alla morte dell'arte, vuole anche tentare la salvezza e la conservazione dello splendido passato di bellezza, raccogliendolo, come in una specie di museo, all'interno della propria opera. È lo stesso procedimento che attua D'Annunzio, facendosi l'appassionato e grandioso collezionista di tutte le forme d'arte del passato, direttamente della poesia, attraverso imitazioni, reminiscenze, rifacimenti, citazioni; indirettamente – attraverso la descrizione – della pittura, dell'architettura, della scultura, della musica, e anche la bellezza della natura, negli aspetti più eletti, viene convogliata nel gran museo dell'artista-conservatore D'Annunzio, descritta oppure inserita attraverso le similitudini, spesso legate in lunghissime catene. Gozzano cita e rifà Petrarca e Dante e Leopardi e Bernardin de Saint-Pierre e de Musset (insieme con i contemporanei, come Carducci, Pascoli, Jammes, Maeterlinck, Loti – in *Verso la cuna del mondo* –, Zola, D'Annunzio): offre, cioè, anch'egli il suo museo, che non è soltanto la denuncia del carattere intrinseco di una poesia che nasce su altra poesia, ma, piuttosto, l'indicazione dell'estrema sfiducia nella durata della poesia, nel mondo contemporaneo dominato dall'economicità e dal guadagno. Siamo alla fine del tempo dell'arte e della poesia: il poeta non può che testimoniare la sua predilezione per il passato di bellezza e di grazia e, contemporaneamente, stabilire i termini del catalogo del museo delle proprie predilezioni.

Ma anche la poesia contemporanea è ormai da museo, anche quella di D'Annunzio, l'odiosamato D'Annunzio. L'illusione di D'Annunzio di essere egli la poesia stessa per unico privilegio è ironicamente demolita da Gozzano proprio attraverso le citazioni, le parodie, i rifacimenti, gli sviluppi di temi, modi, forme, immagini dannunziane. Arte da museo è anche quella dannunziana: ma il museo che si può offrire al mondo borghese deve essere praticabile per semplicità, volgarità, banalità, medietà, mediocrità, non deve avere i caratteri sublimi di quello dannunziano, e, in più, deve essere davvero frutto di straniamento, di obiettivazione, deve essere descritto e catalogato in falsetto, non può essere esito di un'ambizione di ultimo vate, dopo il quale, proprio anche in conseguenza della grandezza che ha espresso, può esserci il diluvio della bruttezza e della volgarità borghese. Per questo, ironicamente, in parallelo con la preghiera di ringraziamento al buon Dio per non averlo fatto gabrieldannunziano, Gozzano prega lo stesso buon Dio di conservargli quello stile che è suo, di scolaro, corretto un po' dalla serva: il museo che il poeta nel mondo borghese può raccogliere è un museo di decadenza, di morte, di invilimento. Come il linguaggio della poesia contemporanea si riduce a mimesi del parlato borghese, così la stessa raccolta dei frammenti della poesia del passato non può che essere compiuta in quel linguaggio decaduto e banale, ma che è anche l'unico comprensibile al contesto borghese.

C'è, in Gozzano, presente sempre una duplice posizione nei confronti della durata della poesia e del rapporto della poesia con il mondo borghese: da un lato, la dichiarazione di impossibilità e di morte; dall'altro, l'ironica (e un poco masochista) rappresentazione dell'unico e degradatissimo modo in cui si può tentare la poesia nel contesto sociale borghese. Il rapporto (strettissimo) di Gozzano con D'Annunzio, che è uno dei temi costanti della critica gozzaniana (e che ha avuto i più acuti indagatori in Sanguineti e in Guglielminetti), si chiarisce proprio nell'opposta risposta che essi dànno alla coscienza dell'impossibilità della poesia nel mondo borghese: per D'Annunzio, la contrapposizione della propria eccezionalità solitaria alla banalità e alla volgarità borghese; dalla parte di Gozzano, invece, il senso dell'illusorietà, quindi dell'improponibilità di tale prosopopea, donde l'ironia e la parodia come le figure entro cui le citazioni si sistemano all'interno del discorso gozzaniano, capaci di misurare lo stacco ormai incolmabile fra il sublime dannunziano e la condizione degradata delle situazioni e delle cose nel mondo contemporaneo, dominato dall'economicità borghese. Ma si badi bene: Gozzano non condivide affatto la perdita di aureola a cui la società condanna il poeta, non intende affatto collaborare al compatimento e al rifiuto della grande poesia da parte del mondo borghese, non assume, cioè, il punto di vista limitativo e negativo nei confronti dell'arte, inutile o anche pericolosa per l'ordine e la norma della vita; ma non si fa illusioni sulla possibilità di far durare la bellezza coltivandola nella solitudine della torre d'avorio dell'artista, come se fosse sufficiente tale rifugio a conservarla incontaminata o, comunque, a permetterle di vivere e di resistere. L'ironia antidannunziana di Gozzano, che pure è tributario molto seriamente di D'Annunzio in tante situazioni o momenti o espressioni, si appunta proprio su tale pretesa di esorcizzare la situazione drammatica dell'arte nel mondo borghese attraverso la finzione di un'aristocratica solitudine, di un privilegio d'eccezione. Se mai la poesia può ancora manifestarsi, è nel deserto, che è, al tempo stesso, esito della decadenza del luogo privilegiato del vivere aristocratico (le ville gentilizie di Gozzano sono tutte in decadenza, da quella della Signorina Felicita a quella di Totò Merùmeni) e cancellazione di ogni legame sociale, di ogni sentimento, di ogni rapporto, rovina delle istituzioni e delle convenzioni (come testimonia Totò Merùmeni).

Il fatto è che Gozzano verifica l'impossibilità, anche, del sentimento autentico, nella contemporaneità borghese. Anche l'amore è sempre altrove rispetto al mondo in cui il poeta vive: nel passato, soprattutto, così come nel passato è la poesia, è la possibilità di fare poesia: e amore e poesia sono, romanticamente, due aspetti di uno stesso problema. Totò Merùmeni non può « sentire », in quanto « un lento male indomo / inaridì le fonti prime del sentimento », e, nell'impossibilità dell'amore, l'aridità è la sua scelta, e a essa perfettamente si adegua la sostituzione a ogni sogno sentimentale del più semplice esercizio del sesso (egli ha, infatti, per amante la cuoca diciottenne: in più, in questo modo, brutalmente opponendo alle convenienze borghesi tutta una serie di situazioni trasgressive: l'amante minorenne, la posizione amorosa non canonica, ecc.). *Il gioco del silenzio, Una risorta, Un'altra risorta* confermano, nel contempo, l'impossibilità dell'amore e la praticabilità esclusiva del sesso, in un mondo in cui domina l'inautenticità del sentimento, di ogni sentimento, ma soprattutto di quello d'amore. Gozzano rinasce nel 1850 per contemplare Carlotta, l'amica di nonna Speranza, l'unica che, in quanto conclusa nel passato, avrebbe potuto amare d'amore, proprio perché quel passato romantico, pur svenevole e goffo e mediocre, era il tempo dell'amore non ancora adulterato, cancellato, distrutto dall'inautenticità della vita borghese. Egli è Paolo, il protagonista del romanzo settecentesco di Bernardin de Saint-Pierre, reincarnato proprio per misurare l'impossibilità di ripetere l'esperienza purissima e appassionata dell'amore per Virginia, in mezzo alle convenzioni letterarie e ideologiche e morali del Settecento di maniera, là dove il mondo borghese in cui egli rivive la vicenda antica non consente né passione né dolore, né slancio del sentimento né compianto o elegia dello strazio dell'amore, bruscamente spezzato dal destino avverso. La poesia è possibile in quanto è ricantazione del passato, celebrazione della passione amorosa sentita e sofferta nel passato. Anche la protagonista di *Cocotte* sarebbe potuta essere oggetto d'amore, la donna intravista nel giardino accanto durante la villeggiatura del bambino di quattro anni, in quanto anch'ella appartiene al passato, all'altrove, e non all'arida, ingannevole, mistificata condizione del presente, dominato dalla distruzione di ogni autenticità del sentimento e dei rapporti fra gli uomini, e, in particolare, del sentimento d'amore.

Ne *L'esperimento* Gozzano tenta, per forza di finzione e di mascheratura, di far coincidere il rapporto erotico con l'amore, resuscitando dal passato Carlotta, l'amica di nonna Speranza, con il far indossare alla giovane amante di oggi gli abiti della collegiale di più di cinquant'anni prima. Attraverso il camuffamento, il poeta dovrebbe davvero rinascere nel 1850, come ha dichiarato di fare di fronte agli arredi e agli oggetti del vecchio salotto, con Loreto impagliato e il busto di Alfieri: cioè, in quel passato in cui l'amore era possibile, e nel quale l'amore per Carlotta non sarebbe stato soltanto una fantasia romantica o una nostalgia dell'improbabile e dell'inattuabile, ma un'esperienza vera, completa, autentica. È un esperimento di magia, in qualche modo: gli abiti, l'acconciatura, i monili di Carlotta dovrebbero trasformare nella collegiale di mezzo secolo prima l'amante vestita secondo la moda di Parigi, e fare così il miracolo di un'invenzione e di un'illuminazione d'amore nel tempo negato all'amore, nel mondo dove le fonti del sentimento sono inaridite a opera dell'economicità borghese o della reazione arida dell'ironia a tale economicità. Ma l'esperimento fallisce, dietro la finzione e la maschera la ragazza scelta per il tentativo estremo di fondare l'illusione dell'amore attraverso l'evocazione delle apparenze del passato rivela subito l'appartenenza al presente frivolo, pratico, non romantico, troppo presto e troppo chiaramente dimostra di non essere Carlotta, di non essersi affatto trasformata nell'amica di nonna Speranza. Di qui lo scatto del riso, cioè dell'ironia che misura lo stacco che c'è fra il sogno e la realtà, l'esperimento tentato e il fallimento che lo conclude.

Amare d'amore non è possibile, oggi: non rimane che la coscienza del gioco fra l'intellettualistico e il dissacrante (che è poi quello che perfettamente si accorda con il rapporto con le donne sofisticate che meditano Nietzsche, le donne che vivono nell'atmosfera rarefatta e d'eccezione del poeta e della poesia, malate anch'esse come è il poeta, almeno di quella malattia preziosa e raffinata che è tipica degli intellettuali, quale è la nevrosi: infine l'Amalia Guglielminetti di tante lettere dell'epistolario e di testi come *Il buon compagno* o *Una risorta*), intorno alla brutalità del sesso. L'ironia misura ancora una volta il distacco che c'è fra la contemplazione del passato autentico e adeguato al sentimento e alla poesia e il presente arido, brutale, volgare, negatore, al tempo stesso, dell'amore e dell'arte. Il presente è di ragazze come Ketty, « bel fiore del carbone e dell'acciaio », « cerulo-bionda, le mammelle assenti, / ma forte come un giovinetto forte », « signora di sé, della sua sorte », che gira il mondo prima di convolare a giuste nozze con il cugino di Baltimora: Ketty, che misura ogni cosa secondo la misura del denaro, esattamente integrata nelle convenzioni e nelle regole della produzione capitalista. Di fronte a lei il più bel verso della poesia italiana diventa impronunciabile, provoca il riso (come la scoperta che Carlotta non si è davvero reincarnata, che l'esperimento è fallito, la finzione è subito caduta). È ridicolo, infatti, di fronte alla ragazza americana, emancipata e padrona di sé, adoratrice del successo e del denaro, rievocare la grande poesia del passato, e, al tempo stesso, citare i grandi archetipi romantici di Amore e Morte.

Il fatto è che inautentica e mentitrice è anche la morte, oltre che l'amore, nel mondo borghese: al protagonista de *I colloqui*, al « sopravvissuto » « hanno mentito le due cose belle », nel senso che l'amore si è rivelato impossibile e la morte ugualmente gli è stata preclusa. È un inganno, insomma, anche la morte nel contesto borghese: non culmine della tragicità, ma menzogna, di cui i medici (di *Alle soglie*) sono i ministri e i complici. La tragedia dell'artista che muore della sua arte oppure della violenza della passione d'amore è impossibile poiché anche la morte ha perso di serietà e di sublimità e di autenticità a contatto con la banalità, l'economicità, la mediocrità del mondo borghese. L'ultima resistenza e l'estremo rifugio del poeta sono, allora, nella finzione: quella che fa ripetere la passione per Virginia al poeta che si sente la reincarnazione di Paolo, quella che gli detta la celebrazione dell'amore impossibile per la *cocotte* intravista nell'infanzia, oppure l'esperimento per far rinascere dalle ceneri del passato romantico l'amica di nonna Speranza. Oppure è quell'altra forma di finzione che suggerisce a Gozzano le fantasie e i sogni borghesi de *L'ipotesi* e della *Signorina Felicita*: il risvolto, cioè, e la rivelazione dell'impossibilità del tragico nel mondo borghese, dell'impraticabilità della morte come suprema esperienza di liberazione da un mondo contaminato e invilito e involgarito (e, allora, non rimane che il rifugio nella biografia, il ricorso, cioè, alla vita, alla propria vita che è sotto il segno della morte, alla propria condizione reale, lasciando da parte Leopardi e la coppia romantica di Amore e Morte e il più bel verso della letteratura italiana e l'apoteosi della tragedia).

Dopo (in senso cronologico, ma, soprattutto, ideale) aver sperimentato l'inammissibilità attuale della poesia e l'impossibilità dell'autenticità del sentimento d'amore (come quello che determina il supremo rapporto umano) nel mondo borghese, e anche l'improponibilità della morte come apoteosi tragica dell'eroe che sfugge, in quel modo, al condizionamento della volgarità e della banalità borghese, per Gozzano non rimane che il silenzio: fra il 1904, infatti, e il 1911, si conclude la brevissima stagione poetica gozzaniana, lasciando fuori di tale periodo soltanto pochissimi testi posteriori alla pubblicazione de *I colloqui*, per lo più molto scarsamente significativi, come quelli scritti in occasione dello scoppio della prima guerra mondiale (e fanno eccezione soltanto le due poesie «indiane»: *Ketty* e *Natale sul Picco d'Adamo*).

Incompiuto resta il poemetto didascalico *Le farfalle*, che si ricollega a poesie come *Una risorta* (ne *I colloqui*) e *L'amico delle crisalidi* (nelle *Poesie sparse*), e che rappresenta, anche in forza dei prestiti molto massicci da Maeterlinck, la testimonianza più significativa di una sorta di conversione spiritualistica dell'ultimo Gozzano. Ma mi pare utile non insistere su una pretesa mutazione di intenti e di posizioni filosofiche in Gozzano, come si è pure molto spesso tentati di fare: se mai, sarà da notare come, ne *Le farfalle*, ritorni la struttura del rifacimento del libro già scritto, della poesia già composta, dell'opera già pronunciata e svolta, che Gozzano ha costruito in poesie come *Paolo e Virginia* o come *L'esperimento*, o, in senso parodico e ironico, nella ripetizione « a uso della consorte ignorante », della vicenda di Ulisse ne *L'ipotesi*. L'*Invito a Lesbia Cidonia* del Mascheroni costituisce il modello a cui Gozzano si rifà, per riproporsi di nuovo come il ripetitore del passato, che ripercorre parole, modi letterari e galanti, soprattutto la finzione di una fiducia e di una disponibilità piena e un poco ingenua verso la scienza, che, tuttavia, cela pure quel tanto di partecipe e di commosso e di inattuale che c'è nel rifarsi di Gozzano a un gusto scientifico un poco in disuso dopo il tramonto del positivismo, e ben poco, in realtà, coinvolto nello spiritualismo fantasticante e abbastanza nebuloso di Maeterlinck, nonostante l'abbondante uso dei testi maeterlinckiani, soprattutto in funzione di ammodernamento dello schema letterario settecentesco e didascalico, e anche per il gusto della mescolanza dei libri per costruire il proprio libro. Gozzano maschera di panni settecenteschi Maeterlinck, ma, al tempo stesso, rifà Mascheroni su Maeterlinck, con una sottile arte dell'ironia che si esercita nel costante falsetto di tutte le parti di maniera didascalica ed espositiva del poemetto, nonché là dove la descrizione scientifica si avvale di un linguaggio compostamente (troppo compostamente) arcaicizzante e nobilitato.

Il fatto è che ormai l'aspetto drammatico dello scontro fra la poesia e l'ideologia borghese, fra la norma della vita quotidiana e l'eccezionalità della malattia che ne porta fuori l'artista, fra l'impossibilità di amare e la mascheratura ovvero la finzione che riverbera nel passato la tensione amorosa e cerca di farla vivere ricostruendo i tempi in cui l'autenticità del sentimento amoroso non era stata ancora cancellata dall'ipocrisia e dalla mistificazione borghese, è stato ormai rappresentato e patito fino in fondo da Gozzano. *Le farfalle* non sono che un gioco letterario, anche nelle formulazioni di carattere spiritualistico o filosofico che qua e là vi sono presenti. La struttura da poemetto didascalico settecentesco è, in fondo, molto più seriamente assunta di quanto a prima vista non appaia: rimangono le meraviglie della natura, là dove le due cose belle del mondo hanno mentito, si sono dimostrate impossibili e false e impraticabili, ma tali meraviglie non possono essere rappresentate che con il distacco di chi è ben cosciente di non poterle davvero contrapporre alla menzogna e alla mistificazione del mondo borghese, di non poterne fare il rifugio dalla volgarità economica che regna ovunque. Le farfalle non sono una figura dell'idillio da opporre all'orrore della società contemporanea, alla banalità e alla brutalità del mondo borghese, pur proponendosi sottilmente come il simbolo della fragilità della bellezza, della delicatezza, dell'eleganza, in contrasto con le « buone cose di pessimo gusto »: o, meglio, sono l'estremo simbolo della letteratura che si identifica nelle loro grazie e anche nella loro esistenza misteriosa e un poco inquietante, quanto più appare improponibile e impossibile in modo aperto, confessato.

Ma non più amore e morte, poesia e passato sono in gioco nel poemetto sulle farfalle, cosí come non sono in gioco né l'idea della natura animata, della provvidenza della natura, né una sorta, insomma, di panteismo naturalistico come estrema fede del non cristiano Gozzano. È un'esile sopravvivenza della poesia: che si maschera dietro la camuffatura settecentesca e didascalica e dietro la « moda » di Maeterlinck, per poter proporre la fragile figura della farfalla come proprio simbolo. Grazia ed esotismo (*Dell'ornitottera*), inquietudine e mistero (*Della testa di morto*), sogno e perfezione di forma (*Del parnasso*, *Dell'aurora*), destino tragico di morte nell'aridità della grande città moderna (*Della cavolaia*), sono le tappe nelle quali si scandisce il sottile rapporto fra la poesia e le farfalle. La poesia si stacca così sempre più dal mondo contemporaneo, da oggetti, situazioni, ragioni della società borghese. Diviene un fatto concluso in sé, elegante, un poco fatuo, sull'orlo del silenzio definitivo. Cerca coperture, maschere, per riuscire ancora a farsi pronunciare, si ammanta dell'innocua e fragile grazia delle farfalle (e un *papillon jaune*, ma addirittura invisibile agli altri e soltanto riconoscibile dal poeta, sarà di nuovo, molti anni dopo, per un altro poeta che è stato maliziosamente, per altri aspetti, avvicinato a Gozzano: per il Montale, appunto, de *La farfalla di Dinard*).

Le farfalle, in questo senso, sono una testimonianza di fine della poesia ben più radicale ancora di quelle che si incontrano ne *I colloqui*: ma pronunciata con gentile grazia, con un'ironia che si è fatta estremamente lieve. La poesia si disfà con le ali morte delle cavolaie, con la fragilità del parnasso. Dopo, Gozzano tenterà invano la forma estrema della trasgressione della norma borghese, la ribellione totale nelle poesie oscene scritte durante il viaggio in India e poi distrutte, per una sfiducia nella possibilità per la poesia di sopravvivere anche come forma di rivolta. Il silenzio della poesia (distratto, non sostituito certamente dalle lettere dall'India e da altre prose, narrative o descrittive o evocative del passato con molto colore locale) precede e preannuncia, per Gozzano, quello della morte, pur tanto precoce.

GIORGIO BÁRBERI SQUAROTTI

BIBLIOGRAFIA

OPERE

La via del rifugio, Streglio, Torino, 1907.
I colloqui, Treves, Milano, 1911.
I tre talismani, La Scolastica editrice, Ostiglia, 1914.
Verso la cuna del mondo. Lettere dall'India (1912-1913), Treves, Milano, 1917.
L'altare del passato, Treves, Milano, 1918.
L'ultima traccia, Treves, Milano, 1919.
Lettere d'amore di Guido Gozzano e Amalia Guglielminetti, a cura di S. Asciamprener, Garzanti, Milano, 1951.
La moneta seminata e altri scritti con un saggio di varianti e una scelta di documenti, a cura di F. Antonicelli, Scheiwiller, Milano, 1968.
Lettere a Carlo Vallini con altri inediti, a cura di G. De Rienzo, Centro di Studi Piemontesi, Torino, 1971.

Non esistono edizioni complete degli scritti in prosa e in verso di Guido Gozzano. Fra le raccolte più ampie ricordiamo quella in 5 voll., a cura di P. Schinetti, Treves, Milano, 1935-1937; quella curata da C. Calcaterra e A. De Marchi, in un solo volume, Garzanti, Milano, 1948, ripresa e accresciuta dal De Marchi e pubblicata col titolo *Poesie e prose*, Garzanti, Milano, 1961. Fra le edizioni parziali meritano particolare citazione quella, preceduta da un saggio di E. Montale, che comprende *La via del rifugio*, *I colloqui* e *Le farfalle*, sotto il titolo *Le poesie*, Garzanti, Milano, 1960; *I colloqui*, a cura di F. Antonicelli, Tallone, Alpignano, 1970; la raccolta completa di tutte le poesie, curata e commentata esemplarmente da E. Sanguineti, Einaudi, Torino, 1973; *Ver-*

so la cuna del mondo, a cura di A. Mor, Marzorati, Milano, 1971; *I colloqui e prose. I crepuscolari* (contiene anche alcune delle «poesie sparse», oltre a testi di Vallini, Chiaves, Amalia Guglielminetti, Gianelli, Moretti, Corazzini, Govoni, Fausto Maria Martini), a cura di M. Guglielminetti, Mondadori, Milano, 1974 (con un ottimo commento e un'importante introduzione).

LA CRITICA

Per la *biografia*: W. Vaccari, *La vita e i pallidi amori di Guido Gozzano*, Omnia editrice, Milano, 1958.

Studi generali: V.M. Nicolosi, *Guido Gozzano*, Gobetti, Torino, 1925; T. Noccioli, *La vita, il pessimismo, l'arte di Guido Gozzano*, Tipografia agostiniana, Roma, 1926; F. Biondolillo, *La poesia di Guido Gozzano*, Studio Editoriale Moderno, Catania, 1926; G. Cucchetti, *Guido Gozzano*, Libreria Emiliana, Venezia, 1928; A.M. De Luca, *Guido Gozzano e le origini della lirica crepuscolare*, Pergola, Avellino, 1930; R. Rossi, *Il poeta dei «Colloqui». Guido Gozzano*, Nucci, Potenza, 1935; G. De Lisa, *La poesia di Guido Gozzano*, Tipografia del Commercio, Brindisi, 1935; L. Fontana, *L'umanità e la poesia di Guido Gozzano*, Giusti, Livorno, 1936; C. Calcaterra, *Con Guido Gozzano e altri poeti*, Zanichelli, Bologna, 1944; M. Garrone, *La poesia di Guido Gozzano*, Dante Alighieri, Genova, 1948; F. Mazzoleni, *La poesia di Guido Gozzano*, Gastaldi, Milano-Roma, 1950; E. Antuofermo, *La poesia di Guido Gozzano*, Tipografia Amendolagine, Bitonto, 1951; E. Sanguineti, *Guido Gozzano*, in Aa. Vv., *I contemporanei*, Marzorati, Milano, I, 1963; Id., *Guido Gozzano. Indagini e letture*, Einaudi, Torino, 1966; E. Circeo, *Ritratti di poeti. Gozzano e Corazzini*, Editrice Italica, Pescara, 1963; H. Martin, *Guido Gozzano (1883-1916)*, Presses Universitaires de France, Paris, 1968 (trad. it., Mursia, Milano, 1971); S. Maturanzo, *Guido Gozzano e il crepuscolarismo*, La Prora, Milano, 1969; L. Mondo, *Natura e storia in Guido Gozzano*, Silva, Milano, 1970; M. Boni, *Guido Goz-*

zano e la poesia italiana del Novecento, EDIM, Bologna, 1971; A. Piromalli, *Ideologia e arte in Guido Gozzano*, La Nuova Italia, Firenze, 1972; A Stäuble, *Sincerità e artificio in Gozzano*, Longo, Ravenna, 1972; E. Salibra, *Lo stile di Gozzano*, Nuovedizioni Vallecchi, Firenze, 1972; B. Porcelli, *Gozzano, Originalità e plagi*, Patron, Bologna, 1974; M. Guglielminetti, *Gozzano*, nel *Dizionario critico della letteratura italiana*, diretto da V. Branca, UTET, Torino, 1974.

Studi particolari: U. Bosco, *Gozzano*, ne «La Cultura», 1926 (ora in *Realismo romantico*, Sciascia, Caltanissetta-Roma, 1959); P. Nardi, *Novecentismo*, Unitas, Milano, 1926; G. Trombadori, *Verso la cuna del mondo. Appunti per uno studio su Guido Gozzano*, in «Annuario per l'anno scolastico 1926-27 del R. Liceo Ginnasio M. Foscarini», Venezia, 1928; R. Roedel, *La ragion poetica di Guido Gozzano*, in *Ricerche critiche*, Buratti, Torino, 1930; A. Roncaglia, *La maniera poetica di Guido Gozzano*, in «Leonardo», 1937; A. Gargiulo, *Letteratura italiana del Novecento*, Le Monnier, Firenze, 1939; W. Binni, *Linea costruttiva della poesia di Gozzano*, ne «La Ruota», 1940; B. Croce, *Guido Gozzano*, in *Letteratura della nuova Italia*, VI, Laterza, Bari, 1940; P.P. Trompeo, *Guido Gozzano 1940*, in *Carducci e D'Annunzio*, Tumminelli, Roma, 1943; L. Fontana, *Interpunzioni e varianti nella poesia di Guido Gozzano*, in «Lingua nostra», 1943; G. Guglielmi, *In margine a un quaderno inedito di Guido Gozzano*, in «Convivium», 1947; C. Calcaterra, *Della lingua di Guido Gozzano*, Minerva, Bologna, 1948; Id., *Modi petrarcheschi nell'arte del Gozzano*, in «Studi petrarcheschi», 1948; Id., *Il poemetto «Le farfalle» di Guido Gozzano*, in «Rendiconti delle sessioni dell'Accademia delle Scienze dell'Istituto di Bologna», 1949; Id., *Gozzano e la Guglielminetti*, ne «Il Ponte», 1951; F. Neri, *Guido Gozzano*, in *Poesia nel tempo*, De Silva, Torino, 1948; G. Marzot, *Guido Gozzano*, in «Belfagor», 1949; E. Montale, *Gozzano, dopo trent'anni*, ne «Lo Smeraldo», 1951; G. Di Pino, *La poesia di Guido Gozzano*, in *Linguaggio della poesia alfieriana e altri studi*, La Nuova Italia, Firenze, 1952; G. Getto, *Gozzano*, in *Poeti, critici e cose varie del Nove-*

cento, Sansoni, Firenze, 1953; Id., *Guido Gozzano e la letteratura del Novecento*, in « Lettere italiane », 1966; A. Momigliano, *La poesia di Guido Gozzano*, in *Ultimi studi*, La Nuova Italia, Firenze, 1954; E. Cecchi, *Gozzano 'versus' D'Annunzio; Corazzini e Gozzano; Ancora Corazzini e Gozzano*, in *Di giorno in giorno*, Garzanti, Milano, 1954; S. Antonielli, *Guido Gozzano e la poesia italiana del Novecento*, in *Aspetti e figure del Novecento*, Guanda, Modena, 1955; A. Leone de Castris, *Guido Gozzano e il Novecento*, in *Decadentismo e realismo*, Adriatica, Bari, s.d.; R. Fabbri, *Gozzano e Saint-Pierre*, in « Rivista di letterature moderne e comparate », 1958; R. Serra, *Scritti*, a cura di G. De Robertis e A. Grilli, Le Monnier, Firenze, 1958; P. Bonfiglioli, *Pascoli, Gozzano, Montale e la poesia dell'oggetto*, ne « Il Verri », dicembre 1958; G. Mariani, *L'eredità ottocentesca di Gozzano e il suo nuovo linguaggio*, in *Poesia e tecnica nella lirica del Novecento*, Liviana, Padova, 1958; A. Vallone, *Gozzano e la tecnica della ripetizione*; *Dantismo di Gozzano*, in *Aspetti della poesia contemporanea*, Nistri Lischi, Pisa, 1960; G. Bárberi Squarotti, *Realtà, tecnica e poetica di Gozzano*, in *Astrazione e realtà*, Edizioni del « Verri », Milano, 1960; Id., *La tragedia nel 'patinoire'*, in « Altri Termini », maggio 1973; Id., *L'ipotesi esorcizzata*, in « Forum italicum », 1974 (ora, con altri studi su Gozzano, in *Poesia e ideologia borghese*, Liguori, Napoli, 1976); E. Sanguineti, *Da Gozzano a Montale*; *Da D'Annunzio a Gozzano*, in *Tra liberty e crepuscolarismo*, Mursia, Milano, 1961; A. Russi, *Gozzano*, in *Poesia e realtà*, La Nuova Italia, Firenze, 1962; G. Pozzi, *La poesia italiana del Novecento. Da Gozzano agli ermetici*, Einaudi, Torino, 1963; P. Mauri, *Su un inedito di Guido Gozzano*, ne « La Nuova Antologia », 1966; G. Padoan, *Guido Gozzano 'cliente' di Zola*, in « Lettere italiane », 1966; P. Pancrazi, *Guido Gozzano senza i crepuscolari*; *Gozzano e la Guglielminetti*, in *Ragguagli di Parnaso. Dal Carducci agli scrittori d'oggi*, a cura di C. Galimberti, Ricciardi, Milano-Napoli, 1967; M. Forti, *Gozzano poeta nel cinquantenario*, in « Paragone », 1967; A. Grisay, *L'India di Guido Gozzano e quella di Pierre Loti*, in « Rassegna della letteratura italiana », 1967; M. Guglielminetti, *La corrosione del parlato nella lirica di Gozzano*, in *Struttura e sintassi del romanzo italiano del primo Novecento*, Silva, Milano, 1967, II ed.; Id., *Gozzano recensore*, in « Lettere italiane », 1971; L. Grassi, *Intorno alla struttura d'una lirica gozzaniana*, in « Lingua e stile », 1967; F. Contorbia, *Un inedito di Gozzano: "Guerra di spettri"*, ne « Il lettore di provincia », 1970; Id., *Per una poesia dispersa di Gozzano ("Risveglio sul Picco d'Adamo")*, in « Strumenti critici », 1971; G. Savoca, *Concordanze dei « Colloqui »*, « Pubblicazioni della facoltà di lettere e filosofia dell'università di Catania », Catania, 1970; R. Thomasian, *L'odissea esistenziale della cosa vivente detta guidogozzano*, in « Forum italicum », 1970; E. Falqui, *Gozzano dai dagherrotipi alle farfalle*, ne « Il Dramma », 1971; L. Anceschi, *Le poetiche del Novecento in Italia*, Paravia, Torino, 1972; A. Valentini, *Gozzano e la « delizia » della rima*, in « Annali della facoltà di lettere e filosofia dell'università di Macerata », V-VI, 1972-1973.

DOCUMENTI E TESTIMONIANZE DEL TEMPO

I

Ventenne, il poeta scrive all'amico Fausto Graziani in occasione della sua ordinazione sacerdotale

[...] mai come ora ho compreso l'eroismo della tua missione, tutta la santa poesia che l'accompagna. Tu conosci la passione che io ho per le lettere; ho molto letto e molto appreso, non nelle aride aule del liceo, ma per conto mio, sollevandomi molto, lo sento, sui miei compagni che vivono nell'incoscienza della volgarità: ho molto letto e mi sono appassionato per tutti i poeti che cantarono la voluttà e la vita, dal greco Mimnermo al nostro modernissimo Gabriele D'Annunzio: tutti nomi che a voi, ministri di Dio, suoneranno obbrobriosi e satanici. Eppure – lo crederesti? – Gabriele D'Annunzio, quello stesso che cantò il « Piacere » attraverso tutte le lussurie e le depravazioni, ha infuso nell'animo mio un senso mistico che non conoscevo. Sentivo accennare nei suoi capolavori i nomi e i detti di parecchi mistici della Chiesa e mi punse la curiosità di conoscerli più da vicino. Per questo girai le biblioteche, per questo mi procurai le opere di S. Francesco d'Assisi, di Santa Chiara, di S. Caterina da Siena, e così conobbi a poco a poco, l'anima di quei Beati. Naturalmente la mia non è che la sete dell'artista che trova in quegli scritti antichi una bellezza indicatrice di cose profonde; tuttavia ora sul mio scrittoio, accanto ai « Trecento modi » di messer Pietro Aretino, stanno le epistole di S. Chiara, accanto al « Piacere » è il volume delle lettere di S. Caterina da Siena. Da parecchi mesi sono immerso in codeste letture e (ti giuro che quanto ti dico è la pura verità) dedico tutte le ore che mi lascia libero lo studio a meditare su quegli antichissimi libri; ne sono conquiso completamente ma non per questo nel mio cuore è discesa la fede; in me è solo l'ammirazione dell'artista che parla.

Lettera datata 5 giugno 1903 (si legge in *Poesie e prose*, nuova ed., a cura di A. De Marchi, Milano, Garzanti, 1961, pp. 1233-1234).

II

L'aridità poetica

Porto da parecchie settimane la maschera Ruata, giorno e notte, e ti garantisco sarei pronto a farne un certificato-réclame, tanto ne riporto giovamento... Polmonare, però, e non cerebrale: credo proprio che quell'inalazione continua di essenze forti e balsamiche, mi intorpidisca il cervello. Ti giuro, altro che Graf! Mi sento riminchionire di giorno in giorno, amico mio, in parola d'onore! Eppure, dopo la Via del Rifugio, ho il dovere di essere una persona intelligente! Non so proprio come fare! E chissà che diavolo s'aspettano e pretendono da me quei bontemponi che mi hanno inzuccherato l'esordio. Tu mi domandi versi! Anima, non ne ho! Ho della roba informe, che piacque a Gianelli, perché di gusti indulgenti in fatto di lima e di cesello, ma che dispiace a me e farebbe piangere te così sensibile all'euritmia. No... no! Non avrete le mie ossa che quando saranno presentabili.

Lettera del 5 agosto 1907 a Carlo Vallini (da *Lettere a Carlo Vallini con altri inediti*, a cura di Giorgio De Rienzo, Torino, Centro di Studi piemontesi, 1971, p. 39).

III

La genesi della Signorina Felicita *nell'epistolario*

Sto meglio anche perché sono innamorato! Di una donna che non esiste, naturalmente!
La signorina Domestica.
Una deliziosa creatura provinciale, senza cipria e senza busto,

con un volto quadro e le mandibole maschie, con un nasetto camuso sparso di efelidi leggere, due occhi chiari senza sopracciglia, come nei quadri fiamminghi; non ridete, amica! Ritroverete la mia Bella tra l'odore del caffè tostato, della lavanda, della carta da bollo e dell'inchiostro putrefatto; con a sfondo una tapizzeria a rombi di ghirlande rococò, racchiudenti ognuna un episodio alternato della miseranda favola di Piramo e di Tisbe... È strano ch'io mi sia così cerebralmente invaghito di costei, mentre ho ancora nella retina la vostra moderna figura di raffinata. Forse è una reazione, una benefica reazione...
Volevo farne una prosa a brevi capitoli lirici, uniti da una trama sentimentale, onesta, pura, sana, come la carne della protagonista: ma non farò probabilmente.
Ogni volta che mi accingo a questo lavoro mi prende un'abulia, un tremito, un'impotenza verbale e metrica, indefinibili... Un male che conoscerete certo anche Voi, il male che ci prende nell'atto di tradurre in apparenze tangibili un sogno troppo a lungo sognato. Ne farò una poesia, ma, temo forte, mediocre.

Lettera del 12 novembre 1907 (in *Lettere d'amore di Guido Gozzano e Amalia Guglielminetti*, prefazione e note di S. Asciamprener, Milano, Garzanti, 1951).

IV

L'amica, la compagna

Carissima Amalia,
mi rifugio in voi, dopo tre ore di corrispondenza spaventosa: quattro lettere, nove cartoline, un'infinità di carte d'augurio: tutto l'arretrato epistolare di una settimana e più.
Come sono stanco e come vi voglio fraternamente bene, se oso gettare giù queste parole mal governate dalla stanchezza, in una lettera diretta a Voi, pur così buona, ma così sensibile alle disarmonie!
Come va, come va, mia cara Amalia?
Per me, da qualche giorno, un po' meno bene. Ho avuta una fase di nevralgia dolorosissima e mi sento un po' intontito con la fenacetina e col chinino... Ma passerà! Il cielo e il

mare sono così stupendamente propizi. Vi scrivo, come sempre, a finestra spalancata e ogni volta che alzo gli occhi dalla penna, vedo nel rettangolo azzurro qualche nave diretta chi sa dove! E il mio pensiero vanisce un po', seguo con gli occhi un gabbiano candido che si dilegua ad ali tese: mi dileguo anch'io, mi perdo... Poi rivedo il foglio, la vostra immagine mi riappare quasi con doloroso rimprovero: come si dimentica presto! Vi sto dimenticando Amalia! Vi sto dimenticando (mi spiego) *fisicamente*. È uno strazio curioso, che dà il senso giusto della nostra grande miseria cerebrale: non riesco più, per quanto io tenti, a ricordare certi piccoli particolari del vostro volto, delle vostre mani...

L'ovale del volto vanisce a poco a poco, la tinta giusta dei capelli si altera, si deforma l'arco dei sopraccigli: ricordo poco il vostro mento e quasi più affatto il vostro orecchio (che pure dev'essere bello se un giorno l'elogiai). E in tanto incipiente sfacelo gli occhi e la bocca restano vivi e superstiti, troppo impressi nella mia retina e sulle mie labbra, per poterli dimenticare...

Ma in questo lento dileguare la vostra immagine spirituale (nell'ultima vostra me ne chiedete) si definisce meglio, balza al mio spirito con linee precise: vi voglio un gran bene, mia cara Amalia! E voi siete per me la vera *amica*, la compagna di sogni e di tristezza. Gl'istanti di aberrazione giovanile che ci avvinsero l'un l'altro sono già dimenticati (ben altre cose cancella e corrode il Mare!) ed io mi sento già estraneo, immune dal vostro fascino fisico, franco da ogni schiavitù voluttuosa.

Lettera del 6 gennaio 1908 (in *Lettere d'amore*, cit.).

V

La poetica del Gozzano secondo Emilio Cecchi

Il volere di umiltà con il quale cerca, dirò così, di farsi piccolo per penetrare i pori di queste cose, la vita bruta di queste povere creature tanto amate, fino ad arrivare a quel punto nel quale la loro vita materiale si affina quasi a diventare sentimento, non è in lui mai o quasi mai offuscato da quelle tendenze mistiche che annebbiarono un'ispirazione analoga alla sua, negli ultimi decadenti francesi [...]. La sua amarezza per la vita che gli ha mentito ogni promessa, per l'amore che non gli si donò, si sfoga nella solerzia del buon operaio delle muse, che cerca l'immagine adatta, la frase felice, e riesce a distillare il suo segreto in visioni a volte nitide, di nitidezza quasi scientifica, a quel modo che certi fiamminghi e certi olandesi seppero concretare il senso di una grande civiltà distrutta o di un ambiente morituro, figurando, con cura meticolosa, fin nelle minime screpolature e nelle macchie verdastre dei muschi, un frammento acefalo di statua o una finestra murata, sotto un velario di sole, con sull'architrave una tela di ragno e alla soglia un gruppo di ortiche. In ciò sta la salvezza: nel sapere attenersi con la fantasia, non fatta per i grandi voli, bene aderente alla vita delle cose, alla realtà che non mente. E quella che chiamai aria di trascuraggine, di distrazione o potrei anche dire di prosaicità, non è forse, in fondo, che una manifestazione di questo bisogno sempre presente nel suo spirito, di un contatto con qualcosa di effettualmente vero. La sua *ars poetica*, è sempre intesa tutta a facilitargli il passaggio, dalle complessità nelle quali si compiace la sua fantasia morbida e squisita, alla effettualità delle cose schiette e veritiere.

Da *I colloqui di Guido Gozzano*, in «La Tribuna», a. XXIX, n. 65, 6 marzo 1911, p. 3 (poi in *Letteratura italiana del Novecento*, I, a cura di P. Citati, Milano, Mondadori, 1972, pp. 482-483).

VI

Scipio Slataper contrappone ai Colloqui *la* Via del rifugio

Il poeta non dimentica mai, anzi gode di far sentire, con contrasti quasi sempre un po' grossolanetti che il suo mondo è di carta.
Perfettamente eguale a questa è l'ironia con cui si compiace di farsi giuoco amorevolmente del cuore della signorina Felicita; giacchè borghesismo e romanticismo sono una sola cosa in lui. E il suo più lungo componimento non piace,

appunto perché era già contenuto, con molto più parca finitezza, nell'*Amica di Nonna Speranza*.
Ma è tutto qui Gozzano? Hanno detto di sì, e poiché è un mondo di chicche al limoncello i palati s'inuggirono presto – si pensò che Gozzano aveva vissuto i suoi cinque giorni. Ma secondo me il suo romanticismo non è che uno stagnetto di disvio, e il rivolo continua ad andare verso quella che, forse, sarà la sua strada. Se vi ricordate il suo primo volume, « La Via del Rifugio » s'apriva con una bellissima lirica in cui il poeta sedotto dalla cantilena delle nipotine cercava di obliarsi nel sogno, e come la cantilena si spezzava incominciando l'azione, egli ricadeva, affranto, nella realtà misteriosa del mondo, finché infine, mestamente, rinunziava a sapere e a desiderare. Ora a me pare che quella lirica fosse la sua cosa più significativa.

Da *Perplessità crepuscolare (a proposito di G. Gozzano)*, in « La Voce », a. III, n. 46, 16 novembre 1911, pp. 689-690.

VII

L'ironia del poeta nel giudizio di Giuseppe Antonio Borgese

E qui è la prima origine della novità di Gozzano: nell'arida e realistica e perfino crudelmente esagerata chiaroveggenza con cui ha guardato entro sé stesso. Il suo artificio, se c'è artificio in Gozzano, non è quello della retorica dissimulatrice, ma quello della sincerità sfacciata; non è quello dell'enfasi, ma quello della prosa pedestre.
[...] l'ironia di Gozzano ha sempre alcunché d'arso e stridente: quell'arsura della sete inappagata, quello stridore di contrasto tra il fantasticare di un mondo ideale e « poetico » e la coscienza intransigente della vita reale: inserzione di acre prosa nel sogno dannunziano, analisi dissolvitrice di quel voluttuoso errore, amarezza corrosiva insinuata entro i meati di quella cara e mendace sdolcinatura.
Gozzano sa le origini letterarie ed artistiche di quel sogno, di tutti i sogni che traviarono gli uomini del nostro tempo, e con serena impudicizia le rivela. « Come di moda sessant'anni fa ». Finge, con una illusione opposta a quella di cui

amano per solito farsi vittime i poeti, che ogni sua emozione
sia d'origine libresca [...].
È la bellezza ideale guardata con gli occhi di Sancio Panza;
la « donna dei miei pensieri » svelata; Dulcinea guardiana di
maiali.

Da *La luce che s'è spenta – La poesia di Guido Gozzano*,
in *La vita e il libro*, II, Torino, Bocca, 1911 (poi Bologna,
Zanichelli, 1928, pp. 296-298).

VIII

Renato Serra sullo stile

Come un pittore può ottenere un colorito ricchissimo anche solo con un po' di bistro e di terra scura, così Gozzano
riesce a essere un nuovo e saporito verseggiatore con delle
parole comuni, degli accenti cascanti e delle rime approssi-
mative. Ha la civetteria degli accordi che paion falsi, delle
bravure che sembrano goffaggini di novizio; si diverte a fare
il piemontese, l'avvocato, il provinciale.
Invece è un artista, uno di quelli per cui le parole esistono,
prima di ogni altra cosa.
Egli è l'uomo che assapora il piacere di un vocabolo staccato, il valore di un nome proprio (« Capenna Capenna Capenna »), quasi come un amico di Flaubert: e adopera le parole come una pasta piena e fluente, che riempie tutto lo
stampo del verso (« azzurri d'un azzurro di stoviglia »!), e si
incastra con delizia nella rima (... brucavano ai « cespugli »
di menta il latte « ricco »). Pensate che è lui che ha fatto
rimare Nietzsche con camicie! E il suo brutto verso torinese,
se sfugge un poco al controllo della fattura maliziosa, se è
fatto in fretta, si abbandona per istinto a una dolcezza puramente verbale e cantante, parnassiana.

Da *Le lettere* [1913], in *Scritti*, I, 2ª ed., a cura di G. De
Robertis e A. Grilli, Firenze, Le Monnier, 1958, pp. 293-294
(la 1ª ed. è del 1914).

GIUDIZI CRITICI POSTERIORI

I

Indifferenza e novecentesca crisi di valori

Se per grande poesia s'intende quella sublime, tutta passione e fantasia, che esclude ogni intervento della riflessione, e pertanto ogni azione dissolutrice dello scherzo e dell'ironia, la sua poesia, che ammette un elemento giocoso, deve considerarsi una poesia in tono minore; una poesia parlata e discorsiva. In tono minore, ma pur sempre poetico, perché quel che domina e costantemente si fa strada attraverso la critica e l'ironia, è un sentimento: il sentimento angoscioso dell'aridità spirituale che travagliava quell'anima giovanile e che niente valeva a vincere, né gli affetti femminili, né gli stessi conati di liberazione mercé del desiderio e del sogno. Potrebbe egli dirsi un Leopardi, non quello insigne, che fu figlio del secolo decimottavo e della sua filosofia sensistica e naturalistica, ma un nuovo Leopardi, « vero figlio del tempo nostro »: di un tempo nel quale anche la cupa disperazione per l'infinita vanità del tutto, nel cui fondo si racchiudeva una deserta brama di religione e d'ideale, era diventata fuori d'uso e di cattivo gusto, non essendovi più luogo, nel nuovo modo di sentire e di concepire il tutto, alla disperazione e alla tragedia, ma unicamente all'indifferenza.

B. Croce, *Guido Gozzano* [1936], in *Letteratura della Nuova Italia*, VI, 4ª ed., Bari, Laterza, 1957, pp. 382-383.

II

Le illusioni di Gozzano

Gran delusione avevano lasciato nel suo animo quelle investigazioni dialettiche e in ultima istanza avevano in lui acuito il senso di un'altra rovina, quella dello spirito, che si aggiungeva a quella del corpo. Ma la fantasia aveva pur sempre la virtù di restituirgli liricamente, in qualche modo, le illusioni che la scienza e la filosofia gli avevano tolto; e questo gli bastava per riguardare la poesia ora come una « bella favola », ora come l'unica ragione di vita rimastagli [...]. Tra l'analisi e il sofisma egli era rimasto poeta, perché, nel contemplare, stupito e a un tempo divertito, « fra tante cose strambe » quello strano « coso con due gambe detto guidogozzano », metteva un fuggevole accoramento idillico, di cui la sua « anima riarsa » si compiaceva fantasiosamente. Quella pietà, ora indulgente ora disingannata, che inteneriva il « reduce dall'Amore e dalla Morte » nel contemplare la sua giovinezza ridotta a pochi giuochi di sillaba e di rima, è una delle note salienti del genuino suo sentimento lirico e ad un tempo la via segreta, tutta spontanea, per cui egli più di una volta giunse quasi a trasfigurare in un attimo di poesia il godimento stesso e il tormento che gli veniva dagli artifizi letterari, dalle chimere immaginose e fin anche dalle scorribande filosofiche. Per quel sentimento egli aveva talora l'illusione che quei « sapori scaltri », datigli ogni giorno dalla cultura svagante tra filosofia e poesia, l'aiutassero in qualche modo a vivere tra il tutto e il niente: e tra quei sapori scaltri, alternando non senza voluttà « l'indagine e la rima », giustamente poneva primissimo (dolce nella memoria) il gusto raffinato della parola bella, gli « ozi vani di sillabe sublimi », « i volumi di tutti i nostri dolci ingannatori », i poeti.

Nella *Via del rifugio* e nei *Colloqui* egli, che invidiava la gente « immune d'artificio », giunse dunque a una sua parola poetica, perché con l'immaginazione trovò in idilli e nostalgie un suo distacco contemplativo tanto dalle filosofie che fanno buffo « il povero glomerulo dove tronfieggia il querulo sciame dell'Uman Genere », quanto dai giochi di sillaba e di rima, che in definitiva giudicava vani, pur sapendo di non potersene privare, perché stavano nel nodo del suo romanzo. Perché abbiamo gustato quella lingua? Per un sapore nuovo, che veniva da quell'innesto fantastico, nel quale aveva quasi perduto ogni peso il greve naturalismo, e le reminiscenze delle letture poetiche (Carducci, D'Annunzio, Pascoli, Francis Jammes, Graf, Pastonchi, ecc.), si erano come volatilizzate, fatte aeree.

Carlo Calcaterra, *Con Guido Gozzano e altri poeti*, Bologna, Zanichelli, 1944, pp. 82-83.

III

Virtù di contrasto e contrappunto musicale

L'immagine di Gozzano è compiutamente rappresentata solo dalla completa vicenda fantastica di questi temi, dalla risultante armonia « rifugio – fuga ». Da quella perpetua ricerca di un riparo e dalla eterna evasione da esso. Dal desiderio di spazi limitati e quieti, e dall'improvvisa nostalgia di vasti e diversi orizzonti; dalla ricerca del tempo perduto e dell'infanzia ritrovata, e dalla volontà di abbandono al fluire del tempo; dall'angoscia del disfacimento delle cose che invecchiano e muoiono, e dalla freschezza della natura florida e intatta; dal tedio delle cose quotidiane sospiroso di favole e sogni, e dal turgido desiderio di vita reale; dal sentimentalismo sottratto all'aridità, e dalla distruttiva ironia su di esso; dalla prosastica e dialettale semplicità in cui è cercato uno scampo alla raffinatezza letteraria, e dalla risorgente preziosa consolazione dei poeti e della poesia. In questa mobilissima concatenazione di contrasti, in questo palpito musicale dal rifugio all'evasione, è l'autentica voce della sua poesia.

G. Getto, *Gozzano* [1946], in *Poeti, critici e cose varie del Novecento*, Firenze, Sansoni, 1953, p. 46.

IV

Eugenio Montale sulla riduzione operata nella poesia preesistente

Fu, verbalmente, un ricco povero o un povero ricco. Ridusse D'Annunzio come Debussy aveva ridotto Wagner, ma senza mai giungere a risultati che possano dirsi debussiani. La poesia di Gozzano resta in quel clima che gli studiosi dell'ultimo melodramma italiano dell'Ottocento chiamarono « verista », un clima che sostanzialmente non è di origine decadente. So che il passo da questo verismo all'estetismo decadente è breve e che le due vene possono benissimo ritrovarsi nello stesso autore (Albert Samain, il Puccini che salta dalla « Bohème » a « Turandot », il Gozzano che va dalla « Signorina Felicita » a « Paolo e Virginia »), ma mi par certo che in Gozzano la componente romantico-borghese-verista sia sta-

ta la più fruttuosa. Gozzano ridusse al minimo comun denominatore la poesia italiana del suo tempo, e qui il raffronto con Puccini torna ancora irresistibile. Quando si leggono a mente riposata i «Colloqui», bisogna riconoscere che quella poesia è stata non la più ricca e la più nuova ma la più «sicura» di quegli anni. Sarà forse poca cosa, quella poesia; ma non si dubita mai ch'essa esista; mentre questo dubbio ci assale continuamente leggendo D'Annunzio e Pascoli, tanto più autenticamente lirici di Gozzano.
Infallibile nella scelta delle parole (il primo che abbia dato scintille facendo cozzare l'aulico col prosaico), l'ultimo Guido ebbe l'istinto e la fortuna di saper restare quello ch'era: un esteta provinciale, a fondo parnassiano, un giovane piemontese malato, dannunziano, borghese, ma davvero piemontese e davvero borghese anche nel suo mondo.

E. Montale, *Gozzano, dopo trent'anni*, ne «Lo Smeraldo», a. V, n. 5, 30 settembre 1951, pp. 4-5 (poi nel saggio introduttivo a G. Gozzano, *Le poesie*, Milano, Garzanti, 1960, pp. 9-10).

V

Lo straniamento linguistico

La lingua della tradizione è, per questo poeta, proprio una lingua morta, cui non è più dato concretamente aderire e candidamente consentire, di cui non è più possibile avvalersi come di uno strumento in certo modo naturale, connaturato. Il divorzio tra l'arte e la vita, tra la letteratura e la natura, si rispecchia anzi, in primo luogo, nel linguaggio. La lingua della tradizione non potrà più essere impiegata se non in straniamento, con la coscienza di quella distanza invalicabile che abbiamo descritto, e sarà dunque il terreno deputato su cui tale distanza verrà continuamente misurata, in ogni momento dell'operazione poetica, nella pienezza dell'elaborazione letteraria: lingua morta del tempo morto. Continuare a servirsene, con dolente nostalgia e con cauta ironia insieme, vorrà dire manipolarla come da lontano, con una sorta di impartecipazione sofferta e calcolata, amara e ludica: vorrà dire, ormai, sconsacrarla criticamente nell'atto stesso in cui se ne addita, e con rimpianto, l'antica sacralità degradata, consumarla in un giro pressoché parodico, contaminarla in un continuo, ostentato confronto con la lingua prosaica della quotidianità impoetica. Il livello sublime, ormai fatalmente falsificato, della tradizione ridotta a dannunzianesimo, e il livello vitale, ma scostante e impuro, del parlato, l'eleganza squisita del canto e la volgarità insolubile della prosa, si coniugheranno insieme, in forzosa congiunzione, e si mortificheranno e castigheranno a vicenda. Il facile e ingannevole estetismo, in cui l'alto stile della tradizione perduta si risolve storicamente, si corromperà a contatto con la dura e provocante verità di un livello basso di quotidiana intonazione, anzi confesserà la propria intrinseca corruzione, e intanto, e per contro, l'insorgere realistico del prosaico, del parlato, denunzierà la miseria concreta delle cose, l'impossibilità di una redenzione estetica della vita.

E. Sanguineti, *Guido Gozzano*. Indagini e letture, 3ª ed., Torino, Einaudi, 1973, pp. 24-25 (la 1ª ed. è del '66).

VI

Le farfalle: l'ultima novità di Gozzano

La frammentarietà dei risultati non può impedirci di ravvisare nelle *Farfalle* una voce autenticamente nuova. Superato il velo dell'ironia, liberatosi dagli artifici del suo temperamento e dal peso di una tradizione troppo illustre, anche quella di D'Annunzio (e non importa, evidentemente, che in lui siano ancora presenti stilemi dannunziani), Gozzano sembra, parafrasando una fortunata espressione di Montale, avere attraversato non puramente l'Imaginifico ma anche se stesso, quel poeta, cioè, che troppe volte si è tentato di risolvere e di giustificare nell'ambito della polemica antidannunziana, negandogli ogni possibilità di svolgimento. In realtà, in lui è possibile rintracciare, sia pure sottile, ingarbugliato, il filo di un progresso, di una continuità di poesia. La morte è venuta ad interrompere lo strappo più vistoso, e forse generoso, del suo cammino. Resta però (insieme a certi esiti altissimi che abbiamo segnalato) il valore anticipatore di questa ultima poesia gozzaniana. Se è vero, come dice Luciano Anceschi, che una delle vicende più importanti del Novecento italiano si svolge lungo una parabola che tocca, agli estremi, gli «oggetti» pascoliani e gli «emblemi» montaliani, Gozzano vi si colloca al centro, e soprattutto in forza delle *Farfalle*. Dalla stampa come rifugio del cuore e dell'intelligenza, istituita sempre, tuttavia, come un diaframma tra se stesso e il mondo, il poeta è approdato dopo un lunghissimo viaggio alla riscoperta della realtà: non quella umile e mortificata della villa canavesana ma una realtà metafisica. In essa si cala senza più ironia, per essa riesce a foggiarsi, a tratti, una parola nuova, scavata, che si appaga della propria eco intima e non ha più bisogno di prolungarsi nella cadenza d'una rima.

Lorenzo Mondo, *Natura e storia in Guido Gozzano*, Milano, Silva, 1969, pp. 115-116.

VII

La cultura di Gozzano

Che poi dietro il disegno dei *Colloqui* ci stia pure l'ambizione, più o meno segreta, di riportare a vita l'ideale autoritratto di sé promosso dalle *Rime* del Petrarca e mandato avanti, lungo i secoli, fino al rinnovamento di esso segnato dai *Canti* di Leopardi, è tesi quasi indiscutibile; tanto più che è cura di Gozzano ricondurre spesso nel corso dell'opera i nomi di questi poeti alla memoria del lettore. Occorre, però, avere ben presente quale è il risultato complessivo della costruzione delle *Rime* e dei *Canti* che Gozzano non dimentica e cerca di ricuperare, cioè, l'ideale autoritratto del poeta che ne emerge e di cui si è detto; laddove il «sottile filo ciclico», che unisce, a sua detta, le poesie dei *Colloqui*, si snoda fra due tipi (la «tristezza sensuale e malsana», l'«idealismo più sereno») nei confronti dei quali tanto Petrarca quanto Leopardi non potevano offrirgli nulla che valesse, ripetiamo, la lezione di Baudelaire, l'autentico maestro della moderna poesia europea.

Illuminante in questa direzione è soprattutto la prima sezione dei *Colloqui*. Fin dal titolo, «Il giovenile errore», essa si pone volutamente sotto l'egida petrarchesca, ma, tuttavia, non una volta sola corregge il petrarchismo lessicale (ad eguale titolo si può anche parlare di dantismo) con l'accoglimento di proposte umane e stilistiche che provengono da Leopardi (si veda, in specie, il primo e l'ultimo componimento della sezione, *I colloqui* e *Convito*). Ebbene, sarebbe un grosso errore non prestare fede alla dichiarazione introduttiva che il protagonista di questa sezione non è affatto l'autore, ma un suo « fratello muto », « spettro ideale » di lui, al quale egli si accinge ora a dare voce e vita. Stando le cose in questi termini, è inevitabile che codesto « alter-ego » poetico assuma le vesti prestategli per l'occorrenza dalla tradizione letteraria più illustre, in quanto amante sì, ma amante ben presto disilluso e progressivamente inariditosi nel suo impulso erotico. Petrarca e Leopardi sono, di questa tradizione di lirica amorosa, gli esponenti più prestigiosi, ma il fatto che Gozzano civetti con la loro poesia, per coglierne anche intere frasi, non vuole dire che egli rinunci a motivare la sua scelta anche in senso provocatorio: quel po' delle proprie vicende che egli vi racconta, difatti, deriva quasi tutto dall'esperienza sentimentale avuta e patita con la Guglielminetti, e per ciò stesso la possibilità d'iscriverla per davvero sotto le rubriche di quella raccontata da Petrarca di se medesimo e di Laura sfuma di necessità. Parimenti il successivo movimento di disillusione non può certo registrarsi analogo a quello dei due *Canti* leopardiani che Gozzano mostra soprattutto di prediligere, « *Consalvo* » e « *Le ricordanze* », sì che tanto apparente ossequio verso i due capostipiti della poesia d'amore finisce per rivelarsi funzionale soltanto a quella poetica dell'« urto, o dello "choc" » individuata da Montale. Non si può ignorare, infatti, che gli episodi del « romanzo » d'amore, esposto da Gozzano nel « Giovenile errore » come vissuto dal suo « muto fratello », sono accidenti tipici di una cronaca mondana e borghese schiettamente primo-Novecento, tali perciò da non sopportare sublimazione alcuna, se non, appunto, quella intermittente ed in ultimo deformante loro attribuita dall'inserzione del dettato di Dante, di Petrarca, di Leopardi.

Marziano Guglielminetti, *Introduzione* a *I Colloqui e prose* di Guido Gozzano, Milano, Mondadori, 1974, pp. 15-16.

VIII

Gozzano e la società del primo Novecento

Gozzano, invece, spinge fino in fondo il pedale dell'autoironizzazione nostalgica. La sua poesia (*La via del rifugio*, 1907; *I colloqui*, 1911) è stata raggruppata con quella di altri poeti di tono minore (Moretti, Corazzini, Govoni), per farne una esperienza: quella « crepuscolare ». Più il tempo passa, e più ci si accorge che Gozzano è un caso unico e va isolato. L'interno borghese, che egli compone, è esemplare. C'è, tutta intera, la consapevolezza di una condizione sociale, che le vicende mettono al margine, in una specie di museo liberty vivente, e c'è, al tempo stesso, la nostalgia per una realtà passata, dove il *poeta* e il *borghese* (secondo modelli dannunziani parodisticamente rifatti) contavano ancora assai. « Gozzano... attraversa D'Annunzio come Baudelaire aveva attraversato Hugo. Sia Baudelaire, sia Gozzano, da buoni romantici (Baudelaire, si capisce, romantico autentico; Gozzano, si capisce altrettanto bene, romantico rovesciato), intendono perfettamente la precisa antinomia che si pone, storicamente, tra poesia e civiltà borghese » [*E. Sanguineti*]. Ma l'effetto di choc, sebbene non manchi, è come attutito e soffocato dal senso di dignità del borghese, che si rinchiude nel proprio guscio, perché non è riuscito ad annullarsi del tutto nel poeta e ha vergogna di farsene accorgere; e nella dimessa semplicità del verso, nel gioco ironico delle rime – poiché ormai la poesia non è più una cosa che conta –, cerca di farla passare per un gioco di ragazzo ingenuo, riluttante a crescere e a farsi borghese sul serio.

Alberto Asor Rosa, *Storia d'Italia*, vol. IV, *Dall'unità a oggi*, Torino, Einaudi, 1975, pp. 1273-1274.

IX

Gozzano e la letteratura del passato

Un salto di cultura, tra la *Via del rifugio* e i *Colloqui*, appare subito evidente, oltre che a livello linguistico (con l'ironia che « scaturisce dall'accostamento voluto di lessico e moduli sintattici appartenenti a livelli linguistici diversi » (Altieri), e tecnico (con l'uso frequentissimo, ad es., della sestina che, presentando solo due rime, non è più quella narrativa tradizionale, ma accoglie suggestioni da metri popolareggianti come lo strambotto di Dall'Ongaro), sul terreno delle invenzioni e delle « fonti » lessicali e tematiche: sui soliti intimisti franco-belgi frequentati anche dagli altri crepuscolari (e che Gozzano leggeva, trascrivendone frasi e parole da utilizzare, soprattutto nella 2ª ed., del 1906, dell'antologia *Poètes d'aujourd'hui* di A. Van Bever e Paul Léautaud) emerge nettamente il « georgico » Francis Jammes. Per gli autori italiani, su D'Annunzio e i nostri poeti secondottocenteschi (Pascoli, De Amicis, Stecchetti, Betteloni, Graf, Gnoli, Praga, Giorgieri-Contri; ma anche Leopardi e il « torinese » Vincenzo Riccardi di Lantosca, con il colloquialismo realistico e ironico del racconto in questione, *Pape Satan Aleppe*) ora prevalgono decisamente intarsi e stilemi attinti a Dante e Petrarca (letti e antologizzati in quaderni di lavoro specialmente a partire dal 1907-8). Ma per Gozzano il discorso sulle fonti va affrontato alle origini: è vero che egli attinge dove può (fino al plagio, come vedremo per alcune prose e, in parte, per *Le farfalle*); ma questo, inizialmente, risponde a un atteggiamento artigianale dello scrittore che ha bisogno di « modelli » e che, umanisticamente (nelle sue lettere ricorre spesso la preoccupazione del « labor limae »), lavora il suo prodotto con infinita cura e senza improvvisazioni, preoccupato com'è di dargli un'autenticazione che lo dichiari subito come inserito in una precisa classe di scrittura, appunto quella della letteratura. Ma, più in profondo, la fonte letteraria serve, oltre che a riempire talvolta un vuoto di contenuti (che Gozzano storicamente soffre), a soddisfare il radicale bisogno che il poeta ha di possedere qualcosa che sia ormai passato, immobile. Sentire come propria la parola scritta da altri, e perciò già antica, morta, significa potere dominare ciò che ha ormai cessato di vivere e divenire, e ora si trova fermo, come morto e chiuso nell'inerte, e perciò quieto e rassicurante, disegno di una stampa (che è il luogo capitale del mondo gozzaniano, verso cui tende a chiudersi qualunque realtà, anche il paesaggio: « Come una stampa antica bavarese / vedo al tramonto il cielo subalpino [...] », *Torino*). Come i personaggi di tutti i *Colloqui,* da Carlotta a Speranza a Felicita, da Paolo e Virginia alla « cocotte » (le « agili » fantesche, se sono « gaie figure di decamerone », hanno un rilievo simbolico, letterario, non realistico), sono « trasumanati », « senza persone » (*Convito*), e parlano senza lasciare echi, ridotti a *flatus vocis* di un'affabulazione perpetua del poeta che parla a se stesso, così la fonte letteraria è spersonalizzata (quando non è anche parodiata) per diventare momento inestricabile di un discorso assolutamente originale. Anche la numerosa serie di ripetizioni interne all'opera di Gozzano (dalle lettere private alle prose, ai versi) va inquadrata nella prospettiva dell'assunzione di qualcosa che sia già fermo, e che perciò è definitivo, non può più passare. Gozzano è spesso portato a rilavorare e riutilizzare quel che ha già scritto meno per povertà e schematismo espressivi, che per il bisogno di vedersi al di là del tempo, di trovare nella propria opera qualcosa di immutabile. Al limite della tendenza, l'aspirazione del poeta è quella di potersi sdoppiare per vedersi staccato dal movimento del tempo e della vita.

Giuseppe Savoca, *La letteratura italiana. Il Novecento*, parte prima, Bari, Laterza, 1976, pp. 339-340.

Ritratto di Guido Gozzano.

Guido Gozzano, a destra, la madre, al centro, e il fratello di

Guido, Renato, in divisa da collegiale, nel giardino della villa del Meleto, ad Agliè, fra parenti e amici, nell'estate del 1899.

Il poeta, davanti alla villa del Meleto, con la madre, seduta, e un'amica (1905). La villa, che i Gozzano vendettero, per necessità economiche, sei anni prima della morte del poeta, passò successivamente per le mani di diversi proprietari, l'ultimo dei quali, in anni recenti, ha provveduto ad un accurato restauro dell'edificio, raccogliendo quanto restava delle memorie del poeta – i mobili, i libri, gli oggetti a lui cari – e aprendo quindi la casa ai visitatori. Nella villa, che appare al termine di un vialetto alberato, sono conservati, al piano terreno, il salotto di nonna Speranza, e al primo piano la stanza da letto di Guido.

Guido Gozzano con Lyda Borelli (al centro) e Amalia Guglielminetti.

Disegno di Filippo Omegna, cugino del poeta, per la copertina de *La via del rifugio*, primo volume di poesie di Gozzano, edito da Streglio, Torino, 1907.

Lettera autografa a Carlo Vallini, relativa alla recensione di Gargano alla *Via del rifugio*, apparsa sul « Marzocco » di Roma il 3 luglio 1907. (*Lettere a Carlo Vallini con altri inediti*, a cura di Giorgio De Rienzo, Centro Studi Piemontesi, Torino, 1971).

Copertina della rivista « Riviera ligure » (Oneglia, numero di settembre 1910), sulla quale uscirono molte poesie di Gozzano.

Copertina de *I Colloqui*, nella edizione dei fratelli Treves, Milano, 1911. Il disegno è di L. Bistolfi.

AVVERTENZA: Le illustrazioni che figurano nei vari occhielli del volume riproducono quelle comparse sulla rivista « La lettura », fra il 1909 e il 1910, a illustrazione di alcune poesie di Gozzano.

POESIE

LA VIA DEL RIFUGIO

La via del rifugio[1]

*Trenta quaranta,
tutto il Mondo canta
canta lo gallo
risponde la gallina...*[2]

5 Socchiusi gli occhi, sto
supino nel trifoglio,
e vedo un quatrifoglio
che non raccoglierò.

*Madama Colombina
10 s'affaccia alla finestra
con tre colombe in testa:
passan tre fanti...*

Belle come la bella
vostra mammina, come
15 il vostro caro nome,
bimbe di mia sorella!

*... su tre cavalli bianchi:
bianca la sella
bianca la donzella
20 bianco il palafreno...*

---

[1] Una prima stesura fu pubblicata, col titolo *Convalescente* e la data Pegli, gennaio 1905, su « Il Piemonte », 12 febbraio 1905, con qualche notevole variante.
[2] Il Gozzano riferisce una « filastrocca » infantile, impiegata per designare colui a cui tocca cercare i compagni nel gioco del nascondino (o « del cucú »: v. 68). Ne conosciamo varie redazioni, riferite dal Nigra, dal Nieri e dal Pitré. La piú vicina al testo gozzaniano è la redazione che il Nigra (*Canti popolari del Piemonte*) dice di aver trascritto a Tortona.

Nel fare il giro a tondo
estraggono le sorti.³
(I bei capelli corti
come caschetto biondo
25 rifulgono nel sole).
Estraggono a chi tocca
la sorte, in filastrocca
segnando le parole.⁴

Socchiudo gli occhi, estranio⁵
30 ai casi della vita.
Sento fra le mie dita
la forma del mio cranio...

Ma dunque esisto! O strano!
vive tra il Tutto e il Niente⁶
35 questa cosa vivente⁷
detta guidogozzano!

Resupino sull'erba
(l'ho detto che non voglio
raccorti,⁸ o quatrifoglio)
40 non penso a che mi serba

la Vita. Oh la carezza
dell'erba! Non agogno
che la virtú del sogno:
l'inconsapevolezza.⁹

---

³ Le parti nel gioco.
⁴ Scandendo le parole della filastrocca.
⁵ Estraneo (cfr. Manzoni, *La Risurrezione*, « Un estranio giovinetto... »).
⁶ Il Tutto e il Niente sono termini tipici della poesia gozzaniana (si veda *L'analfabeta*, vv. 123-124) quando si cerca un supporto concettuale: ma il gusto delle grandi astrazioni attraversa l'intera poesia dell'ultimo ottocento (« l'ombra del Tutto » è ne *La piccozza* del Pascoli; e « il Niente e il Tutto » in *Alla cometa di Halley*, sempre del Pascoli).
⁷ La riduzione a « cosa » del personaggio-poeta risponde a un'idea di desublimazione della poesia, tipica dell'ideologia crepuscolare: lo scrivere poi il proprio nome tutto attaccato e in minuscolo serve a sottolineare ancor piú tale intenzione di abbassare ideologicamente il livello a cui si trova il poeta. I riferimenti paralleli sono numerosi: *Nemesi*, vv. 67-68; *L'altro*, vv. 9, 20, 24; *Alle soglie*, v. 34.
⁸ Raccoglierti.
⁹ *L'inconsapevole* è il titolo del quarto sonetto della sezione « Animal triste » del dannunziano *Intermezzo*.

45 Bimbe di mia sorella,
e voi, senza sapere
cantate al mio piacere
la sua favola bella.[10]

Sognare. Oh quella dolce
50 Madama Colombina
protesa alla finestra
con tre colombe in testa!

Sognare. Oh quei tre fanti
su tre cavalli bianchi:
55 bianca la sella,
bianca la donzella!

Chi fu l'anima sazia
che tolse da un affresco
o da un missale[11] il fresco
60 sogno di tanta grazia?

A quanti bimbi morti
passò di bocca in bocca
la bella filastrocca,
signora delle sorti?

65 Da trecent'anni, forse,
da quattrocento e piú
si canta questo canto
al gioco del cucú.

Socchiusi gli occhi, sto
70 supino nel trifoglio,
e vedo un quatrifoglio
che non raccoglierò.

---

[10] *Favola bella* è un'altra allusione dannunziana, lievemente ironica: si ricordi *La pioggia nel pineto*, in *Alcyone*: « la favola bella / che ieri / t'illuse, che oggi m'illude, / o Ermione ». Ma c'è pure la memoria della « favola breve » del Petrarca (*Rime*, 254, 13), rinnovata nel carducciano *Jaufré Rudel*.
[11] Messale.

L'aruspice[12] mi segue
con l'occhio d'una donna...
75 Ancora si prosegue
il canto che m'assonna.[13]

*Colomba colombita
Madama non resiste,
discende giú seguita
80 da venti cameriste,*[14]

*fior d'aglio e fior d'aliso,
chi tocca e chi non tocca...*
La bella filastrocca
si spezza d'improvviso.

85 « Una farfalla! » « Dài!
Dài! » – Scendon pel sentiere
le tre bimbe leggere
come paggetti gai.

Una Vanessa Io[15]
90 nera come il carbone
aleggia in larghe rote[16]
sul prato solatio,

ed ebra par che vada.
Poi – ecco – si risolve[17]
95 e ratta[18] sulla polvere
si posa della strada.

---

[12] Propriamente, l'indovino che predice il futuro. Qui il « quatrifoglio », al quale sono attribuite proprietà propiziatorie dalla credenza popolare. La presenza del quadrifoglio sembra seguire il poeta come « l'occhio d'una donna »
[13] Mi induce al sonno. È verbo dantesco: cfr. *Par.*, VII, 15: « Mi richinava come l'uom ch'assonna », e XXXII, 139: « Ma perché 'l tempo fugge che t'assonna ».
[14] *Camerista* (cameriera) è parola che il Gozzano consacrerà nell'*Elogio degli amori ancillari*: « Lodo l'amore delle cameriste! ».
[15] Il testo di *Convalescente* inizia proprio a questo punto: « Un'agile Vanessa / rapidamente frulla / l'ali brunite sulla / vainiglia spessa ». *Storia di cinquecento Vanesse* si intitola una sezione del poemetto *Le farfalle*.
[16] Movimenti circolari, giri.
[17] Si decide.
[18] Rapida.

Sandra, Simona, Pina[19]
silenziose a lato
mettonsile in agguato[20]
100 lungh'essa la cortina.[21]

Belle come la bella
vostra mammina, come
il vostro caro nome
bimbe di mia sorella!

105 Or la Vanessa aperta
indugia e abbassa l'ali
volgendo le sue frali[22]
piccole antenne all'erta.

Ma prima la Simona
110 avanza, ed il cappello
toglie ed il braccio snello
protende e la persona.

Poi con pupille intente
il colpo che non falla
115 cala sulla farfalla
rapidissimamente.

« Presa! » Ecco lo squillo
della vittoria. « Aiuto!
È tutta di velluto:
120 oh datemi uno spillo! »

« Che non ti sfugga, zitta! »[23]
S'adempie la condanna
terribile; s'affanna
la vittima trafitta.

---

[19] Sono nomi inventati. In *Convalescente* si chiamano Simona e Gasparina («Simona e Gasparina, / le mie nipoti allato»).
[20] Si mettono in agguato di essa.
[21] La siepe.
[22] Fragili.
[23] In *Convalescente*, seguono sei strofe, che il Gozzano utilizzò in parte nella stesura definitiva, ma che davano una conclusione diversa al componimento: «Resupino sull'erba / socchiudo li occhi. Ed odo / le grida, il riso: godo. / Qualche dolcezza serba // la vita. Non agogno / piú nulla: le ghirlande / intesso nella grande / felicità del sogno... // ...E

3. *Poesie di Gozzano*

125 Bellissima. D'inchiostro
l'ali, senza ritocchi,
avvivate dagli occhi
d'un favoloso mostro.

« Non vuol morire! » « Lesta!
130 ché soffre ed ho rimorso!
Trapassale la testa!
ripungila sul dorso! »

Non vuol morire! Oh strazio
d'insetto! Oh mole immensa
135 di dolore che addensa
il Tempo nello Spazio![24]

A che destino ignoto
si soffre? Va dispersa
la lacrima che versa
140 l'Umanità nel vuoto?

Colomba colombita
Madama non resiste:
discende giú seguita
da venti cameriste...

145 Sognare! Il sogno allenta[25]
la mente che prosegue:
s'adagia nelle tregue
l'anima sonnolenta,

---

queste buone piante! / e questi buoni odori! / Certo è già tutta fiori / l'Olea fragrante. // Resupino sull'erba / sento mi rinnamora / la Vita ancora. Ancora / qualche dolcezza serba. // Qualche dolcezza!... Allenta / le sue corde il dolore / s'adagia nel tepore / l'anima sonnolenta // Non so. Mi par ch'io intenda / il fiore e la formica: / da me cadde l'antica / benda, l'antica benda? ».

[24] Il Tempo e lo Spazio sono un'altra coppia di astrazioni concettuali care a Gozzano: cfr. *Il piú atto*, v. 11, e *Signorina Felicita*, v. 368. Ma è già la coppia di concetti che regge la struttura de *L'infinito* leopardiano.

[25] Solleva, conforta. *Allenta* è un arcaismo resuscitato secondo un gusto tipicamente dannunziano. I dizionari documentano un solo esempio in questo significato, di Bartolomeo da San Concordio (seconda metà del XIII secolo).

```
              siccome quell'antico
    150       brahamino²⁶ dei Pattarsy²⁷
              che per racconsolarsi
              si fissa l'umbilico.²⁸

              Socchiudo gli occhi, estranio
              ai casi della vita;
    155       sento fra le mie dita
              la forma del mio cranio.

              Verrà da sé la cosa
              vera chiamata Morte:
              che giova ansimar forte
    160       per l'erta faticosa?

              *Trenta quaranta*
              *tutto il Mondo canta*
              *canta lo gallo*
              *canta la gallina...*

    165       La Vita? Un gioco affatto
              degno di vituperio,
              se si mantenga intatto
              un qualche desiderio.

              Un desiderio? Sto
    170       supino nel trifoglio
              e vedo un quatrifoglio
              che non raccoglierò.
```

---

[26] Propriamente, sacerdote del dio Brahma (in India). *Antico* vale molto vecchio.
[27] Setta braminica (indiano *Pattar*: dal plur. inglese *Pattars*, con aggiunta di -*i* eufonica italianizzante).
[28] È un'immagine di maniera della scelta contemplativa dell'Oriente, nei confronti dell'attivismo occidentale. Cfr. *Verso la cuna del mondo*, le lettere dall'India di Gozzano, di tanti anni posteriori a questa poesia.

L'analfabeta[1]

Nascere vide tutto ciò che nasce
in una casa, in cinquant'anni. Sposi
novelli, bimbi... I bimbi già corrosi
oggi dagli anni, vide nelle fasce.

5 Passare vide tutto ciò che passa
in una casa, in cinquant'anni. I morti
tutti, egli solo, con le braccia forti
compose lacrimando nella cassa.

Tramonta il giorno, fra le stelle chiare,
10 placido come l'agonia del giusto.
L'ottuagenario candido e robusto
viene alla soglia, con il suo mangiare.

Sorride un poco, siede sulla rotta
panca di quercia; serra per sostegno
15 fra i ginocchi la ciotola di legno:
mangia in pace così, mentre che annotta.

Con la barba prolissa[2] come un santo
arissecchito, calvo, con gli orecchi
la fronte coronati di cernecchi[3]
20 il buon servo somiglia il Tempo... Tanto,

---

[1] È un personaggio reale, Bartolomeo Tarella, l'ottantenne custode e fattore della villa del Meleto.
[2] Molto lunga.
[3] Ciocca di capelli arruffati.

tanto simile al Nume pellegrino,[4]
ch'io lo vedo recante nella destra
non la ciotola colma di minestra,
ma la falce corrusca[5] e il polverino.[6]

25 Biancheggia tra le glicini leggiadre
l'umile casa ove ritorno solo.
Il buon custode parla: « O figliuolo,
come somigli al padre di tuo padre!

Ma non amava le città lontane
30 egli che amò la terra e i buoni studi
della terra e la casa che tu schiudi
alla vita per poche settimane... »

Dolce restare! E forza è che prosegua
pel mondo nella sua torbida cura[7]
35 quei che ritorna a questa casa pura
soltanto per concedersi una tregua;

per lungi, lungi riposare gli occhi
(di che riposi parlano le stelle!)
da tutte quelle sciocche donne belle,
40 da tutti quelli cari amici sciocchi...

Oh! il piccolo giardino ormai distrutto
dalla gramigna e dal navone[8] folto...
Ascolto il buon silenzio, intento, ascolto
il tonfo malinconico d'un frutto.

45 Si rispecchia nel gran Libro[9] sublime
la mente faticata dalle pagine,

---

[4] Il « Nume pellegrino » è il Tempo, in quanto non sta mai fermo, non si arresta mai.
[5] Balenante, scintillante.
[6] Orologio a polvere, cioè clessidra.
[7] La « torbida cura » è reminiscenza dannunziana, dal *Commiato* di *Alcyone*: « Io sarò lontano / con nel mio cuor la torbida mia cura ». Ma « cura » (« negra cura ») è pure parola leopardiana (e vale « affanno, preoccupazione »).
[8] Modi analoghi sono ne *Il frutteto*, vv. 41-44. Il « navone » è il ravizzone, pianta della famiglia Crocifere con radice commestibile.
[9] È il Libro della Natura (non senza un riferimento, come ricorda il Calcaterra, a *Il Libro*, uno dei *Primi Poemetti* del Pascoli).

il cuore devastato dall'indagine[10]
sente la voce delle cose prime.

Tramonta il giorno. Un vespero d'oblio
50 riconsola quest'anima bambina;
giunge un riso, laggiú dalla cucina
e il ritmo eguale dell'acciotolio.[11]

In che cortile si lavora il grano?[12]
Sul rombo cupo della trebbiatrice
55 s'innalza un canto giovine che dice:
anche il buon pane – senza sogni – è vano!

Poi tace il grano e la canzone. I greggi
dormono al chiuso. Nella sera pura
indugia il sole: « Or fammi un po' lettura:
60 te beato che sai leggere! Leggi! »

Me beato! Ah! Vorrei ben non sapere
leggere, o Vecchio, le parole d'altri!
Berrei, inconscio[13] di sapori scaltri,
un puro vino dentro il mio bicchiere.

65 E la gioia del canto a me randagio
scintillerebbe come ti scintilla
nella profondità della pupilla
il buon sorriso immune dal contagio.

Gli leggo le notizie del giornale:
70 i casi della guerra non mai sazia[14]
e l'orrore dei popoli che strazia
la gran necessità di farsi male.

---

[10] L'« indagine » è quella stessa di Totò Merùmeni: l'analisi filosofica, soprattutto l'autoanalisi psicologica. Totò « alterna l'indagine e la rima ».
[11] Il verso ritorna quasi uguale nella *Signorina Felicita*, v. 120: « sul ritmo eguale dell'acciottolio ».
[12] Si trebbia.
[13] Ignaro di troppo raffinata letteratura, di troppo sofisticate dottrine.
[14] Il riferimento è molto probabilmente alla guerra russo-giapponese, dal momento che il componimento è databile fra il 1904 e il 1906.

Ripensa i giorni dell'armata Sarda,[15]
la guerra di Crimea, egli che seppe
75 la tristezza ai confini delle steppe
e l'assedio nemico che s'attarda.

Poi cade il giorno col silenzio. Poi
rompe il silenzio immobile di tutto
il tonfo malinconico d'un frutto
80 che giunge rotolando sino a noi.

E m'inchino e raccolgo e addento il pomo...
Serenità! ... L'orrore della guerra
scende in me: cittadino della Terra,[16]
in me: concittadino d'ogni uomo.

85 Ora il vecchio mi parla d'altre rive
d'altri tempi, di sogni... E piú m'alletta
di tutte, la parola non costretta[17]
di quegli che non sa leggere e scrivere.

Sereno è quando parla e non disprezza
90 il presente pel meglio d'altri tempi:
« O figliuolo il meglio d'altri tempi
non era che la nostra giovinezza! »

Anche dice talvolta, se mi mostro
taciturno: « Tu hai l'anima ingombra.[18]
95 Tutto è fittizio in noi: e Luce ed Ombra:
giova molto foggiarci a modo nostro!

E se l'ombra s'indugia e tu[19] rimuovine
la tristezza. Il dolore non esiste
per chi s'innalza verso l'ora triste[20]
100 con la forza d'un cuore sempre giovine.

---

[15] L'« analfabeta » fece, evidentemente, parte del corpo di spedizione dell'esercito sardo (l'« armata Sarda ») che prese parte alla guerra contro la Russia, culminata nell'assedio di Sebastopoli (1855), insieme con Inglesi, Francesi e Turchi. Le « steppe » sono quelle, appunto, della Russia. L'assedio « s'attarda », cioè si prolunga nel tempo.
[16] Giuseppe Guglielmi ha esattamente indicato qui e per i vv. 91-92 reminiscenze del poeta francese Sully Prudhomme (1839-1907).
[17] Libera, indipendente.
[18] Turbata, gravata da angosce, da pensieri tormentosi.
[19] Ha valore rafforzativo dell'esortazione.
[20] Della morte.

Fissa il dolore e armati di lungi,[21]
ché la malinconia, la gran nemica,
si piega inerme, come fa l'ortica
che piú forte l'acciuffi e men ti pungi ».

105 E viene allo scrittoio, se m'indugio:
« Ah! Già i capelli ti si fan piú radi,
sei pallido... Da tempo è che non badi
per queste carte al remo e all'archibugio.[22]

Chi troppo studia e poi[23] matto diventa!
110 Giova il sapere al corpo che ti langue?
Vale ben meglio un'oncia di buon sangue
che tutta la saggezza sonnolenta ».[24]

Cosí ragiona quegli che non crede
la troppo umana favola d'un Dio,[25]
115 che rinnegò la chiesa dell'oblio[26]
per la necessità d'un'altra fede.

Dice: « Ritorna[27] il fiore e la bisavola.
Tutto ritorna vita e vita in polve:
ritorneremo, poiché tutto evolve
120 nella vicenda d'un'eterna favola ».

Ma come, o Vecchio, un giorno fu distrutto
il sogno della tua mente fanciulla?
E chi ti apprese la parola *nulla*,
e chi ti apprese la parola *tutto*?[28]

---

[21] È una reminiscenza dantesca, (*Par.* XXIV, 46), come, forse, successivamente, « la gran nemica » (cfr. *Inf.* VI, 115).
[22] Cioè, all'esercizio degli sport, canottaggio e caccia
[23] È un proverbio popolare: si noti di nuovo l'uso rafforzativo della paraipotassi.
[24] A indicarne la scarsa vitalità.
[25] Allusione al titolo di un'opera di Nietzsche, *Menschliches Allzummenschliches* (« *Umano, troppo umano* », 1878), che il Gozzano applica al mistero cristiano dell'Incarnazione (« favola », cioè « mito, leggenda »). Ma tutta la quartina ha, nei confronti del cristianesimo, un'impronta nietzschiana.
[26] Cioè, dell'oblio di sé, dell'assenza della coscienza e della conoscenza.
[27] È la parola chiave di tutto il discorso naturalistico che segue: un'esposizione appunto, della dottrina dell'evoluzione, congiunta con quella dell'eterno ritorno.
[28] La coppia Tutto-Niente ritorna nella forma Tutto-Nulla (cfr. *La via del rifugio*, v. 34).

125 Certo, fissando un cielo puro, un fiume
antico, meditando nello specchio
dell'acque e delle nubi erranti, il Vecchio
lesse i misteri, come in un volume.[29]

Come dal tutto si rinnovi in cellula
130 tutto; e la vita spenta dei cadaveri
risusciti le selve ed i papaveri
e l'ingegno dell'uomo e la libellula.

Come una legge senza fine domini
le cose nate per se stesse, eterne...
135 Tanto discerne quei che non discerne
i segni convenuti dagli uomini.[30]

Ma come cadde la tua fede illesa:
fede ristoratrice d'ogni piaga
per l'anima fanciulla che s'appaga
140 nei simulacri della Santa Chiesa?[31]

Come vedi le cose? Senza fedi,[32]
stanco, sul limitare della morte,
sai vivere sereno, o vecchio forte,
sorridere pacato... Come vedi?

145 Guardi le stelle attingere i fastigi[33]
dell'abetaia, contro il cielo, e l'orsa[34]
volger le sette gemme alla sua corsa:
senti il ritmo macàbro delle strigi[35]

---

[29] Il «volume» è probabilmente reminiscenza dantesca, *Par.* XXXIII, 86: «Nel suo profondo vidi che s'interna / legato con amore in un volume / ciò che per l'universo si squaderna».
[30] I segni convenzionali del linguaggio.
[31] Leggende, invenzioni.
[32] Si intende: fedi religiose. Il vecchio ha una «fede», quella nell'evoluzione (cfr. v. 116).
[33] Cime.
[34] La costellazione dell'Orsa Maggiore («gemme» = stelle).
[35] Il canto delle civette (che sotto il nome dotto di «strigi» ritornano nella *Signorina Felicita*, v. 371, e, nel poemetto delle *Farfalle*, nella sezione *Della testa di morto*, v. 95). È detto «macàbro» perché, secondo la superstizione popolare, è annunciatore di disgrazie.

e il frullo della nottola ed il frullo
150 della falena...[36] Pel sereno illune[37]
spazi tranquillo,[38] vecchio saggio immune.
La tua pupilla, è quella d'un fanciullo.

Qualche cosa tu vedi che non vedo
in quell'immensità, con gli occhi puri:
155 « Buona è la morte » dici e t'avventuri
serenamente al prossimo congedo.

Ancora sento al tuo cospetto il simbolo
d'una saggezza mistica[39] e solenne;
quello mi tiene ancora che mi tenne
160 strano mistero, di quand'ero bimbo.

Allora che su questa soglia stessa
mi narravi di guerre e d'altri popoli,[40]
dicevi del Mar Nero e Sebastopoli,
dei Turchi, di Lamarmora, d'Odessa.

165 E nel mio sogno s'accendean le vampe[41]
sopra le mura. Entrava la milizia[42]
nella città: una città fittizia
quali si vedon nelle vecchie stampe,

le vecchie stampe[43] incorniciate in nero:
170 ... i panorami di Gerusalemme,
il Gran Sultano, carico di gemme...:
artificiose, belle piú del vero;

---

[36] Nottola vale pipistrello; falena è, in genere, la farfalla notturna.
[37] Senza luna, non illuminato dalla luna. Come osserva il Sanguineti, è voce dannunziana.
[38] Libero da angosce, da turbamenti metafisici.
[39] Vale semplicemente « misteriosa ».
[40] Cfr. 73-74. Il generale Alfonso Lamarmora era il comandante del corpo di spedizione sardo in Crimea. Odessa è città e porto dell'Ucraina meridionale.
[41] Delle cannonate.
[42] Con valore collettivo: i soldati.
[43] Le « vecchie stampe » sono uno dei motivi piú cari al Gozzano, su cui i critici, dal Getto al Mondo, al Bárberi Squarotti hanno più insistito. Per i confronti, si vedano almeno la *Signorina Felicita*, v. 158; *Paolo e Virginia*, v. 72; *Responso*, vv. 8-9; *L'amica di nonna Speranza*, vv.8 e 88; *Torino*, vv. 24 e 31. Ma è pure motivo che si ritrova in Jammes e in Samain, come osserva il Sanguineti.

>   le vecchie stampe, care ai nostri nonni
>   ... il minareto e tre colonne infrante,
> 175 il mare, la galea, il mercatante...[44]
>   città vedute nei miei primi sonni.
>
>   Ed ora, o vecchio, e sazi[45] la tua fame
>   sulla panca di quercia, ove m'indugio;
>   altro sentiero tenta al suo rifugio[46]
> 180 il bimbo illuso dalle stampe in rame.

---

[44] Forma arcaica per « mercante », in armonia con tutto l'arcaicizzare delle stampe.

[45] Ancora la paraipotassi con valore rafforzativo.

[46] Si ricordi la « tregua » del v. 36, e il titolo della raccolta, *La via del rifugio*.

Le due strade[1]

Tra bande verdi gialle d'innumeri ginestre
la bella strada alpestre scendeva nella valle.

Andavo con l'Amica, recando nell'ascesa
la triste che già pesa nostra catena antica;

5 quando nel lento oblio, rapidamente in vista
apparve una ciclista a sommo del pendio.

Ci venne incontro; scese. « Signora! Sono Grazia! »
sorrise nella grazia dell'abito scozzese.

« Graziella, la bambina? » – « Mi riconosce ancora? »
10 « Ma certo! » E la Signora baciò la Signorina.

« La piccola Graziella! Diciott'anni? Di già?
La Mamma come sta? E ti sei fatta bella!

La piccola Graziella, cosí cattiva e ingorda!... »
« Signora, si ricorda quelli anni? » – « E cosí bella

15 vai senza cavalieri in bicicletta? » – « Vede... »
« Ci segui un tratto a piede? » – « Signora, volentieri... »

« Ah! ti presento, aspetta, l'Avvocato, un amico
caro di mio marito... Dagli la bicicletta ».

Sorrise e non rispose. Condussi nell'ascesa
20 la bicicletta accesa d'un gran mazzo di rose.

---

[1] Il componimento ritorna, con varianti, nei *Colloqui*, dove sarà commentato.

E la Signora scaltra e la bambina ardita
si mossero: la vita una allacciò dell'altra.

Adolescente l'una nelle gonnelle corte,
eppur già donna: forte bella vivace bruna

25 e balda nel solino dritto, nella cravatta,
la gran chioma disfatta nel tocco da fantino.

Ed io godevo senza parlare, con l'aroma
degli abeti, l'aroma di quell'adolescenza.

– O via della salute, o vergine apparita,
30 o via tutta fiorita di gioie non mietute,

forse la buona via saresti al mio passaggio,
un dolce beveraggio alla malinconia.

O Bimba, nelle palme tu chiudi la mia sorte;
discendere alla Morte come per rive calme,

35 discendere al Niente pel mio sentiero umano,
ma avere te per mano, o dolce sorridente! –

Cosí dicevo senza parola. E l'Altra intanto
vedevo: triste accanto a quell'adolescenza!

Da troppo tempo bella, non piú bella tra poco,
40 colei che vide al gioco la piccola Graziella.

Belli i belli occhi strani della bellezza ancora
d'un fiore che disfiora e non avrà domani.

Al freddo che s'annunzia piegan le rose intatte,
ma la donna combatte nell'ultima rinunzia.

45 O pallide leggiadre mani per voi trascorse-
ro gli anni! Gli anni, forse, gli anni di mia Madre!

Sotto l'aperto cielo, presso l'adolescente
come terribilmente m'apparve lo sfacelo!

Nulla fu piú sinistro che la bocca vermiglia
50 troppo, le tinte ciglia e l'opera del bistro

intorno all'occhio stanco, la piega di quei labri,
l'inganno dei cinabri sul volto troppo bianco,

gli accesi dal veleno biondissimi capelli:
in altro tempo belli d'un bel biondo sereno.

55 Da troppo tempo bella, non piú bella tra poco,
colei che vide al gioco la piccola Graziella.

– O mio cuore che valse la luce mattutina
raggiante sulla china tutte le strade false?

Cuore che non fioristi, è vano che t'affretti
60 verso miraggi schietti, in orti meno tristi.

Tu senti che non giova all'uomo soffermarsi,
gittare i sogni sparsi per una vita nuova.

Discenderai al niente pel tuo sentiero umano
e non avrai per mano la dolce sorridente,

65 ma l'altro beveraggio avrai fino alla morte:
il tempo è già piú forte di tutto il tuo coraggio. –

Queste pensavo cose, guidando nell'ascesa
la bicicletta accesa d'un gran mazzo di rose.

Erano folti intorno gli abeti nell'assalto
70 dei greppi fino all'alto nevaio disadorno.

I greggi, sparsi a picco, in gran tinniti e mugli
brucavano ai cespugli di menta il latte ricco;

e prossimi e lontani univan sonnolenti
al ritmo dei torrenti un ritmo di campani.

75 – Lungi i pensieri foschi! Se non verrà l'amore
che importa? Giunge al cuore il buono odor dei boschi:

di quali aromi opimo odore non si sa:
di resina? di timo? e di serenità?... –

Sostammo accanto a un prato e la Signora china
80 baciò la Signorina, ridendo nel commiato:

« Bada che aspetterò, che aspetteremo te;
si prende un po' di the, si maledice un po'... »

« Verrò, Signora, grazie! » Dalle mie mani in fretta
prese la bicicletta. E non mi disse grazie.

85 Non mi parlò. D'un balzo salí, prese l'avvio;
la macchina il fruscío ebbe d'un piede scalzo,

d'un batter d'ali ignote, come seguita a lato
da un non so che d'alato volgente con le ruote.

Restammo alle sue spalle. La strada, come un nastro
90 sottile d'alabastro, scendeva nella valle.

Volò, come sospesa la bicicletta snella:
« O piccola Graziella, attenta alla discesa! »

« Signora! arrivederla! » Gridò di lungi, ai venti:
di lungi ebbero i denti un balenio di perla.

95 Graziella è lungi. Vola vola la bicicletta:
« Amica! E non m'ha detta una parola sola! »

« Te ne duole? » – « Chi sa! » – « Fu taciturna, amore,
per te, come il Dolore... » – « O la Felicità! »

E seguitai l'amica, recando nell'ascesa
100 la triste che già pesa nostra catena antica.

Il responso

« Or vado, Marta, suona la mezzanotte... » O casa
di pace, o dolce casa di quell'amica buona...

L'alta lucerna ingombra[1] segnava in luce i rari[2]
pizzi dei suoi velari,[3] ergendosi nell'ombra

5 come un piccolo sole... Durava nella stanza
l'eco d'una speranza data senza parole.

Nella zona di luce v'erano fiori, carte,
volumi, sogni d'arte.[4] Contro una stampa truce

del Durero,[5] una grigia volpe danese il terso[6]
10 muso tendeva verso l'alto, con cupidigia.

C'era un profumo mite che mi tornava bimbo:
... un gracile corimbo[7] di primule fiorite.

E c'era una blandizie[8] mondana acuta fine:
... di essenze[9] parigine, di sigarette egizie...

---

[1] Immersa fra gli oggetti dopo descritti. « Segnava la luce » = illuminava.
[2] Rado, non fitto.
[3] Del paralume.
[4] Qui ha valore concreto, e vale a indicare il carattere di opere di poesia e d'arte di quei volumi, di quelle carte.
[5] La forma italianizzata Durero per indicare il grande pittore e incisore tedesco Albrecht Dürer (1471-1528) è tipicamente dannunziana (cfr. *Il cavaliere della Morte*, ne *La Chimera*: « In un'antica stampa de 'l Durero »).
[6] Lucido, splendente. Si tratta evidentemente di una porcellana.
[7] Il corimbo è, propriamente, un'infiorescenza. Qui vale « mazzetto ». Le primule sono dette « gracili » per il colore giallo pallido e per la « fragilità » dei fiori.
[8] Lusinga, seduzione: come nella *Signorina Felicita*, vv. 86 e 291.
[9] Profumi.

15 C'era un profumo forte che inebbriava i sensi:
... i bei capelli densi come matasse attorte....[10]

Sotto il prodigio nero di quella chioma unica,
vestita di una tunica molle, di foggia « impero »,[11]

Marta teneva gli occhi assorti ed un pugnale
20 fra mano, e non so quale volume sui ginocchi.

Tagliava, china in non so che taciturna indagine,
lentamente le pagine del gran volume intonso.

« La mezzanotte, Marta... » Non mi rispose, udivo
soltanto il ritmo[12] vivo del ferro nella carta.

25 La taciturna amica con quel volume austero
m'apparve nel mistero d'una sibilla antica.[13]

« Se le dicessi? Sa ella, forse, il responso,
forse nel libro intonso legge la Verità! »

E a quella donna, avvezza a me come a un fratello
30 buono, mi parve bello dire la mia tristezza.

Ah! Se potessi amare![14] Vi giuro, non ho amato
ancora: il mio passato è di menzogne amare.

– Mi piacquero leggiadre bocche, ma non ho pianto
mai, mai per altro pianto che il pianto di mia Madre.

35 Come una sorte trista è sul mio cuore, immagine
(se vi piace l'immagine un poco secentista)[15]

d'un misterioso scrigno d'ogni tesoro grave,[16]
ma ne gittò la chiave l'artefice maligno,

---

[10] Avvolte su se stesse.
[11] Lo stile classicheggiante del periodo dell'impero napoleonico (la « tunica », secondo il modello greco e romano, appunto, che veste Marta).
[12] Rumore ritmico (cfr. almeno *L'analfabeta*, v. 148).
[13] Le Sibille, nell'antica religione greca, erano indovine, dotate di capacità profetica per ispirazione diretta degli dei.
[14] È la dichiarazione dell'aridità sentimentale, su cui il Gozzano ritornerà spesso: si vedano almeno *Convito*, vv. 13 sgg.; *Signorina Felicita*, vv. 263-264; *Paolo e Virginia*, vv. 163 sgg.; *Totò Merùmeni*, vv. 45-48; *In casa del sopravissuto*, vv. 13-16.
[15] Di gusto barocco.
[16] Colmo.

l'artefice maligno, in chi sa quali abissi...
40 Marta, se rinvenissi la chiave dello scrigno!

Se al cuore che ricusa d'aprirsi, una divota[17]
rechi la chiave ignota dentro la palma chiusa,

per lei che nel deserto farà sbocciare fiori,[18]
saran tutti i tesori d'un cuore appena aperto.

45 Perché, Marta, non sono cattivo, non è vero?
O Marta non è vero, dite, che sono buono?

Molte mani soavi apersi a poco a poco
come si fa nel gioco, ma non trovai le chiavi.

O dita appena tocche,[19] forse amerò domani!
50 e abbandonai le mani e ribaciai le bocche...

Ma pesa la menzogna terribilmente! O maschera
fittizia che mi esaspera nell'anima che sogna!

Perché, Marta, non sono cattivo, non è vero?
O Marta non è vero, dite, che sono buono?

55 Tutte, persin le brutte, mi danno un senso lento[20]
di tenerezza... « Sento » – risi – « di amarle tutte!

Non sorridete, Marta? » Non sorrideva. Udivo
soltanto il ritmo vivo del ferro nella carta.

E ripensavo: – Sa ella, forse, il responso,
60 forse nel libro intonso legge la Verità. –

« Nel cuore senza fuoco già l'anima è piú stanca,
piú d'un capello imbianca, qui, sulla tempia, un poco.

Ogni sera piú lunge qualche bel sogno è fatto:
aspetta il cuore intatto l'amore che non giunge.

---

[17] Una donna affezionata, che è davvero legata d'amore al poeta.
[18] Si ricordi *Totò Merùmeni*, vv. 49-53 (e, come modello, la leopardiana *Ginestra*, il « fiore del deserto »).
[19] Toccate.
[20] Durevolmente struggente.

65 O beva chi non beve, doni chi si rifiuta
    prima che sia compiuta la mia favola breve![21]

    Fanciullo,[22] e verrai tu, compagno alato della
    seconda cosa bella – il non essere piú –

    verrai con bende e dardi, anche, Fanciullo, a me?
70 O amare prima che si faccia troppo tardi![23]

    L'amore giungerà, Marta? » (Nel Libro intonso,
    pensavo, ecco il responso lesse di Verità)

    « L'Amore come un sole » (durava nella stanza
    l'eco d'una speranza data senza parole)

75 « irraggerà[24] l'assedio dell'anima autunnale,
    se pure questo male non è senza rimedio... »

    Ella dal Libro, in quiete, tolse l'arme,[25] mi porse
    l'arme. Rispose: « Forse! – Perché non v'uccidete? »

---

[21] È riminiscenza petrarchesca, *Rime*, 254, 13: « La mia favola breve è già compita », incrociata con piú vicini echi carducciani (*Jaufré Rudel*, v. 75: « La favola breve è finita »), di Graf (*Ultima campana*, ne *Le Danaidi*, vv. 14-15: « La mia favola breve è finita, / la mia breve favola vana »), di D'Annunzio, *Parabola*, ne *La Chimera*, v. 14: « La sua favola breve è già compiuta » (ma si veda anche *Anna Bolena*, nell'*Intermezzo*, vv. 3-4: « È compita, / o Bellezza, la tua favola breve ».
[22] L'Amore, nella mitologica figura di Cupido, il fanciullo alato, nudo, armato di arco e di frecce, con gli occhi bendati (ovvero cieco). La « seconda cosa bella » è la Morte. Si costituisce cosí per la prima volta un'altra coppia che è molto cara al Gozzano (cfr. *Convito*, vv. 37-38; *Paolo e Virginia*, vv. 151-152; *In casa del sopravissuto*, vv. 13-14, dove ritorna l'espressione « le due cose belle » per indicare Amore e Morte). L'origine della coppia è leopardiana: *Consalvo*, vv. 99-100: « Due cose belle ha il mondo: / amore e morte »; e *Amore e Morte*, vv. 1-4: « Fratelli, a un tempo stesso, Amore e Morte / ingenerò la sorte. / Cose quaggiú sí belle / altre il mondo non ha, non han le stelle ».
[23] È probabile reminiscenza pascoliana, da *Ultimo viaggio*, XXIV, vv. 52-53, cioè del grido di Calypso con cui si conclude il « poema »: « Non esser mai! non esser mai! piú nulla, / ma meno morte, che non esser piú! ».
[24] Illuminerà. L'« assedio » allude alla chiusura e all'aridità dell'« anima autunnale ».
[25] Il pugnale del v. 19, con cui Marta taglia i fogli del libro.

L'amica di nonna Speranza[1]

> « ... alla sua Speranza
> la sua Carlotta... »
> 28 giugno 1850
> (dall'album: dedica d'una fotografia)

Loreto impagliato e il busto d'Alfieri, di Napoleone,
i fiori in cornice (le buone cose di pessimo gusto!)

il caminetto un po' tetro, le scatole senza confetti,
i frutti di marmo protetti dalle campane di vetro,

5 un qualche raro balocco, gli scrigni fatti di valve,
gli oggetti col mònito, *salve*, *ricordo*, le noci di cocco,

Venezia ritratta a musaici, gli acquerelli un po' scialbi,
le stampe, i cofani, gli albi dipinti d'anemoni arcaici,

le tele di Massimo d'Azeglio, le miniature,
10 i dagherottipi: figure sognanti in perplessità,

il gran lampadario vetusto che pende a mezzo il salone
e immilla nel quarzo le buone cose di pessimo gusto,

il cúcu dell'ore che canta, le sedie parate a damasco
chermisi... rinasco, rinasco del mille ottocento cinquanta!

15 I fratellini alla sala quest'oggi non possono accedere
che cauti (hanno tolte le federe ai mobili: è giorno di
[gala)

ma quelli v'irrompono in frotta. È giunta è giunta in
[vacanza
la grande sorella Speranza con la compagna Carlotta.

Ha diciassette anni la Nonna! Carlotta quasi lo stesso:
20 da poco hanno avuto il permesso d'aggiungere un
[cerchio alla gonna;

---

[1] Per il commento a questo testo si rinvia a *I colloqui*, dove riappare con qualche variante.

il cerchio ampissimo increspa la gonna a rose turchine:
piú snella da la crinoline emerge la vita di vespa.

Entrambe hanno uno scialle ad arancie, a fiori, a uccelli,
                                      [a ghirlande:
divisi i capelli in due bande scendenti a mezzo le
                                              [guancie.

25 Son giunte da Mantova senza stanchezza al Lago
                                              [Maggiore
sebbene quattordici ore viaggiassero in diligenza.

Han fatto l'esame piú egregio di tutta la classe. Che
                                              [affanno
passato terribile! Hanno lasciato per sempre il collegio.

O Belgirate tranquilla! La sala dà sul giardino:
30 fra i tronchi diritti scintilla lo specchio del Lago
                                              [turchino.

Silenzio, bambini! Le amiche – bambini, fate pian
                                            [piano! –
le amiche provano al piano un fascio di musiche
                                            [antiche:

motivi un poco artefatti nel secentismo fronzuto
di Arcangelo del Leúto e di Alessandro Scarlatti;

35 innamorati dispersi, gementi il « *core* » e « *l'augello* »,
languori del Giordanello in dolci bruttissimi versi:

> « ... caro mio ben
> credimi almen,
> senza di te
> languisce il cor!
> Il tuo fedel
> sospira ognor
> cessa crudel
> tanto rigor! »

45 Carlotta canta, Speranza suona. Dolce e fiorita
si schiude alla breve romanza di mille promesse la vita.

O musica, lieve sussurro! E già nell'animo ascoso
d'ognuna sorride lo sposo promesso: il Principe
[Azzurro,
lo sposo dei sogni sognati... O margherite in collegio
50 sfogliate per sortilegio sui teneri versi del Prati!

Giungeva lo Zio, signore virtuoso di molto riguardo,
ligio al Passato al Lombardo-Veneto e all'Imperatore.

Giungeva la Zia, ben degna consorte, molto dabbene,
ligia al Passato sebbene amante del Re di Sardegna.

55 « Baciate la mano alli Zii! » – dicevano il Babbo e la
[Mamma,
e alzavano il volto di fiamma ai piccolini restii.

« E questa è l'amica in vacanza: *madamigella* Carlotta
Capenna: l'alunna piú dotta, l'amica piú cara a
[Speranza ».

« Ma bene... ma bene... ma bene... » – diceva gesuitico
[e tardo
60 lo Zio di molto riguardo – « ma bene... ma bene... ma
[bene...

Capenna? Conobbi un Arturo Capenna... Capenna...
[Capenna...
Sicuro! Alla Corte di Vienna! Sicuro... sicuro... sicuro... »

« Gradiscono un po' di marsala? » « Signora Sorella:
[magari ».
E sulle poltrone di gala sedevano in bei conversari.

65 « ... ma la Brambilla non seppe... – È pingue già per
[l'*Ernani*;
la Scala non ha piú soprani... – Che vena quel Verdi...
[Giuseppe!

« ... nel marzo avremo un lavoro – alla Fenice, m'han
[detto –
nuovissimo: il *Rigoletto*; si parla d'un capolavoro. –

« ... azzurri si portano o grigi? – E questi orecchini! Che
[bei
70 rubini! E questi cammei?... La gran novità di Parigi...

« ... Radetzki? Ma che! L'armistizio... la pace, la pace
[che regna...
Quel giovine Re di Sardegna è uomo di molto
[giudizio! –

« È certo uno spirito insonne... – ... è forte e vigile e
[scaltro.
« È bello? – Non bello: tutt'altro... – Gli piacciono
[molto le donne...

75 « Speranza! » (chinavansi piano, in tono un po' sibillino)
« Carlotta! Scendete in giardino: andate a giuocare al
[volano! »

Allora le amiche serene lasciavano con un perfetto
inchino di molto rispetto gli Zii molto dabbene.

Oimè! Ché, giocando, un volano, troppo respinto
[all'assalto,
80 non piú ridiscese dall'alto dei rami d'un ippocastano!

S'inchinano sui balaustri le amiche e guardano il Lago,
sognando l'amore presago nei loro bei sogni trilustri.

« ... se tu vedessi che bei denti! – Quant'anni? –
[Vent'otto.
– Poeta? – Frequenta il salotto della Contessa Maffei! »

85 Non vuole morire, non langue il giorno. S'accende piú
[ancora
di porpora: come un'aurora stigmatizzata di sangue;

si spenge infine, ma lento. I monti s'abbrunano in coro:
il Sole si sveste dell'oro, la Luna si veste d'argento.

Romantica Luna fra un nimbo leggero, che baci le
[chiome
90 dei pioppi arcata siccome un sopracciglio di bimbo,

il sogno di tutto un passato nella tua curva s'accampa:
non sorta sei da una stampa del *Novelliere Illustrato*?

Vedesti le case deserte di Parisina la bella
non forse? Non forse sei quella amata dal giovane
           [Werther?

95 « ... Ma!... Sogni di là da venire. – Il Lago s'è fatto piú
              [denso
di stelle – ... che pensi?... – Non penso... – Ti
            [piacerebbe morire?

« Sí! – Pare che il cielo riveli piú stelle nell'acqua e piú
              [lustri.
Inchínati sui balaustri: sognamo cosí fra due cieli...

« Son come sospesa: mi libro nell'alto!... – Conosce
              [Mazzini
100 – E l'ami? – Che versi divini!... Fu lui a donarmi quel
              [libro,

ricordi? che narra siccome amando senza fortuna
un tale si uccida per una: per una che aveva il mio
              [nome ».

Carlotta! Nome non fine, ma dolce! Che come l'essenze
risusciti le diligenze, lo scialle, la crinoline...

105 O amica di Nonna conosco le aiuole per ove leggesti
i casi di Jacopo mesti nel tenero libro del Foscolo.

Ti fisso nell'albo con tanta tristezza, ov'è di tuo pugno
la data: *vent'otto di Giugno del mille ottocento*
              [*cinquanta.*

Stai come rapita in un cantico; lo sguardo al cielo
              [profondo,
110 e l'indice al labbro, secondo l'atteggiamento romantico.

Quel giorno – malinconia! – vestivi un abito rosa
per farti – novissima cosa! – ritrarre in *fotografia*...

Ma te non rivedo nel fiore, o amica di Nonna! Ove sei
o sola che – forse – potrei amare, amare d'amore?

I sonetti del ritorno[1]

I

Sui gradini consunti, come un povero
mendicante mi seggo, umilicorde:[2]
o Casa, perché sbarri con le corde
di glicine la porta del ricovero?[3]

5 La clausura dei tralci mi rimorde
l'anima come un gesto di rimprovero:
da quanto tempo non dischiudo il rovero[4]
di-quei battenti sulle stanze sorde!

Sorde e gelide e buie... Un odor triste
10 è nell'umile casa centenaria[5]
di cotogna, di muffa, di campestre...

Dalle panciute grate secentiste[6]
il cemento si sgretola se all'aria
rinnovatrice schiudo le finestre.

---

[1] Con il titolo *Casa paterna* i sonetti VI e III comparvero in « Poesia », luglio-settembre 1906. Secondo il Calcaterra, la descrizione gozzaniana fonde aspetti della casa materna dei Mautino ad Agliè (con la meridiana e l'ammonimento « Beati mortui qui in Domino moriuntur », che il Gozzano riporta in epigrafe nel VI sonetto), la villa del Meleto, a cui si riferisce il III sonetto e un'altra villa dei Gozzano, sempre presso Agliè, dove si dilettava di tentare coltivazioni sperimentali il nonno del poeta, Carlo Gozzano (cfr. sonetto III).
[2] I primi due versi ricordano un verso di Giuseppe De Paoli, un poeta amico del Gozzano, di derivazione e di intonazione dannunziana, che diresse a Genova la rivista « Idea latina » a cui anche il Gozzano collaborò. La segnalazione è del De Marchi; e il verso del De Paoli suona: « Sui gradini m'assisi, umilicorde » (dal *Sistro d'oro*). *Umilicorde* = con il cuore umile (l'aggettivo ritorna in *Laus matris*, v. 18).
[3] Ricovero, come rifugio, è parola tematica della poesia del Gozzano.
[4] Rovere: cioè, il legno di rovere dei battenti, i battenti di rovere (una varietà di quercia).
[5] La « casa centenaria » ritorna nella *Signorina Felicita*, v. 297.
[6] Le « panciute grate secentiste » ritornano nella stessa *Signorina Felicita*, v. 26; al v. 23 la villa è detta simile a una « dama secentista ».

II

Il profumo di glicine dissípi
l'odor di muffa e di cotogna. Sotto
la viva luce palpiti il salotto!
E il mio sogno riveda i suoi princípi[1]

5 nei frutti d'alabastro sugli stipi[2] –
martirio un tempo del fanciullo ghiotto –
nei fiori finti, nello specchio rotto
nelle sembianze dei dagherottipi.[3]

O Casa fra l'agreste e il gentilizio,
10 coronata di glicini leggiadre,
o in mezzo ai campi dolce romitaggio![4]

Fu bene in te, che, immune d'artifizio,[5]
serenamente il padre di mio padre
visse la vita d'un antico saggio!

---

[1] Gli inizi, le prime manifestazioni (infantili).
[2] Sono le « buone cose di pessimo gusto » che si ritrovano nel salotto di nonna Speranza, tipiche dell'arredamento borghese (cfr. *L'amica di nonna Speranza*, vv. 1-14).
[3] Fotografie ottenute con la tecnica inventata dal francese L.J. Daguerre (1769-1851): era basata sull'uso di lastre di rame spalmate con un'emulsione sensibile alla luce. La grafia « dagherottipi » è tipica del Gozzano, e riproduce quella in uso nell'ottocento (Calcaterra).
[4] Eremitaggio, solitudine.
[5] Libero dall'artificiosità della vita delle città, del « mondo ».

III

O Nonno! E tu non mi perdoneresti
ozi vani di sillabe sublimi,[1]
tu che amasti la scienza dei concimi
dell'api delle viti degli innesti!

5 Eppur la fonte troverò di questi
sogni nei tuoi ammonimenti primi,
quando, contento dei raccolti opimi,[2]
ti compiacevi dei tuoi libri onesti:

il *tuo* Manzoni... Prati... Metastasio...
10 Le sere lunghe! E quelle tue malferme
dita sui libri che leggevi! E il tedio,

il sonno... il Lago... Errina...[3] ed il Parrasio...[4]
E in me cadeva forse il primo germe
di questo male[5] che non ha rimedio.

---

[1] Nella prima stampa: « li ozi vani e le sillabe sublimi ».
[2] Nella prima stampa: « sicuro dei ricolti ». Opimi = abbondanti.
[3] La sorella del poeta, nata nel 1878.
[4] Con questo nome arcadico era chiamato il boschetto della villa di Carlo Gozzano, presso Agliè.
[5] L'aridità del cuore, rinviando a *Il responso*, v. 76, pensa il Sanguineti: ma è piú probabile si tratti della letteratura.

IV

Nonno, l'argento della tua canizie
rifulge nella luce dei sentieri:
passi tra i fichi, tra i susini e i peri
con nelle mani un cesto di primizie:

5 « Le piogge di Settembre già propizie
gonfian sul ramo fichi bianchi e neri,
susine claudie...[1] A chi lavori e speri
Gesú concede tutte le delizie! »

Dopo vent'anni, oggi, nel salotto
10 rivivo col profumo di mentastro[2]
e di cotogna tutto ciò che fu.

Mi specchio ancora nello specchio rotto,
rivedo i finti frutti d'alabastro...
Ma tu sei morto e non c'è piú Gesú.

---

[1] Le susine claudie sono una pregiata varietà di susine, molto grosse, gialle o nere. Cfr. *L'ipotesi*, vv. 87-88.
[2] Menta selvatica, con foglie tondeggianti (cfr. Pascoli, *In Oriente*, nei *Poemi conviviali*, v. 11: « il cuor del gregge, sazio di mentastri »; e D'Annunzio, *Laus vitae*, vv. 2002-2003: « Il fanciullo / mordeva mentastro odoroso »; vv. 3001-3002: « Piú che l'odor del mentastro / ci piacque l'odor della nave »; *Il cervo* (in *Alcyone*), v. 7: « Il fiato / violento che di mentastro odora ».

V

O tu che invoco, se non fosse l'*io*
una sola virtú dell'Apparenza,[1]
ritorneresti dopo tanta assenza
tra i frutti del frutteto solatio.

5 Verresti dal frutteto dell'oblio,
d'oltre i confini della conoscenza,
a me che vivo senza fedi, senza
l'immaginosa favola d'un Dio...[2]

Ma non ritorni? Sei come chi sia
10 non stato mai, o tu che vai disperso
nel tutto[3] dalla gran Madre Natura.

Ohimè! Sul pianto pianto nella via[4]
l'implacabilità dell'Universo
ride d'un riso che mi fa paura.

---

[1] Cioè: se la persona, l'io, non fosse che qualcosa di accidentale, di «apparente», che, dopo la morte, si confonde di nuovo con la natura, con il «tutto».
[2] Cfr. *L'analfabeta*, v. 114.
[3] Cfr. *La via del rifugio*, v. 34.
[4] Durante il cammino della vita.

VI

> « Beati mortui qui in Domino moriuntur »[1]
> (Cartiglio dell'orologio solare)

Avventurato se colui che visse
pellegrinando, eppur cosí v'agogna,[2]
o vecchie stanze, aulenti[3] di cotogna,
o tetto dalle glicini prolisse,[4]

5 avventurato[5] se colui morisse
in voi! E in Te, Gesú, nella menzogna[6]
dolce, rendesse l'anima che sogna
alle tue buone[7] mani crocefisse!

Questo è nei voti[8] del perduto alunno,
10 o Gesú Cristo! Un letto centenario
m'accolga sotto il monito dell'Ore.[9]

Ritorna la viola a tardo autunno:[10]
non morirò premendomi il rosario
contro la bocca, in grazia del Signore?

---

[1] Per l'epigrafe, cfr. il sonetto I, nota 1.
[2] Desidera, brama.
[3] È parola cara al D'Annunzio (« Vini chiari aulenti di pino », nella *Laus vitae*, v. 3250; *La sera fiesolana*, in *Alcyone*, v. 32: « Laudata sii per le tue vesti aulenti, / o Sera... »; *La muta*, in *Sogni di terre lontane* di *Alcyone*, vv. 34-36: « Talor gli ultimi aneliti esalare / sembra l'Estate aulenti sotto l'ugne / del palafren che nel galoppo falca »), ma anche al Pascoli: « L'aulente fieno sul forcon m'arreco » (*O vano sogno*, in *Myricae*, v. 5); « Nell'aulente pineta le cicale / frinivano » (*Patuit dea*, in *Poesie varie*, vv. 1-2).
[4] Che hanno lunghi rami.
[5] Fortunato.
[6] È la « troppo umana favola » del cristianesimo (cfr. *L'analfabeta*, v. 114).
[7] Nella prima stampa: « Tue sante ».
[8] Desideri (ed è reminiscenza di Orazio, *Sat.*, II, 6, 1: « *Hoc erat in votis* », frase divenuta, del resto, proverbiale).
[9] Cioè, della meridiana e della frase latina del cartiglio.
[10] Nella prima stampa: « Ritorna la viola, o primo autunno ».

La differenza[1]

Penso e ripenso: – Che mai pensa l'oca
gracidante alla riva del canale?
Pare felice! Al vespero invernale
protende il collo, giubilando roca.

5 Salta[2] starnazza si rituffa gioca:
né certo sogna d'essere mortale
né certo sogna il prossimo Natale
né l'armi corruscanti[3] della cuoca.

– O pàpera, mia candida sorella,
10 tu insegni che la Morte non esiste:
solo si muore da che s'è pensato.[4]

Ma tu non pensi. La tua sorte è bella!
Ché l'esser cucinato non è triste,
triste è il pensare d'esser cucinato.

---

[1] Fu ristampata, con il titolo *Olocausto natalizio*, su « La Donna », 20 dicembre 1911, con la falsa datazione Torino, 22 dicembre 1911.
[2] Nella ristampa del 1911: « salpa ».
[3] Balenanti, lampeggianti; le « armi... della cuoca » saranno pentole e coltelli.
[4] È la volgarizzazione, quasi parodica, di un concetto leopardiano (cfr il *Canto notturno di un pastore errante per l'Asia*), già ripreso dal Pascoli, nella II parte di *In Oriente*, nei *Poemi conviviali*.

Il filo

Ma questo filo... tutto questo filo!...
In pensieri non dolci e non amari
il Vecchio stava chino sulli alari
con le molle, cosí, come uno stilo.[1]

5 « Scrivi? Bruci? Miei versi? I sillabari?
Il nome dell'Amata e dell'Asilo! »
(nel Vecchio riconobbi il mio profilo)
« Lettere? Buste? Annunzi funerari?

Un nome, un nome! Quello della Mamma! »
10 E caddi singhiozzando sulli alari.
Il Vecchio tacque. M'additò la fiamma.

« Da trent'anni?! Perdute le piú tenere
mani![2] Ma resta il sogno! I sogni cari... »
Il Vecchio tacque. M'additò la cenere.

---

[1] Asticciola appuntita, usata dagli antichi per scrivere sulle tavolette spalmate di cera (e, anche, con l'estremità opposta appiattita, per cancellare lo scritto).
[2] Naturalmente, quelle della mamma.

Ora di grazia[1]

Son nato ieri che mi sbigottisce
il carabo[2] fuggente, e mi trastullo
della cetonia[3] risopita[4] sullo
stame, dell'erba, delle pietre lisce?

5 E quel velario azzurro tutto a strisce,
si chiama « cielo »? E « monti » questo brullo?[5]
Oggi il mio cuore è quello d'un fanciullo,
se pur la tempia già s'impoverisce.[6]

Non la voce cosí dell'Infinito,
10 né mai cosí la verità del Tutto
sentii levando verso i cieli puri

la maschera del volto sbigottito:
« Nulla s'acquista e nulla va distrutto:[7]
o eternità dei secoli futuri! »

---

[1] Fu ristampato (con *Ignorabimus*) sulla « Riviera ligure », febbraio 1912, col titolo *Perplessità*.
[2] Piccolo insetto coleottero, con corpo che ha riflessi metallici.
[3] Altro insetto coleottero, di colore verde dorato, con riflessi metallici, comune nei giardini, soprattutto sulle rose; cfr. *Signorina Felicita*, vv. 249-250, e *I colloqui*, v. 39 (ma si ricordi il Pascoli, *Digitale purpurea*, III vv. 10-11: « Sola / ero con le cetonie verdi »).
[4] Ferma, come dormiente.
[5] È forma sostantivata: luogo arido, privo di vegetazione.
[6] Cioè, i capelli si fanno rari sulle tempie.
[7] È il principio della conservazione della materia, formulato per la prima volta dal chimico francese Lavoisier (1743-1794).

Speranza

Il gigantesco rovere abbattuto
l'intero inverno giacque sulla zolla,
mostrando, in cerchi, nelle sue midolla
i centonovant'anni che ha vissuto.

5 Ma poi che Primavera ogni corolla
dischiuse con le mani di velluto,
dai monchi nodi[1] qua e là rampolla[2]
e sogna ancora d'essere fronzuto.

Rampolla e sogna – immemore di scuri –
10 l'eterna volta cerula e serena
e gli ospiti canori e i frutti e l'ire

aquilonari[3] e i secoli futuri...
Non so perché mi faccia tanta pena
quel moribondo che non vuol morire!

---

[1] I nodi sono i punti da cui uscivano i rami dell'albero: troncati, ora (quindi, i nodi sono « monchi »).
[2] Germoglia.
[3] Cioè, del vento aquilone, che è la tramontana, vento freddo e impetuoso (di qui « ire »). L'aggettivo fu caro al Carducci (« O se il turbine cortese / sovra l'ala aquilonar / mi volesse al bel paese / di Toscana trasportar », *A Diana Trivia*, in *Juvenilia*, v. 43; « Su l'aspra riva cui l'aquilonare / flutto castiga », *Nostalgia*, in *Rime nuove*, v. 6). Tutto il sonetto ricorda, per il tema, *La quercia caduta* (in *Primi poemetti*) del Pascoli.

L'inganno[1]

Primavera non è che s'avventuri
un'altra volta e cinga di tripudi
un'altra volta i rami seminudi,
tutti raggiando questi cieli puri?

5 Madre Terra, sei tu che trasfiguri
la vigilia dei giorni foschi e crudi?
O Madre Terra buona, tu che illudi
fino all'ultimo giorno i morituri!

Essi non piangon la sentenza amara.
10 Domani si morrà. Che importa? Oggi
sorride il colco[2] tra le stoppie invalide...[3]

Tutto muore con gioia (Impara! Impara!)
E forse ancora s'apre contro i poggi
l'ultimo fiore e l'ultima crisalide.

---

[1] Fu stampato per la prima volta sul settimanale torinese «Il Piemonte», 3 dicembre 1905, con il titolo *San Martino* e la datazione Convento di Belmonte Canavese, 1905. Il modello è il Pascoli di *Novembre*, in *Myricae*, a cui piú direttamente rimandava il primo titolo.
[2] Colchico, i cui fiori violetti compaiono, appunto, in autunno.
[3] Che hanno scarsa consistenza, prostrate, piegate.

Parabola[1]

Il bimbo guarda fra le dieci dita
la bella mela che vi tiene[2] stretta;
e indugia – tanto è lucida e perfetta –
a dar coi denti quella gran ferita.

5 Ma dato il morso primo[3] ecco s'affretta:
e quel che morde[4] par cosa scipita
per l'occhio intento al morso che l'aspetta...
E già la mela è per metà finita.

Il bimbo morde ancora – e ad ogni morso
10 sempre è lo sguardo che precede il dente –
fin che s'arresta al torso che già tocca.

« Non sentii quasi il gusto[5] e giungo al torso! »
Pensa il bambino...[6] Le pupille intente
ogni piacere tolsero alla bocca.

---

[1] Fu stampato per la prima volta su « Il Piemonte » del 15 ottobre 1905 con il titolo *Il bimbo e la mela*, quindi ristampato sulla « Gazzetta del Popolo della domenica » del 19 novembre 1905 con il titolo *Il fanciullo e la mela*; infine ebbe il titolo *Il frutto della vita* quando riapparve su « Adolescenza » del 12 novembre 1911. Il titolo definitivo è quello di uno dei *Sonetti dell'anima* della *Chimera* di D'Annunzio, da cui sono ripresi anche il tema e lo schema simbolico.
[2] « Si tiene », nella stampa del 1911.
[3] Nell'autografo, nella seconda e nella terza stampa, « primo morso ».
[4] Nella seconda stampa, « ciò che morde ».
[5] Nella seconda stampa, « nessun gusto ».
[6] Nella seconda e nella terza stampa, « il fanciullo ».

Ignorabimus[1]

Certo un mistero altissimo e piú forte
dei nostri umani sogni gemebondi[2]
governa il ritmo d'infiniti mondi,
gli enimmi della Vita e della Morte.[3]

5 Ma ohimè, fratelli, giova che s'affondi
lo sguardo nella notte della sorte?
Volere un Dio? Irrompere alle porte[4]
siccome prigionieri furibondi?

Amare giova! Sulle nostre teste
10 par che la falce[5] sibilando avverta
d'una legge di pace e di perdono:

« Non fate agli altri ciò che non vorreste
fosse a voi fatto! »[6] Nella notte incerta
ben questo è certo: che l'amarsi è buono!

---

[1] Fu ristampato sulla « Riviera ligure » del febbraio 1912 (insieme con *Ora di grazia*), con il titolo *Perplessità*. Il titolo riprende il motto (che, completo, suona « ignoramus et ignorabimus » = "ignoriamo e ignoreremo") del fisiologo tedesco Emil Du Bois-Reymond (1818-1896), contenuto nell'opera *Sui limiti della conoscenza della natura*, pubblicata nel 1872.
[2] È parola cara al Gozzano: cfr. *Signorina Felicita*, v. 313; *Paolo e Virginia*, v. 111.
[3] Altra coppia di astrazioni concettuali, parallela a Tutto e Nulla, Amore e Morte. Il Sanguineti ipotizza una suggestione dannunziana: cfr. *La tregua*, in *Alcyone*, v. 31: « Gli aspetti della Vita e della Morte »; v. 33: « Gli enigmi dell'oscura sorte »; e, piú persuasiva, la frase de *Le vergini delle rocce*, in *Prose di romanzi*, II, pag. 566: « Incomprensibili enigmi della Vita e della Morte ».
[4] Della conoscenza.
[5] Della morte.
[6] È il precetto biblico: cfr. *Tobia*, 4-6; *Matteo*, 7-12; *Luca*, 6-31. Ma tutto il sonetto ha un'intonazione pascoliana: si ricordino *I due fanciulli*, in *Primi poemetti*.

La morte del cardellino[1]

Chi pur ieri cantava, tutto spocchia,[2]
e saltellava, caro a Tita, è morto.
Tita singhiozza forte in mezzo all'orto
e gli risponde il grillo e la ranocchia.

5 La nonna s'alza e lascia la conocchia
per consolare il nipotino smorto:[3]
invano! Tita, che non sa conforto,[4]
guarda la salma sulle sue ginocchia.

Poi, con le mani, nella zolla rossa
10 scava il sepolcro piccolo, tra un nimbo[5]
d'asfodeli di menta e lupinella.[6]

Ben io vorrei sentire sulla fossa
della mia pace il pianto di quel bimbo.
Piccolo morto, la tua morte è bella!

---

[1] Fu ristampato sul «Momento» di Torino del 19 settembre 1911, con il titolo *La bella morte*.
[2] Boria.
[3] Pallidissimo.
[4] Che non riesce a consolarsi, a rassegnarsi.
[5] Aureola.
[6] Sono fiori bianchi, di una pianta gigliacea che, tuttavia, non è comune nel paesaggio piemontese. Qui compaiono probabilmente perché erano, nelle credenze greche, i fiori dei morti, e anche perché ampio uso ne fecero il Pascoli e il D'Annunzio. Pascoliana è anche la «lupinella» (si ricordi la «laboriosa lupinella», *Romagna*, v. 20), che, con la «menta», fa qui curioso contrasto con la nobile botanica degli asfodeli.

L'intruso[1]

Le tre sorelle dalla tela rozza
levano gli occhi sbigottite, poi
che una voce pervade i corridoi
come d'uno che irride o che singhiozza.

5 « Il vento in casa! » Il vento cresce, cozza,
sibila, mugge come cento buoi.
Ogni sorella pensa ai casi suoi,
l'altra chiamando con la voce mozza.

In breve dai soppalchi[2] al limitare[3]
10 discacciano il nemico, nell'assedio
invocando a gran voce tutti i Santi.

Ognuna torna poi ad agucchiare,
ed accompagna il ritmo del suo tedio
all'orchestra dei tremoli svettanti.[4]

---

[1] Fu stampato per la prima volta su « Il Piemonte » del 15 ottobre 1905 e ripubblicato sulla « Gazzetta del Popolo della domenica » del 19 novembre 1905.
[2] Locale ricavato dalla suddivisione orizzontale di locali molto alti.
[3] Soglia.
[4] È il pioppo tremulo (*populus tremula*).

La forza[1]

A. *Mario B., lottatore*

Bestialità divina,[2] amico Mario,
quando affatichi[3] i muscoli ben atti[4]
e cingi e premi, ansando, e scuoti a tratti
il torso dell'atletico avversario!

5 Bene sai l'arte della forza. In vario
modo lo spossi e incalzi e pieghi e abbatti;
ti sussulta nei muscoli contratti
non so che desiderio sanguinario.

Gràvagli sopra, crudelmente bello,
10 con le scapole fa ch'egli riverso
tocchi la rena e « vinto » gli si gridi!

Ridevole[5] miseria d'un cervello,
quando il proteso già pollice verso[6]
« Uccidi – griderei – Uccidi! Uccidi! »

---

[1] Il dedicatario è Mario Bassi che, come dice il Calcaterra, era allievo della facoltà di Lettere di Torino, scriveva versi, faceva conferenze e letture, collaborava a giornali letterari torinesi, era amico, oltre che di Gozzano, di altri amici del poeta, come il Vallini, il Gianelli, il Vugliano, Léon Coutas, Mario Dogliotti, e, in piú, si dilettava di lotta greco-romana (come appare dal sonetto, non di pugilato, come erroneamente dice il Calcaterra).
[2] Cfr. D'Annunzio, *Laus vitae*, vv.6011-6012: « Quivi divinai la divina / bestialità ».
[3] Eserciti nella fatica dello sport.
[4] Adatti, conformati.
[5] Ridicola.
[6] Con il « pollice verso » (cioè, voltato verso il basso) gli antichi Romani decretavano la morte del gladiatore vinto.

La medicina

Alla signora C. R. dalla bella voce

Non so che triste affanno mi consumi:
sono malato e nei miei dí peggiori...
Tra i balaustri[1] il mar scintilla fuori
la zona dei palmeti e degli agrumi.

5 Ah! Se voi foste qui, tra questi fiori,
amica! O bella voce tra i profumi!
Se recaste con voi tutti i volumi
di tutti i nostri dolci ingannatori!

Mi direste il *Congedo*, oppur la *Morte
10 del Cervo*, oppure la *Sementa*.[2] E queste
bellezze, piú che l'aria e piú che il sole,

mi farebbero ancora sano e forte![3]
E guarirei: Voi mi risanereste
con la grande virtú delle parole!

---

[1] Colonnina disposta in serie, a distanze uguali, nelle balaustrate. Il Sanguineti osserva che è parola cara a Gozzano, in versi e in prosa, cosí come a D'Annunzio (ma anche al Verga).
[2] Il *Congedo* del Carducci (nelle *Rime nuove*); *La morte del cervo* di D'Annunzio (in *Alcyone*); *La sementa* del Pascoli (nei *Primi poemetti*).
[3] La coppia di aggettivi «sano e forte» ritorna ne *L'ultima rinunzia*, v. 38; e ne *L'incrinatura*, v. 25.

Il sogno cattivo[1]

Se guardo questo pettine sottile
di tartaruga e d'oro, che affigura –
opera egregia di cesellatura –
un germoglio di vischio in novo stile,[2]

5 risogno un sogno atroce. Dal monile
divampa quella gran capellatura
vostra, fiammante nella massa oscura...
E pur non vedo il volto giovenile.

Solo vedo che il pettine produce
10 sempre capelli biondo-bruni e scorgo
un cielo fatto delle loro trame:

un cielo senza vento e senza luce!
E poi un mare... e poi cado in un gorgo
tutto di bande di color di rame.

---

[1] Fu stampato per la prima volta su « Il Piemonte » del 15 ottobre 1905 con il titolo *In ricordo*; poi ripubblicato sulla « Gazzetta del Popolo della domenica » del 19 novembre 1905 con il titolo *Un sogno*.
[2] La prima quartina è nel gusto dannunziano dei primi due sonetti (*Il sonetto d'oro* e *Artifex gloriosus*) della serie *Eleganze*, nella *Chimera*.

Miecio Horszovski[1]

Piccole dita che baciai, che tenni
fra le mie, pensando ai derelitti
consolati di affanni e di delitti
dal gioco delle mani dodicenni:

5 o le tue mani, bimbo, se tu accenni
sui tasti muti, a pena! Ecco, e tragitti[2]
un popolo di sazi e di sconfitti
alle rive del sogno alte e solenni.

E tu non sai! Il suono t'è un trastullo:
10 tu suoni e ridi sotto il cielo grigio
nostro piccolo gran consolatore!

E l'usignolo, come te, fanciullo,
canta ai poeti intenti al suo prodigio;
e non conosce le virtú canore.

---

[1] Fu composto « per il pianista dodicenne polacco, che a Torino, come in altre città, destò il piú alto entusiasmo » (Calcaterra).
[2] Trasporti.

In morte di Giulio Verne[1]

O che l'Eroe che non sa riposi
discenda nella Terra, o che si libri
per la virtú di cifre e d'equilibri
oltre gli spazi inesplorati ed osi

5   tentar le stelle, o il Nautilo rivibri
e s'inabissi in mari spaventosi:[2]
Maestro, quanti sogni avventurosi
sognammo sulle trame dei tuoi libri!

La Terra il Mare il Cielo l'Universo
10 per te, con te, poeta dei prodigi,
varcammo in sogno oltre la Scienza.

Pace al tuo grande spirito disperso,
tu che illudesti molti giorni grigi
della nostra pensosa adolescenza.

[1] Jules Verne morí nel 1905, anno di composizione del sonetto gozzaniano. Era nato nel 1828.
[2] Allusione al *Voyage au centre de la Terre* (Viaggio al centro della terra, 1864), a *De la Terre à la Lune* (Dalla terra alla luna, 1863) e a *Vingt mille lieues sous les mers* (Ventimila leghe sotto i mari, 1869-70), dove il Nautilus è, appunto, il sottomarino del protagonista, il capitano Nemo.

La bella del re[1]

Ciaramella che a' verd'anni[2]
fu l'amica del Gran Re[3]
(era prode e piú non c'è,
era bella e ha settant'anni),

5 Ciaramella la comare
con il fuso e la conocchia,
se ne viene tutta spocchia[4]
sulla soglia per filare.

« Che furori, cari miei!
10 Delle belle la piú bella
(ora, già, non son piú quella:
parlo del cinquanta... sei...)

E gioielli e sete fine
(ora già non son piú quella)
15 e la chioma ricciutella
fino a mezza crinoline;[5]

occhi neri ed i piú bei
denti, sana, bionda, snella
(ora già non son piú quella;
20 parlo del cinquantasei!) »

---

[1] Fu stampata su « Il Piemonte » del 30 aprile 1905 con il sottotitolo *In morte di Ciaramella da Vareglio Canavese*, che si diceva essere piaciuta al re Vittorio Emanuele II; fu ripubblicata con varianti sulla « Gazzetta del Popolo della domenica » del 30 luglio 1905 con il sottotitolo *In morte di Ciaramella da Fettigne Canavese*.
[2] Nella giovinezza.
[3] È Vittorio Emanuele II.
[4] Cfr. *La morte del cardellino*, v. 5.
[5] Sottana molto larga e rigida, foderata di tessuto di crine e sostenuta da stecche di balena, che, nell'abbigliamento femminile dell'ottocento, era portata sotto il vestito per tenerlo allargato e gonfio. Gozzano alterna la forma *crinoline* (che è la forma francese da cui deriva l'adattamento italiano *crinolina*) con la forma piú comune « crinolina ». Ma in *Primavere romantiche* il Gozzano usa anche *crinoline* al maschile (v. 36).

Nella tabe[6] che la rôde
fila: tira prilla accocca[7]
con il filo della rocca
i ricordi del Re Prode.

25 « Egli, fiero alla battaglia
nell'ardore delle squadre,
qui passava come un padre
vero padre dell'Italia...

Ma cessarono i favori
30 con il Tempo e con la Morte:
ora filo a mala sorte
per le tele dei signori... »

Un soffiar di tramontana
scende giú dalla foresta:
35 fa tremare ciò che resta
della regia cortigiana.

Tira, prilla, accocca, immota,
ma s'inchina a volta a volta
col pennecchio,[8] intenta, e ascolta
40 i ricordi che la ruota[9]

---

[6] Consunzione (per la vecchiaia). Tabe è parola carducciana: cfr. *Miramar*, vv. 73-74: « Non io gl'infami avoli tuoi di tabe / marcenti o arsi di regal furore ».
[7] È una serie verbale tipicamente pascoliana: cfr. *Il ciocco* (nei *Canti di Castelvecchio*), vv. 13-16: « E le donne ripresero a filare, / con la rocca infilata nel pensiere: / tiravano prillavano accoccavano / sfacendo i gruppi a or a or coi denti ». Nelle note del Pascoli ai *Canti di Castelvecchio* si possono leggere le definizioni dei tre verbi: *accoccare*: fermare la gugliata alla cocca del fuso; *prillare*: dare il giro al fuso; *tirare*: prender con le dita il filo.
[8] La quantità di canapa (o di lino, di lana, ecc.) che si avvolge intorno alla rocca per filare.
[9] Del filatoio.

le sussurra nell'orecchio...
E la canape l'innonda,
disfacendosi il pennecchio,
d'una gran cesarie[10] bionda.

45 « Ciaramella come sei
bionda! Torni in gioventú! »
– e la canape la illude –
« siamo del cinquantasei...

Ciaramella sta' sicura
50 che Gli piaci, Ciaramella! »
Ella sogna... Crede quella
la sua gran capellatura.

« Ecco i miei capelli d'oro!
Vo' spartirmeli in due bande:[11]
55 su recate le ghirlande,
perché ormai lascio il lavoro.

Chi mi disse della fine?
Il Passato... l'Avvenire...
Oh! Li scialli Casimire,[12]
60 oh le gonne a crinoline!...

Dite al Re che delle belle
la piú bella... » E resta immota,
resta prona sulla ruota.
Già s'accendono le stelle

[10] Chioma fluente. È voce carducciana (« De le canzoni vostre è il dolce coro, / cui da un cerchio di rose a pena doma / va pe' bei fianchi la cesarie d'oro / in riposo ondeggiante »: *Commentando il Petrarca*, in *Rime nuove*, v. 11); e dannunziana (« Trapassa l'Estate, supina / nel grande oro della cesarie »: *Undulna*, vv. 103-104, in *Alcyone*).
[11] È la tipica pettinatura romantica di altri personaggi femminili di Gozzano: cfr. *L'amica di nonna Speranza*, v. 24; *Signorina Felicita*, v. 425; *Il viale delle statue*, v. 66; *L'esperimento*, v. 19.
[12] Stoffa di lana, leggera e molto morbida e calda, cosí detta perché originaria della regione indiana del Kashmir (fr. *cachemire*, da cui la forma italiana).

65 nella notte fresca e oscura:
la vecchietta sonnolenta
dolcemente s'addormenta
nella gran capellatura.

Ecco, e all'alba, in sulla rocca
70 prona è ancor la Ciaramella.
« Ciaramè, non sei piú quella? »
E un'amica va e la tocca.

Ma si ferma in sulla porta
e poi grida all'impazzata:
75 « Ciaramella morta! Morta!
Satanasso l'ha portata! »

Il giuramento[1]

Ritorna col redo,[2]
mi guarda sott'occhi;
un bacio le chiedo:
mi fissa nelli occhi
5 con occhi sicuri
e vuole
        che giuri.

– O molle trifoglio,[3]
o mani di gelo!
Che bene ti voglio!
10 Ti giuro sul cielo! –
Solleva una mano,
mi dice:
        « è lontano! »

– Che sete di baci!
Morire mi pare.
15 Ah! Come mi piaci!

---

[1] Rielaborazione di un canto popolare greco, che il Gozzano lesse nell'edizione ampliata dei *Canti popolari greci* del Tommaseo (Palermo, 1903, pag. 157), nella traduzione di Paolo Emilio Pavolini. Il testo a cui il Gozzano si ispira suona: « A una fanciulla un bacio chiesi e mi disse che le giurassi: / e le giuro sul cielo e mi dice: "È alto"; / e le giuro sul mare e mi dice: "È fondo"; / e le giuro sulla chiesa: "Pietre e calcina ell'è"; / e le giuro sull'imagine: "Tela e pittura ell'è"; / e le giuro sulla mia gioventú; mi dice: "Sei un bugiardo" ».
[2] È parola pascoliana: *La fonte di Castelvecchio*, vv. 44-46: « Tuttavia la vedo / andare come vaccherella stanca / va col suo redo »; ma si veda anche *Il bucato*, in *Primi poemetti*: « Meglio non averli i redi » (v. 32). Indica il piccolo di bovini, ovini, caprini in genere. Cfr. anche D'Annunzio, *La notte di Caprera* (in *Elettra*), XXII, vv. 38-43: « Senza indugio il pastore apre / la porta e cauto depone al limitare / di pietra il redo che, su le oblique zampe / lanose, come un infante traballa, / bela dal roseo muso, per l'ombra calda / saltella in cerca della poppa gonfiata ».
[3] È quello del « fieno » del v. 25, da cui il giovane si augura di essere coperto nel fare l'amore con la ragazza.

Ti giuro sul mare! –
Riflette un secondo,
mi dice:

  « è profondo! »

Biancheggia sospesa
20 in fondo al tratturo[4]
la Chiesa. – Ti giuro
fin sopra la Chiesa! –
Sorride bambina,
mi dice:

  « è calcina! »

25 – Il fieno ci copra.
Ah! T'amo di fiamma!
Ti giuro fin sopra
la testa di mamma: –
Mi guarda supino,
30 mi dice:

  « assassino! »

M'irride, ma poi
si piega « ... m'inganni? »
– Ti giuro, se vuoi,
pei belli vent'anni! –
35 Solleva lo sguardo,
mi dice:

  « bugiardo! »

[4] È il sentiero percorso dai pastori e dalle greggi durante le transumanze, cioè durante le migrazioni stagionali dalla pianura alle montagne e dalle montagne alla pianura. Il termine è dannunziano: a parte l'esempio de *I pastori* (in *Alcyone*), v. 11: « E vanno pel trattuto antico al piano », si veda il *Trionfo della Morte*, IV, 4 (in *Prose di romanzi*, I, pp. 882-883): « Giú per un tratturo... su quell'ampia via d'erbe e di pietra deserta, ineguale, come stampata d'orme gigantesche, tacita, la cui origine si perdeva nel mistero delle montagne lontane e sacre. Un sentimento di sanità primitiva eravi ancora diffuso, quasi che di recente l'erbe e le pietre fossero state premute da una lunga migrazione di greggi patriarcali cercanti l'orizzonte marittimo ».

Nemesi[1]

Tempo che i sogni umani
volgi[2] sulla tua strada:
la chioma che dirada,
le case dei Titani,[3]

5 o tu che tutte fai
vane le nostre tempre:[4]
e vano dire *sempre*
e vano dire *mai*,[5]

se dunque eternamente
10 tu fai lo stesso gioco
tu sei una ben poco
persona intelligente!

Cangiare[6] i monti in piani
cangiare i piani in monti,
15 deviare dalle fonti
antiche i fiumi immani,

cangiar la terra[7] in mare
e il mare[8] in continente:
gran cosa non mi pare
20 per te, onnipossente!

---

[1] Fu stampata per la prima volta su « Il Piemonte » del 3 dicembre 1905, in una redazione piú breve (le prime cinque e le ultime quattro strofe) e con varianti.
[2] Trascini. Nella prima stampa, invece di « sogni » c'è « segni ».
[3] Nella mitologia greca, era il nome dei sei giganti figli di Urano e di Gea, che diedero l'assalto all'Olimpo e furono sconfitti da Zeus e dagli altri dei. Il Gozzano mette a raffronto l'azione del tempo su due opposte realtà, quella privata dei capelli che diventano radi e i grandi miti dell'umanità e della religione.
[4] Carattere (saldo, forte).
[5] Un'altra coppia di opposizioni concettuali, cosí care al Gozzano.
[6] Nella prima stampa, nei vv. 13, 14 e 17 « mutare » invece di « cangiare ».
[7] Nella prima stampa: « Le terre ».
[8] Nella prima stampa: « Un mare ».

Giocare con le cellule
al gioco dei cadaveri:
i rospi e le libellule
le rose ed i papaveri

25 rifare a tuo capriccio:
poi cucinare a strati
i tuoi pasticci andati[9]
e il nuovo tuo pasticcio:

ma, scusa, ci vuol poca
30 intelligenza! Basta –
di' non ti pare? – basta
il genio d'una cuoca.

Bada che non ti parlo
per acrimonia mia:
35 da tempo ho ucciso il tarlo
della malinconia.

Inganno la tristezza
con qualche bella favola.
Il saggio ride. Apprezza
40 le gioie della tavola[10]

e i libri dei poeti.
La favola divina[11]
m'è come ai nervi inquieti
un getto di morfina,

45 ma il canto piú divino
sarebbe un sogno vano
senza un torace sano
e un ottimo intestino.

---

[9] Passati, precedenti (o anche « andati a male »).
[10] Come il protagonista de *L'ipotesi*.
[11] Quella della poesia.

Amo le donne un poco –
50 o bei labbri vermigli! –
Tempo, ma so il tuo gioco:
non ti farò dei figli.

Ah! Se noi tutti fossimo
(Tempo, ma c'è chi crede
55 di darti ancora prede!)
d'intesa,[12] o amato prossimo,

a non far bimbi (i dardi
d'amor... fasciare e i tirsi
di gioia; – premunirsi
60 coi debiti riguardi),[13]

certo, se un dio ci dòmini –
n'avrebbe un po' dispetto;
gli uomini l'han detto:
ma « chi » sono gli uomini?

65 Chi sono? È tanto strano
fra tante cose strambe
un coso[14] con due gambe
detto guidogozzano!

Bada che non ti parlo
70 per acrimonia mia:
da tempo ho ucciso il tarlo
della malinconia.

Socchiudo gli occhi, estranio
ai casi della vita:
77 sento fra le mie dita
la forma del mio cranio[15]

---

[12] D'accordo.
[13] Con i preservativi. I « dardi » e i « tirsi » sono allusioni maliziosamente oscene.
[14] Cfr. *La via del rifugio*, vv. 35-36.
[15] Cfr. *La via del rifugio*, vv. 29-32 e 153-156.

Rido nell'abbandono:
o Cielo o Terra o Mare,
comincio a dubitare
80 se sono o se non sono!

Ma ben verrà la cosa
« vera » chiamata Morte:
che giova ansimar forte
per l'erta faticosa?

85 Né voglio piú, né posso.
Piú scaltro degli scaltri
dal margine d'un fosso
guardo passare gli altri.

E mi fan pena tutti,
90 contenti e non contenti,
tutti pur che viventi,
in carnevali e in lutti.

Tempo, non entusiasma
saper che tutto ha il dopo:
95 o buffo senza scopo
malnato protoplasma![16]

E non l'Uomo Sapiente,[17]
solo, ma se parlassero
la pietra, l'erba, il passero,
100 sarebbero pel Niente.

Tempo, se dalla guerra
restassi e dall'evolvere
in Acqua, Fuoco, Polvere
questa misera Terra?[18]

---

[16] Il primo essere vivente (ma è accezione disusata del termine).
[17] È la denominazione scientifica dell'uomo (*Homo sapiens*).
[18] Nella prima stampa: « Se dall'eterna guerra / restassi e dall'evolvere / in Acqua Fuoco e Polvere / questa misera Terra // e invece, o vecchio pazzo, / dar fine ai giochi strani ». *Restassi*: cessassi, la smettessi; *evolvere*: con palese allusione alle teorie evoluzioniste.

105 E invece, o Vecchio pazzo,
    da' fine ai giochi strani!
    Sul ciel senza domani
    farem l'ultimo razzo.[19]

    Sprofonderebbe in cenere
110 il povero glomerulo[20]
    dove tronfieggia[21] il querulo
    sciame dell'Uman Genere.

    Cesserebbe la trista
    vicenda in vita e in sogno.
115 Certo. Ma che bisogno
    c'è mai che il mondo esista?

---

[19] L'ultimo fuoco d'artificio, cioè la distruzione della terra.
[20] Propriamente, « piccolo gomitolo », cioè piccolo globo (che è la terra).
[21] Va gonfio di boria, pieno di sé.

Un rimorso

I

O il tetro Palazzo Madama...[1]
la sera... la folla che imbruna...
Rivedo la povera cosa,

la povera cosa[2] che m'ama:
5 la tanto simile ad una
piccola attrice famosa.[3]

Ricordo. Sul labbro contratto
la voce a pena s'udí:
« O Guido! Che cosa t'ho fatto
10 di male per farmi cosí? »[4]

---

[1] Il Palazzo, che ha la facciata, la scalinata e alcune sale del Juvara sul corpo di un antico castello, posto al centro della piazza Castello a Torino; cfr. *Torino*, v. 33, dove compare come luogo tipico della città. Prende il nome dalla consuetudine di molte donne di casa Savoia di farne la dimora (a cominciare da Bona, moglie di Ludovico d'Acaia, per venire alle due Madame Reali, Maria Cristina di Francia e Giovanna Battista di Némours).
[2] Con un'accentuata riduzione della donna a oggetto, non ironica, ma patetica (al contrario di quel che accade per il « coso guidogozzano »).
[3] Per spiegare questa allusione, si legga la lettera a Giulio de Frenzi, da Ceresole Reale, del 3 agosto 1907: « Avete parlato di me con la piccola attrice famosa? Come sono contento! Io ho tormentata per anni e anni una donna, soltanto perché aveva due occhi chiari, una fiamma di capelli sfuggenti e un musetto caprino e pietosamente nasuto: identico al suo! ». La « piccola attrice famosa » è Emma Gramatica (1875-1965).
[4] Per trattarmi in questo modo. Questa rima ripetuta in ogni sezione e la metrica ricordano inevitabilmente *La voce* (in *Canti di Castelvecchio*) del Pascoli. Ma richiama pure la battuta della donna in *Villa Chigi* (nelle *Elegie romane*), IV, vv. 12-14, del D'Annunzio: « Pure io non ti feci male. / Pure, io non altro feci che amarti, che amarti; non altro / feci che amarti sempre! Io non ti feci male ».

II

Sperando che fosse deserto
varcammo l'androne, ma sotto
le arcate sostavano coppie

d'amanti... Fuggimmo all'aperto:
15 le cadde il bel manicotto[5]
adorno di mammole doppie.

O noto profumo disfatto
di mammole e di *petit-gris*...[6]
« Ma Guido, che cosa t'ho fatto
20 di male per farmi cosí? »

III

Il tempo che vince non vinca
la voce con che mi rimordi,[7]
o bionda povera cosa!

Nell'occhio azzurro pervinca,
25 nel piccolo corpo ricordi
la piccola attrice famosa...

---

[5] La pelliccia corta, tubolare, aperta ai due lati, in cui, nella moda dell'ultimo ottocento e del primo novecento, le donne infilavano le mani per tenerle calde. Le donne dannunziane, in particolare, ne sono largamente provviste, dal *Piacere* (dove i manicotti appaiono profumati con mazzi di violette, come quelli della donna di Gozzano) fino alla *Leda senza cigno*. « Doppie », cioè con petali doppi, sono le « mammole »: quindi coltivate, poiché siamo d'inverno.
[6] Pelliccia pregiata, morbida, di colore grigio-azzurro, confezionata con pelli di scoiattoli siberiani (ed è voce francese della moda, che dà un ulteriore tocco di colore alla scena).
[7] Rimproveri.

Alzò la *veletta*.[8] S'udí
(o misera tanto nell'atto!)
ancora: « Che male t'ho fatto,
30 o Guido, per farmi cosí? »

IV

Varcammo di tra le rotaie
la Piazza Castello, nel viso
sferzati dal gelo piú vivo.

Passavano giovani gaie...
35 Avevo un cattivo sorriso:
eppure non sono cattivo,

non sono cattivo, se qui
mi piange nel cuore disfatto
la voce: « Che male t'ho fatto
40 o Guido per farmi cosí? »

---

[8] Un altro elemento della moda del primo novecento: il piccolo velo che le donne portavano, appuntato al cappello, e lasciato scendere fino a coprire piú o meno integralmente il volto. È scritto in corsivo dal Gozzano perché troppo prossimo è sentito il francese *voilette*, di cui la parola italiana è un calco.

L'ultima rinunzia[1]

« ... l'una a soffrire e l'altro a far soffrire »[2]

I

– « O Poeta, la tua mamma
che ti diede vita e latte,
che le guancie s'è disfatte
nel cantarti ninna-nanna,

5 lei che non si disfamò,
perché tu ti disfamassi,
lei che non si dissetò,
perché tu ti dissetassi,

la tua madre ha fame, tanta
10 fame! E cade per fatica,
s'accontenta d'una mica;[3]
tu soccorri quella santa!

Ella ha sete! Né t'incresca
di portarle tu da bere:
15 s'accontenta d'un bicchiere,
d'un bicchiere d'acqua fresca ».

---

[1] Rielaborazione di un canto popolare greco, tradotto da Paolo Emilio Pavolini (cfr. *Il giuramento*), nel quale una « signora Marietta » continua a ballare anche dopo che, via via, le annunciano che il marito ha fame e aspetta, che ha sete e aspetta, che è in agonia, infine che è morto. Anche in uno dei *Canti popolari del Piemonte*, *La ballerina*, raccolti dal Nigra, si racconta di una ballerina che continua a ballare mentre le viene riferito, via via, che sono morti il padre, la madre, il fratello, la sorella, il marito e il figlio.
[2] L'epigrafe è tratta da *La madre*, terzo dei *Poemi di Ate*, nei *Poemi conviviali* del Pascoli, vv. 121-123: « E poi la madre e il figlio / vennero ancor dalla palude in terra, / l'una a soffrire, e l'altro a far soffrire ». Il poema pascoliano è un tramite decisivo nella rielaborazione del canto popolare greco, in quanto suggerí al Gozzano la trasformazione del personaggio indifferente ad affetti e dolori in quello del figlio (è una donna, invece, sia nel canto greco, sia in quello piemontese), mentre a patire di tale indifferenza, come nel testo del Pascoli, è la madre.
[3] Briciola di pane.

– « Perché sali alle mie celle?[4]
Che mi ciarli, che mi ciarli?
Non concedo mi si parli
20 quando parlo con le Stelle.

Mamma ha fame? E vada al tozzo[5]
e potrà ben disfamarsi.
Mamma ha sete? E vada al pozzo
e potrà ben dissetarsi.

25 O s'affacci al limitare;
si rivolga alla comare:
ma lasciatemi sognare,[6]
ma lasciatemi sognare! »

II

– « O Poeta, la tua mamma
30 che ti diede vita e latte,
che le guancie s'è disfatte
nel cantarti ninna-nanna,

la tua mamma che quand'eri
ammalato t'assisteva,
35 non mangiava, non beveva
nei tristissimi pensieri,

---

[4] Stanzetta (ma con un senso di lontananza, di separazione, di distacco, che vuole sottolineare l'ascesi del poeta che parla con le Stelle, con la Luna, con il Tutto).
[5] Cioè, a chiedere l'elemosina.
[6] Giustamente, il De Marchi richiama il « lasciatemi divertire! » di Palazzeschi: ma le conseguenze che ne trae, parlando di « estetismo esasperato » di fronte al « funambulismo futurista », sono alquanto imprecise. La ribellione palazzeschiana al buon senso e al conformismo borghese è, tuttavia, già preparata da questo testo di Gozzano.

  lei che t'era sempre intorno
  per rifarti sano e forte[7]
  per contenderti alla Morte,
40 e piangeva, e notte e giorno

  invocava Gesú Cristo
  e la Vergine Maria:
  o Poeta! ed oggi ho visto
  la tua madre in agonia!

45 Oh! l'atroce dipartita!
  Chinerai la testa bionda
  sulla fronte incanutita
  della santa moribonda? »

  – « Taciturna è la fortuna.
50 Che mi ciarli, che mi ciarli?
  Non concedo mi si parli
  quando parlo con la Luna!

  Forse che dallo speziale
  non c'è benda e medicina?
55 Forse che nel casolare
  non c'è Ghita la vicina?

  La vicina a confortare,
  medicina a risanare:
  ma lasciatemi sognare,
60 ma lasciatemi sognare! »

III

  – « O Poeta, la tua mamma
  che ti diede vita e latte,
  che le guancie s'è disfatte
  nel cantarti ninna-nanna,

---

[7] Cfr. *La medicina*, v. 12.

65 – odi, anco se t'annoia! –
   lei che t'ebbe come un sole,
   che t'apprese[8] le parole
   che ora sono la tua gioia,

   la tua mamma in sulla porta
70 fu trovata sola e morta!
   Sola e morta chi sa come
   singhiozzando nel tuo nome...

   Vieni a piangere la cara,
   prima che altri le ritocchi[9]
75 giú le palpebre sugli occhi
   e la metta nella bara.

   Son le donne già raccolte
   là, nell'opera funesta:
   ma tu chiamala tre volte
80 s'ella vuol che tu la vesta ».[10]

   – « Che mi dici, che mi dici,
   che mi parli tu di lutto?
   Non intendo ciò che dici
   quando parlo con il Tutto.

85 Forse che lamentatrici
   non ci sono a lamentare?
   Forse che becchini e preti
   non ci sono a sotterrare?

   E la fate lamentare
90 e la fate sotterrare:
   ma lasciatemi sognare,
   ma lasciatemi sognare!

   Ma lasciatemi sognare! »

---

[8] Ti insegnò. Le « parole » sono, naturalmente, la « gioia » del poeta.
[9] Faccia scendere, richiuda.
[10] Il *se* ha valore ottativo.

I COLLOQUI

I
Il giovenile errore[1]

---

[1] È epigrafe petrarchesca, *Rime*, I, 3: « Voi ch'ascoltate in rime sparse / il suono / di quei sospiri ond'io nudriva 'l core / in sul mio primo giovenile errore / quand'era in parte altr'uom da quel ch'i' sono ».

I colloqui

> ... reduce dall'Amore e dalla Morte[1]
> gli hanno mentito le due cose belle...

I

Venticinqu'anni!... Sono vecchio, sono
vecchio! Passò la giovinezza prima,[2]
il dono mi lasciò dell'abbandono![3]

Un libro di passato,[4] ov'io reprima
5 il mio singhiozzo e il pallido vestigio
riconosca di lei, tra rima e rima.

Venticinqu'anni! Medito il prodigio
biblico...[5] guardo il sole che declina
già lentamente sul mio cielo grigio.[6]

10 Venticinqu'anni... Ed ecco la trentina
inquietante, torbida d'istinti
moribondi... ecco poi la quarantina

spaventosa, l'età cupa dei vinti,
poi la vecchiezza, l'orrida vecchiezza
15 dai denti finti e dai capelli tinti.

---

[1] L'epigrafe è tratta da *In casa del sopravissuto*, vv. 13-14.
[2] È espressione leopardiana: *Le ricordanze*, v. 120: «O primo entrar di giovinezza».
[3] Cioè, ironicamente, l'unico *dono* lasciato dalla giovinezza è l'*abbandono* da parte della giovinezza stessa.
[4] Il passato, la giovinezza, si sono ormai ridotte a un *libro*, quello appunto de *I colloqui* (con una contrapposizione, che è nettissima in tutta l'opera, fra letteratura e vita, che sono detti sempre inconciliabili, opposti).
[5] Quello che compì Giosuè, fermando il sole (*Jos.*, x, 12-13), onde permettere agli Ebrei, a Gabaon, di vincere i loro nemici, gli Amorrei.
[6] Cioè, sul mio invecchiare.

O non assai goduta giovinezza,
oggi ti vedo quale fosti, vedo
il tuo sorriso, amante che s'apprezza

solo nell'ora triste del congedo!
20 Venticinqu'anni!... Come piú m'avanzo
all'altra meta,[7] gioventú, m'avvedo

che fosti bella come un bel romanzo!

II

Ma un bel romanzo che non fu vissuto
da me, ch'io vidi vivere da quello
25 che mi seguí, dal mio fratello muto.[8]

Io piansi e risi per quel mio fratello
che pianse e rise, e fu come lo spetro
ideale di me, giovine e bello.

A ciascun passo mi rivolsi indietro,[9]
30 curíoso di lui, con occhi fissi[10]
spiando il suo pensiero, or gaio or tetro.

Egli pensò le cose ch'io ridissi,
confortò la mia pena in sé romita,[11]
e visse quella vita che non vissi.

---

[7] Quella della morte.
[8] L'ombra, la controfigura ideale del poeta, che visse la giovinezza nel « bel romanzo » in cui essa si risolve: « muto », perché protagonista, appunto, del « romanzo ».
[9] Reminiscenza del Petrarca, Rime, XV, 1: « Io mi rivolgo in dietro a ciascun passo ».
[10] Cfr. Paolo e Virginia, v. 150; Signorina Felicita, v. 265; Una risorta, v. 67. Il Sanguineti ricorda anche D'Annunzio, Al poeta Andrea Sperelli (ne La Chimera), v. 32: « muto, ti guarderà con li occhi fissi ».
[11] Emistichio dantesco (Purg., VI, 72) e petrarchesco (CCXXXVI, 6). « Romita » vale « solitaria ».

35 Egli ama e vive la sua dolce vita;[12]
    non io che, solo nei miei sogni d'arte,[13]
    narrai la bella favola compita.[14]

    Non vissi. Muto sulle mute carte
    ritrassi lui,[15] meravigliando spesso.
40 Non vivo. Solo, gelido, in disparte,[16]

    sorrido e guardo vivere me stesso.[17]

---

[12] È emistichio dantesco, *Par.*, XXV, 93: « E la sua terra è questa dolce vita ».
[13] Cfr. *Il responso*, v. 8.
[14] È reminiscenza del Petrarca, *Rime*, CCIV, 13: « La mia favola breve è già compita »; cfr. *Il responso*, v. 68.
[15] È riferito al « fratello » (cfr. v. 25).
[16] In questi aggettivi è stata indicata dal Sanguineti una memoria leopardiana, da *Aspasia*, vv. 111-112: « Qui neghittoso immobile giacendo, / il mar la terra e il ciel miro e sorrido »; il Guglielminetti ha aggiunto, per « gelido », la citazione di *Alla primavera*, v. 18: « questo gelido cor ».
[17] Reminiscenza petrarchesca, *Rime*, CCIX, 5: « Meco di me mi meraviglio spesso ».

L'ultima infedeltà[1]

Dolce tristezza,[2] pur t'aveva seco,
non è molt'anni,[3] il pallido bambino
sbocconcellante la merenda, chino
sul tedioso compito di greco...

5   Piú tardi seco t'ebbe in suo cammino
sentimentale, adolescente cieco
di desiderio, se giungeva l'eco
d'una voce, d'un passo femminino.[4]

Oggi pur[5] la tristezza si dilegua
10 per sempre da quest'anima corrosa[6]
dove un riso amarissimo persiste,

un riso che mi torce senza tregua
la bocca... Ah! veramente non so cosa
piú triste che non piú essere triste!

[1] Fu stampato per la prima volta su «La Donna» del 5 luglio 1909. L'«ultima infedeltà» è l'abbandono anche della tristezza.
[2] La coppia triste-dolce è presente già nel Pascoli (*Il bordone*, in *Primi poemetti*, v. 23: «Ed è, ora, una sera / triste ma dolce»), e diventa tipica in poeti come Jammes, Samain, Rodenbach (come dimostra il Sanguineti), Corazzini (come prova Stefano Jacomuzzi, in S. Corazzini, *Poesie edite e inedite*, Torino, 1968); ma si veda anche il D'Annunzio del *Poema paradisiaco*, *Invito alla fedeltà*, vv. 15-16: «Nulla è piú dolce e triste / de le cose lontane ».
[3] Cfr. Petrarca, *Rime*, CCCXXV, 109 e CCCLIX, 61.
[4] Femminile (cfr. *Signorina Felicita*, v. 291).
[5] Nella prima stampa: «Or quasi».
[6] Cfr. *Paolo e Virginia*, v. 165.

Le due strade[1]

I

Tra bande[2] verdigialle[3] d'innumeri ginestre
la bella strada alpestre scendeva nella valle.[4]

Ecco, nel lento oblio, rapidamente in vista,
apparve una ciclista a sommo del pendio.

5   Ci venne incontro: scese: « Signora: sono Grazia! »
Sorrise nella grazia dell'abito scozzese.

« Tu? Grazia?[5] la bambina? » – « Mi riconosce ancora? »
« Ma certo! » E la Signora baciò la Signorina.

« La bimba Graziella![6] Diciott'anni? Di già?
10 La mamma come sta? E ti sei fatta bella!

La bimba Graziella: cosí cattiva e ingorda!... »
« Signora, si ricorda quelli anni? » – « E cosí bella

---

[1] Già presente ne *La via del rifugio*, è ripubblicato, con molte varianti, ne *I colloqui*.
[2] I lati della strada.
[3] « Verdigialle » è aggettivo dannunziano, come dimostra il Sanguineti con citazioni da *Climene* (nel *Poema paradisiaco*), v. 10: « I licheni ed i muschi verdegialli », e da *Il fuoco*, II (*Prose di romanzi*, II), pag. 712 e 736.
[4] Nella prima redazione era qui inserito un distico, soppresso in questa redazione definitiva: « Andavo con l'Amica, recando nell'ascesa / la triste che già pesa nostra catena antica; // quando, nel lento oblio... ». « Lento oblio » (che vuole significare lo stato di trasognatezza e di indifferenza e di noia per la troppo prolungata relazione amorosa con la non piú giovane amante) è sintagma dannunziano: *Canto del Sole* (in *Canto novo*, ed. 1896), vv. 75-76: « Con occhi velati dal lungo / languor de' baci, dal lento oblio ». Il Graf, in *Obblio*, v.9, in *Medusa*, ha, del resto: « M'invade un lento obblio ».
[5] Nella prima redazione, « Graziella? ».
[6] Nella prima redazione, « la piccola Graziella » (anche nel v. 11).

vai senza cavalieri in bicicletta? ... » – « Vede... »
« Ci segui un tratto a piede? » – « Signora, volentieri... »
15 « Ah! Ti presento, aspetta, l'avvocato:[7] un amico
caro di mio marito. Dàgli la bicicletta... »

Sorrise e non rispose. Condussi nell'ascesa
la bicicletta accesa d'un gran mazzo di rose.

E la Signora scaltra e la bambina ardita
20 si mossero: la vita una allacciò dell'altra.

II

Adolescente l'una nelle gonnelle corte,
eppur già donna: forte bella vivace bruna

e balda nel solino[8] dritto, nella cravatta,
la gran chioma disfatta nel tocco da fantino.

25 Ed io godevo, senza parlare, con l'aroma
degli abeti l'aroma di quell'adolescenza.

– O via della salute, o vergine apparita,[9]
o via tutta fiorita di gioie non mietute,

forse la buona via saresti al mio passaggio,[10]
30 un dolce beveraggio[11] alla malinconia!

---

[7] Cosí si definisce il Gozzano anche nella *Signorina Felicita*, v. 205: in realtà, pur essendosi iscritto alla facoltà di giurisprudenza, non prese mai la laurea.
[8] Il *solino*, la *cravatta*, il *tocco da fantino* (come la piú generica indicazione dell'abito scozzese del v. 6) sono tutti dati di una moda molto giovanile, sportiva, un poco maschile. Il *solino* è il colletto rigido, inamidato, portato comunemente con la *cravatta* nell'abbigliamento maschile; il *tocco da fantino* è il piccolo berretto rotondo, rigido, colorato, con tesa sporgente, proprio dei fantini.
[9] Sono espressioni preraffaellite e dannunziane: il Sanguineti ricorda il *Trionfo della Morte*, III, 3 (*Prose di romanzi*, I, pag. 803): « Sentí in confuso ch'egli non aveva trovata la via della salute, la via piana e diritta ». In questo ambito di cultura si giustifica il richiamo stilnovistico e dantesco, al Dante della *Vita nuova* (dove si ritrova *salute* nel significato di « salvezza »). L'« apparita » è, poi, anche attributo della Vergine Maria (e si comprende cosí l'invocazione gozzaniana che si richiama tutta alla sfera del sacro e della religione).
[10] È quello della vita, verso la Morte e il Niente (cfr. vv. 32-33).
[11] Il significato di *pozione magica* è chiarito dal raffronto con vari passi dannunziani: *Laus vitae*, v. 199: « Forte come un beveraggio »; *Volterra*,

O bimba nelle palme tu chiudi la mia sorte;
discendere alla Morte come per rive calme,

discendere al Niente pel mio sentiero umano,
ma avere te per mano, o dolcesorridente![12]

35 Cosí dicevo senza parola. E l'altra intanto
vedevo: triste accanto a quell'adolescenza!

Da troppo tempo bella, non piú bella tra poco
colei che vide al gioco la bimba Graziella.

Belli i belli occhi strani della bellezza ancora
40 d'un fiore che disfiora, e non avrà domani.[13]

Sotto l'aperto cielo, presso l'adolescente
come terribilmente m'apparve lo sfacelo!

Nulla fu piú sinistro che la bocca vermiglia
troppo, le tinte ciglia e l'opera del bistro[14]

45 intorno all'occhio stanco, la piega di quei labri,
l'inganno dei cinabri[15] sul volto troppo bianco,[16]

gli accesi dal veleno[17] biondissimi capelli:
in altro tempo belli d'un bel biondo sereno.

Da troppo tempo bella, non piú bella tra poco,
50 colei che vide al gioco la bimba Graziella!

in *Elettra* (*Le città del silenzio*), v. 14: « Circe e il brutal suo beveraggio »; *Francesca da Rimini*, III-3: « Conosco il beveraggio che allontana / e dismemora ».

[12] Certamente, per la memoria del « dulce ridentem » di Catullo, LI, 5, e di Orazio, *Carm.*, I, 22, 23; e per la suggestione del Petrarca, *Rime*, CLIX, 14: « e come dolce parla e dolce ride ».

[13] Nella redazione de *La via del rifugio*, a questo punto erano inseriti due distici: « Al freddo che s'annunzia piegan le rose intatte, / ma la donna combatte nell'ultima rinunzia. // O pallide leggiadre mani per voi trascorse- / ro gli anni! Gli anni, forse, gli anni di mia Madre! ».

[14] Cosmetico nero-blu, usato dalle donne per tingersi le palpebre e sotto gli occhi.

[15] I rossetti, le ciprie.

[16] Per il pallore dell'età ormai declinante.

[17] I capelli « accesi » dal « veleno » dei cosmetici e delle tinture dell'amante non piú giovane del poeta contrastano con « la bicicletta accesa d'un gran mazzo di rose » della bimba Graziella.

— O mio cuore che valse la luce mattutina[18]
raggiante sulla china tutte le strade false?

Cuore che non fioristi, è vano che t'affretti
verso miraggi schietti[19] in orti[20] meno tristi;

55 tu senti che non giova all'uomo soffermarsi,
gettare i sogni sparsi[21] per una vita nuova.[22]

Discenderai al Niente pel tuo sentiero umano
e non avrai per mano la dolcesorridente,

ma l'altro beveraggio[23] avrai fino alla morte:
60 il tempo è già piú forte di tutto il tuo coraggio.

Queste pensavo cose, guidando nell'ascesa
la bicicletta accesa d'un gran mazzo di rose.

III

Erano folti intorno gli abeti nell'assalto
dei greppi[24] fino all'alto nevaio disadorno.[25]

---

[18] La luce della giovinezza, che ha illuminato (« raggiante ») sulla china della vita soltanto « tutte le strade false »: cioè quelle degli amori febbrili, nevrotici, irregolari, non quella che il poeta avrebbe potuto percorrere serenamente e puramente con la bimba Graziella.
[19] Sogni puri, ma inattuabili.
[20] Nel senso di « giardino », è reminiscenza dannunziana, dal *Poema paradisiaco*: *Hortus conclusus*, *Hortus Larvarum*, ecc. La nostalgia degli « orti meno tristi », del giardino intatto della giovinezza, si contrappone alla consueta aridità del cuore del Gozzano (« cuore che non fioristi »).
[21] Sprecati, perduti.
[22] Altra, piú diretta allusione alla *Vita nuova* dantesca, citata con una specie di gioco onomastico.
[23] Quello della « malinconia » (cfr. v. 30).
[24] Pendio ripido e scosceso.
[25] Nudo, spoglio.

65　I greggi, sparsi a picco, in lenti beli e mugli[26]
　　brucavano ai cespugli di menta il latte ricco;[27]

　　e prossimi e lontani univan sonnolenti
　　al ritmo dei torrenti un ritmo di campani.

　　Lungi i pensieri foschi! Se non verrà l'amore
70　che importa? Giunge al cuore il buon odor dei boschi.

　　Di quali aromi opimo[28] odore non si sa:
　　di resina? di timo? o di serenità?...

IV

　　Sostammo accanto a un prato e la Signora, china,
　　baciò la Signorina, ridendo nel commiato.

75　« Bada che aspetterò, che aspetteremo te;
　　si prende un po' di the, si cicaleccia un po'... »[29]

　　« Verrò, Signora; grazie! » Dalle mie mani, in fretta,
　　tolse[30] la bicicletta. E non mi disse grazie.

　　Non mi parlò. D'un balzo salí, prese l'avvio;
80　la macchina il fruscío ebbe d'un piede scalzo,[31]

　　d'un batter d'ali ignote, come seguita a lato
　　da un non so che d'alato volgente con le rote.

---

[26] Nella redazione de *La via del rifugio*, « in gran tinniti e mugli ».
Il termine « greggi » sarà da intendersi anche nel senso di « armenti ».
Beli e *mugli* = belati e muggiti. Il Guglielminetti ricorda il Leopardi,
Il passero solitario, v. 8: « odi greggi belar, muggire armenti », e il Pascoli, *Psyche* (in *Poemi conviviali*): « tremuli belati / e cupi mugli ».
« Sparsi a picco » è da riconnettersi probabilmente alla celebre immagine
virgiliana, *Ecl.*, ɪ, 76: « *Non ego vos [capellae] posthac viridi proiectus
in antro / dumosa pendere procul de rupe videbo* ».
[27] Cioè, brucavano i cespugli di menta che si sarebbero trasformati in
ricco latte.
[28] Ricco, carico.
[29] Nella prima redazione, « si maledice ».
[30] Prese.
[31] Allude alla tradizionale figurazione della Fortuna, alata, in piedi sulla
ruota che si volge incessantemente.

Restammo alle sue spalle. La strada, come un nastro
sottile d'alabastro, scendeva nella valle.³²

85 « Signora!... Arrivederla!... » gridò di lungi, ai venti.
Di lungi ebbero i denti un balenio di perla.

Tra la verzura folta disparve, apparve ancora.
Ancor s'udí: « ... Signora!... » E fu l'ultima volta.

Grazia è scomparsa.³³ Vola – dove? – la bicicletta...
90 « Amica, e non m'ha detta una parola sola! »

« Te ne duole? » – « Chi sa! » – « Fu taciturna, amore,
per te, come il Dolore... » – « O la Felicità... »³⁴

---

³² Nella prima redazione, segue questo distico: « Volò, come sospesa, la bicicletta snella: / "O piccola Graziella, attenta alla discesa!" ».
³³ Nella prima redazione: « Graziella è lungi. Vola la bicicletta ».
³⁴ Nella prima redazione, segue un distico conclusivo: « E seguitai l'amica, recando nell'ascesa / la triste che già pesa nostra catena antica ».

Elogio degli amori ancillari[1]

I

Allor che viene con novelle sue,[2]
ghermir mi piace l'agile fantesca
che secretaria antica è fra noi due.[3]

M'accende il riso della bocca fresca,
5 l'attesa vana, il motto arguto, l'ora,
e il profumo d'istoria boccaccesca...[4]

Ella m'irride, si dibatte, implora,
invoca il nome della sua padrona:[5]
« Ah! Che vergogna! Povera Signora!

10 Ah! Povera Signora... » E s'abbandona.

[1] Il titolo richiama, non senza un'intenzione ironica, un verso del Petrarca, *Rime*, CCCLX, 96: « Ei sa che 'l grande Atride e l'alto Achille, / et Hanibàl al terren vostro amaro, / e di tutti il piú chiaro / un altro e di vertute e di fortuna, / com'a ciascun le sue stelle ordinaro, / lasciai cader in vil amor d'ancille ». A parlare è l'« adversario » del poeta, Amore.
[2] Chiacchiere, pettegolezzi (in accordo con la citazione del « decamerone » del v. 11).
[3] Altra reminiscenza petrarchesca, *Rime*, CLXVIII, 2: « Amor mi manda quel dolce pensero / che secretario antico è fra noi due ». Qui « secretaria » vale « intermediaria », colei che conosce i segreti dell'amore della padrona e del poeta. Ma cfr. anche Tasso, *Gerusalemme liberata*, VI, 103: « L'innamorata donna iva co 'l cielo / le sue fiamme sfogando ad una ad una, / e secretari del suo amore antico / fea i muti campi e quel silenzio amico ».
[4] Di un'avventura grassoccia, licenziosa, salace (secondo quella che è l'opinione comune intorno all'opera del Boccaccio).
[5] Della « Signora », che è evidentemente l'amante del poeta.

II

Gaie figure di decamerone,[6]
le cameriste[7] dan, senza tormento,
piú sana voluttà che le padrone.[8]

Non la scaltrezza del martirio lento,[9]
15 non da morbosità polsi riarsi,
e non il tedioso sentimento

che fa le notti lunghe e i sonni scarsi,[10]
non dopo voluttà l'anima triste:[11]
ma un piú sereno e maschio sollazzarsi.

20 Lodo l'amore delle cameriste!

---

[6] È termine dannunziano: *A F.P. Michetti* (ne *La Chimera*), vv. 67-68: « Donne, scultori, musici, poeti, / prìncipi, come in un decamerone » (ma il Sanguineti indica le derivazioni del D'Annunzio da Gautier e da Verlaine).

[7] Cfr. *La via del rifugio*, v. 80.

[8] Per questo concetto, cfr. *Signorina Felicita*, vv. 296-319 e *L'ipotesi*, vv. 5-18.

[9] Cioè, la lunga e torturante attesa che le « signore » impongono agli amanti prima di cedere loro, in omaggio a una sorta di rito erotico e mondano.

[10] Incrocio molto probabile di echi danteschi (*Par.*, XVII, 3: « Quel ch'ancor fa li padri ai figli scarsi ») e petrarcheschi (*Tr. Cup.*, II, 41-42: « O me! ma poche notti / fur a tanti desir' sí brevi e scarse »: con riferimento alla passione di Sofonisba e Massinissa).

[11] È la traduzione quasi letterale della sentenza « Omne animal post coitum triste » (con la traslitterazione animal-anima, a rendere piú evidente la fonte). C'è, inoltre, un'eco dannunziana: si ricordi la sezione *Animal triste* nell'*Intermezzo*, e il passo del *Trionfo della Morte*, I, 1: « Mi getto sul tuo corpo, ti stringo, ti soffoco, impaziente di possederti. La voluttà è alta, come non mai. Ma quale volutta può compensare l'immensa tristezza che sopraggiunge? » (in *Prose di romanzi*, I, pag. 665).

Il gioco del silenzio[1]

Non so se veramente fu vissuto
quel giorno della prima primavera.
Ricordo – o sogno? – un prato di velluto,
ricordo – o sogno? – un cielo che s'annera,
5   e il tuo sgomento e i lampi e la bufera
livida sul paese sconosciuto...

Poi la cascina rustica del colle
e la corsa e le grida e la massaia
e il rifugio notturno e l'ora folle
10 e te giuliva come una crestaia,[2]
e l'aurora ed i canti in mezzo all'aia
e il ritorno in un velo di corolle...[3]

– Parla! – Salivi per la bella strada
primaverile, tra pescheti rosa,
15 mandorli bianchi, molli di rugiada...
– Parla! – Tacevi, rigida pensosa
della cosa carpita, della cosa
che accade e non si sa mai come accada...[4]

[1] Fu pubblicato sulla « Riviera ligure » del settembre 1910.
[2] Modista (cfr. *Historia*, vv. 10-15). Riprende il motivo dell'*Elogio degli amori ancillari*.
[3] Quello dei « pescheti rosa » e dei « mandorli bianchi » dei vv. 14-15.
[4] Non si tratterà proprio della verginità, ma, piú semplicemente, del corpo, nell'atto d'amore.

– Parla! – seguivo l'odorosa traccia[5]
20 della tua gonna... Tuttavia rivedo
quel tuo sottile corpo di cinedo,[6]
quella tua muta corrugata faccia
che par sogni l'inganno od il congedo
e che piacere a me par che le spiaccia...[7]

25 E ancora mi negasti la tua voce
in treno. Supplicai, chino rimasi
su te, nel rombo[8] ritmico e veloce...
Ti scossi, ti parlai con rudi frasi,
ti feci male, ti percossi quasi,
30 e ancora mi negasti la tua voce.

Giocosa[9] amica, il Tempo vola, invola[10]
ogni promessa. Dissipò coi baci
le tue parole tenere fugaci...
Non quel silenzio. Nel ricordo, sola
35 restò la bocca che non diè parola,
la bocca che tacendo disse: Taci!...[11]

---

[5] È reminiscenza dannunziana, *Isaotta nel bosco* (nell'*Isotteo*), III, v. 48: «Noi ci mettemmo allora / su l'odorosa traccia a ricercare».

[6] Ragazzo effeminato, che si prostituisce (cfr. *Historia*, vv. 7-9). Il modello di tale tipo femminile, ambiguamente allusivo a una bisessualità ancora indecisa, è nel mito dell'Androgine dannunziano (*L'Androgine*, ne *La Chimera*).

[7] Adattamento di un verso del Petrarca, *Rime*, CLXXI, 8: «che di piacere altrui par che le spiaccia».

[8] Del treno.

[9] «Giuliva» (come dice al v. 10).

[10] Porta via, rapisce.

[11] Adattamento di un verso dantesco, *Purg.*, XXI, 104: «con viso che, tacendo, disse: Taci».

Il buon compagno[1]

Non fu l'Amore, no.[2] Furono i sensi
curiosi di noi, nati pel culto
del sogno...[3] E l'atto rapido, inconsulto,
ci parve fonte di misteri immensi.

5 Ma poi che nel tuo bacio ultimo spensi
l'ultimo bacio e l'ultimo sussulto,
non udii che quell'arido singulto
di te, perduta nei capelli densi.

---

[1] Ideato nel 1907 col titolo *Cattiva sorella*, composto fra il 1908 e il 1909 con il titolo *Il caro amico*, fu pubblicato sulla « Riviera ligure » del maggio 1910. È dedicato ad Amalia Guglielminetti, il « buon compagno » della lettera a lei indirizzata il 9 settembre 1908, da Ronco. Ma tutto il sonetto riprende frasi ed espressioni di lettere alla Guglielminetti.

[2] In una lettera del 30 marzo 1908, il Gozzano scrive alla Guglielminetti: « Io non t'ho amata mai »; e continua: « Ma hai degli occhi luminosi ed una bocca tentatrice ed è impossibile starti vicino senza diventare irriverenti con te come con una crestaia od una cortigiana qualunque ». Nella lettera del 6 gennaio 1908, il Gozzano aveva scritto: « E voi siete per me la vera *amica*, la compagna di sogni e di tristezza. Gl'istanti di aberrazione giovanile che ci avvinsero l'un l'altro sono già dimenticati... ed io mi sento già estraneo, immune dal vostro fascino fisico, franco da ogni schiavitú voluttuosa ».

[3] Il 2 dicembre 1907, la Guglielminetti aveva scritto al Gozzano: « Lasceremo solo le nostre anime un poco vicine e le nostre mani un poco congiunte... Sarà una piccola tregua di sogno per Voi e per me ». « Sogno » ricorre anche al v. 3, indicativamente: quel « culto del sogno » allude felicemente alla situazione, erotica e letteraria insieme, creatasi fra Amalia e Guido.

E fu vano accostare i nostri cuori
già riarsi dal sogno e dal pensiero;
Amor non lega troppo eguali tempre.[4]

Scenda l'oblio; immuni da languori[5]
si prosegua piú forti pel sentiero,
buoni compagni ed alleati: sempre.[6]

---

[4] Temperamenti, caratteri.
[5] Liberi da sentimentalismi.
[6] Si legga la lettera del 18 marzo 1908 alla Guglielminetti: «Tu mi domandi, inquieta, del ricordo che avrò di Te: è tale quale vorrei l'ultimo ritratto della persona cara che non vedremo piú. Ineffabile e puro. Perché tutte le mescolanze piú acri della nostra carne troppo giovane e tutte le aspirazioni piú nobili del nostro cervello superiore... non formano che un'armonia unica». E nella lettera del 21 marzo precisa: «Da un legame come il nostro deve balzare qualche cosa di piú degno che non la sentimentalità meschina dei piccoli amanti»; «Qualunque sia la sorte che ci prepara il destino saremo amici sempre, grandi amici necessari l'un l'altro come due viatori che seguono lo stesso cammino e si tengono per mano».

Invernale[1]

« ... cri...i...i...i...i...icch »...[2]
                    l'incrinatura
il ghiaccio rabescò,[3] stridula e viva.
« A riva! » Ognuno guadagnò la riva
disertando la crosta[4] malsicura.
5 « A riva! A riva!... » un soffio di paura
disperse la brigata fuggitiva.

« Resta! » Ella chiuse il mio braccio conserto,[5]
le sue dita intrecciò, vivi legami,
alle mie dita. « Resta, se tu m'ami! »
10 E sullo specchio subdolo e deserto
soli restammo, in largo volo aperto,
ebbri d'immensità, sordi ai richiami.

---

[1] Fu pubblicata per la prima volta su « La lettura » del gennaio 1910. La scena è da ambientarsi sulla *patinoire* del laghetto del Valentino, a Torino.
[2] Il primo verso è scritto erroneamente da quasi tutti gli editori di Gozzano (fa eccezione il solo Guglielminetti), cioè con l'arbitrario (per la metrica) salto di una sillaba (« cri...i...i...i...icch » invece di « cri...i...i...i...i...icch »). L'onomatopea è di derivazione dantesca, *Inf.*, XXXII, 30: « Se Tambernicch / vi fosse su caduto, o Pietrapana, / non avria pur da l'orlo fatto cricch ».
[3] Segnò irregolarmente (quasi con un arabesco, con un disegno decorativo).
[4] « Fredda crosta » si trova in *Inf.*, XXXIII, 109: la superficie ghiacciata.
[5] È la posizione tipica della coppia, nelle gare di pattinaggio.

Fatto lieve cosí come uno spetro,
senza passato piú, senza ricordo,
15 m'abbandonai con lei, nel folle accordo,
di larghe rote[6] disegnando il vetro.[7]
Dall'orlo il ghiaccio fece cricch, piú tetro...
dall'orlo il ghiaccio fece cricch, piú sordo...

Rabbrividii cosí, come chi ascolti
20 lo stridulo sogghigno della Morte,
e mi chinai, con le pupille assorte,
e trasparire vidi i nostri volti
già risupini lividi sepolti...
Dall'orlo il ghiaccio fece cricch, piú forte...

25 Oh! Come, come, a quelle dita avvinto,
rimpiansi il mondo e la mia dolce vita!
O voce imperiosa dell'istinto!
O voluttà di vivere infinita!
Le dita liberai da quelle dita,
30 e guadagnai la ripa, ansante, vinto...

Ella sola restò, sorda al suo nome,[8]
rotando a lungo nel suo regno solo.
Le piacque, alfine, ritoccare il suolo;
e ridendo approdò, sfatta le chiome,
35 e bella ardita palpitante come
la procellaria[9] che raccoglie il volo.[10]

---

[6] « Larghe rote » è, sí, espressione dantesca (*Inf.*, XVII, 98: « Le rote larghe, e lo scender sia poco »), ma indica anche, piú tecnicamente, una tipica figura del pattinaggio (ma « folle », nel verso precedente, e con riferimento al « volo » del v. 11, non sarà immune dal ricordo di *Inf.*, XXVI, 125: « dei remi facemmo ali al folle volo »).

[7] « Vetro » per indicare il ghiaccio è un altro dantismo: *Inf.*, XXXII, 24: « Un lago che per gelo / avea di vetro e non d'acqua sembiante »).

[8] A chi la chiamava per nome dalla riva.

[9] La procellaria è un uccello marino, con dorso bruno e ventre bianco e con un forte becco ricurvo, che vola instancabilmente sulle acque, anche durante le tempeste. Nella similitudine non è forse estraneo un ricordo pascoliano, *Andrée* (in *Odi e inni*), v. 3: « La voce che giungea per l'aria / fosca, da terra, come gridi umani, / era lo strillo della procellaria, / ch'ama li scogli soli, gli uragani / inascoltati ».

[10] Che chiude le ali dopo il volo.

Non curante l'affanno e le riprese[11]
dello stuolo gaietto[12] femminile,
mi cercò, mi raggiunse tra le file
40 degli amici con ridere cortese:
« Signor mio caro, grazie! » E mi protese
la mano breve, sibilando: – Vile! –

---

[11] Rimproveri.
[12] È voce dantèsca: cfr. *Inf.*, I, 42: « di quella fera alla gaetta pelle ». Vale: « variopinto ».

L'assenza[1]

Un bacio. Ed è lungi. Dispare
giú in fondo, là dove si perde
la strada boschiva, che pare
un gran corridoio nel verde.

5 Risalgo qui dove dianzi
vestiva il bell'abito grigio:
rivedo l'uncino,[2] i romanzi
ed ogni sottile vestigio...[3]

Mi piego al balcone. Abbandono[4]
10 la gota sopra la ringhiera.
E non sono triste. Non sono
piú triste.[5] Ritorna stasera.

---

[1] Fu stampata per la prima volta sulla « Riviera ligure » del settembre 1910. Dall'autografo, datato luglio 1907, risulta che l'« assente » è la madre. All'inizio, si leggono le seguenti quartine, che non compaiono piú nelle stampe: « Che dice alla mamma che va / per una giornata in città, / che dice colui che rimane? / Le cose piú semplici e strane: // "... la maglia... le scarpe di corda... / ricorda la farmacia: / il tïocolo? E ricorda / le lastre per fotografia..." // Ma il vetturale ci mozza / le voci. È tardi. C'è fretta. / Mia madre balza in carrozza / piú svelta d'una giovinetta ».
[2] L'uncinetto per i lavori femminili.
[3] Ogni minima traccia (della donna). Nel manoscritto segue questa quartina: « Un fiore, la polve di riso, / lo specchio ben noto al suo viso... / D'intorno s'aggira la donna: / distende, ripone una gonna ».
[4] Nel manoscritto: « Abbandono / la gota sulla ringhiera: / non sono triste, non sono / triste! Ritorna stasera »; e seguono le due strofe conclusive.
[5] Nella prima stampa: « inquieto ».

E intorno declina l'estate.
E sopra un geranio vermiglio,
15 fremendo le ali caudate
si libra un enorme Papilio...[6]

L'azzurro infinito del giorno
è come una seta ben tesa;[7]
ma sulla serena distesa
20 la luna già pensa al ritorno.[8]

Lo stagno risplende.[9] Si tace
la rana. Ma guizza un bagliore
d'acceso smeraldo, di brace
azzurra: il martin pescatore...[10]

---

[6] Il nome Papilio (che riproduce il lat. *papilio -onis* « farfalla ») è ricavato dal Gozzano da quello della famiglia Papilionidi, a cui appartengono appunto farfalle diurne le cui ali hanno prolungamenti scuri (« ali caudate »). « Fremendo le ali caudate »: può essere sia un uso raro del verbo « fremere » transitivo: « muovendo in un fremito »; oppure un uso assoluto del gerundio, che vale « mentre fremono ».

[7] È una similitudine attinta da Jammes, *Existences*, XIX, ne *Le triomphe de la vie*: « Le ciel / est bleu comme une soie tendue qui va craquer ».

[8] Seguiva, nella prima stampa, questa quartina, che si riallaccia a *L'amica di nonna Speranza*: « La luna polita s'avanza / coi suoi continenti corrosi / nei quali Carlotta e Speranza / vedevano un bacio di sposi ».

[9] Nella prima stampa: « riluce ». Il Sanguineti ha qui indicato l'incrociarsi di una serie di reminiscenze dannunziane: *Il piacere*, II, 4 (*Prose di romanzi*, I, pag. 219): « Gli stagni risplendevano d'una luce intensa e profonda »; *Nella belletta* (in *Alcyone*), v. 7: « Ammutisce la rana, se m'appresso »; *Undulna* (in *Alcyone*), v .85: « Si tace / la luce e il silenzio risplende »; *Commiato* (in *Alcyone*), vv. 51-52: « Su l'acqua un lampo di smeraldo, e il becco / tuffa il piombino ». Ma non si devono neppure dimenticare gli « stagni lustreggianti » di *Romagna* (v. 11) del Pascoli e la lezione « si tace » (per il « vento » infernale) di Dante, *Inf.*, V, 96. Il martinpescatore, poi, è probabilmente ricavato da Jammes, *La gomme coule* (in *De l'Angélus de l'aube à l'Angélus du soir*), I, v. 12: « où dorment les martins-pêcheurs »; *Une feuille morte tombe*, v. 66: « comme près d'une rive / se pose le martin-pêcheur aux plumes vives »; *Elégie huitième* (ne *Le Deuil des Primevères*), v. 46: « parmi les iris d'eau et les martins-pêcheurs ».

[10] Il martin pescatore ha piume con colori sgargianti, rosse (« acceso », « brace »), verdi (« smeraldo ») e azzurre.

25 E non sono triste. Ma sono
   stupito se guardo il giardino...
   stupito di che? non mi sono
   sentito mai tanto bambino...

   Stupito di che? Delle cose.
30 I fiori mi paiono strani:
   ci sono pur sempre le rose,
   ci sono pur sempre i gerani...

Convito[1]

I

M'è dolce cosa nel tramonto, chino
sopra gli alari dalle braci roche,[2]
m'è dolce cosa convitar le poche
donne che mi sorrisero in cammino.[3]

II

5 Trasumanate[4] già, senza persone,[5]
sorgono tutte... E quelle piú lontane,
e le compagne di speranze buone[6]
e le piccole, ancora, e le piú vane:[7]
mime crestaie fanti cortigiane[8]
10 argute come in un decamerone...[9]

Tra le faville e il crepitio dei ceppi
sorgono tutte, pallida falange...[10]
Amore no! Amore no! Non seppi

---

[1] Fu pubblicato per la prima volta sulla « Riviera ligure » del novembre 1909.
[2] Che sfrigolano, che scoppiettano.
[3] Durante la vita (ed è metafora comune in Gozzano: ma si ricordi il « cammin di nostra vita » di Dante, *Inf.*, I, 1).
[4] È voce dantesca: *Par.*, I, 70: « Trasumanar significa *per verba* / non si poria ».
[5] Senza corpo: cfr. Dante, *Inf.*, VI, 36: « Ponevam le piante / sopra lor vanità che par persona ».
[6] Ancora una memoria dantesca, *Inf.*, VIII, 107: « Lo spirito lasso / conforta e ciba di speranza bona ».
[7] Attribuiti di « compagne »: « vane » richiama la dantesca « vanità » citata sopra. Vorrà dire, allora, le piú labili nella memoria.
[8] Attrici, modiste, fantesche (« cameriste »).
[9] Cfr. *Elogio degli amori ancillari*, v. 11.
[10] Schiera di fantasmi (per questo « pallida »).

il vero Amor per cui si ride e piange:[11]
15 Amore non mi tanse e non mi tange;[12]
invan m'offersi alle catene e ai ceppi.[13]

O non amate che mi amaste, a Lui[14]
invan proffersi[15] il cuor che non s'appaga.
Amor non mi piagò di quella piaga
20 che mi parve dolcissima in altrui...
A quale gelo condannato fui?
Non varrà succo d'erbe o l'arte maga?[16]

III

– Un maleficio[17] fu dalla tua culla,
né varrà l'arte maga, o sognatore!
25 Fino alla tomba il tuo gelido cuore
porterai con la tua sete fanciulla,
fanciullo triste che sapesti nulla,[18]
ché ben sa nulla chi non sa l'amore.

Una[19] ti bacierà con la sua bocca,
30 sforzando il chiuso cuore che resiste;
e quell'una verrà, fratello triste,
forse l'uscio picchiò con la sua nocca,
forse alle spalle già ti sta, ti tocca;
già ti cinge di sue chiome non viste...

---

[11] Derivazione petrarchesca, *Rime*, XXVIII, 114: « Non pur sotto bende / alberga Amor per cui si ride e piagne ».
[12] Non mi toccò e non mi tocca. È reminiscenza dantesca, *Inf.*, II, 92: « La vostra miseria non mi tange ».
[13] Reminiscenza del Petrarca, *Rime*, LXXXIX, 10: « Oimè, il giogo e le catene e i ceppi / eran piú dolci che l'andare sciolto ».
[14] Ad Amore.
[15] Offrii (cfr. Petrarca, *Rime*, XXI, 3: « v'aggio profferto il cor »).
[16] Altra memoria petrarchesca, *Rime*, LXXV, 3: « e non già vertú d'erbe, o d'arte maga »; cfr. anche LVIII, 9: « bevete un suco d'erba ».
[17] Un sortilegio, una maledizione. Tutto il concetto, anche nei versi seguenti, ricorda D'Annunzio, *Villa Chigi* (in *Elegie Romane*), IV, vv. 15-16: « Un freddo suggel mi chiudeva la bocca. / Un maleficio occulto dentro m'avea gelato ».
[18] I due versi richiamano Dante, *Purg.*, XVI, 88: « L'anima semplicetta che sa nulla ».
[19] La morte.

35　Si dilegua con occhi di sorella
　　indi ciascuna. E si riprende il cuore.

　　« Fratello triste, cui mentí l'Amore,
　　che non ti menta l'altra cosa bella! »[20]

---

[20] La morte, sempre. Cfr. *In casa del sopravissuto*, vv. 14-15.

II
Alle soglie

Alle soglie[1]

I

Mio cuore, monello giocondo che ride pur anco[2] nel
[pianto,
mio cuore, bambino che è tanto felice d'esistere[3] al
[mondo,

pur[4] chiuso nella tua nicchia,[5] ti pare sentire[6] di fuori
sovente qualcuno che picchia, che picchia... Sono i
[dottori.

5 Mi picchiano in vario lor metro spiando[7] non so quali
[segni,
m'auscultano con li ordegni[8] il petto davanti e di dietro.

E senton chi sa quali tarli i vecchi saputi... A che scopo?
Sorriderei quasi, se dopo non bisognasse pagarli...

« Appena[9] un lieve sussurro all'apice...[10] qui... la
[clavicola... »
10 E con la matita ridicola disegnano un circolo azzurro.

---

[1] Fu stampata per la prima volta sulla « Rassegna latina », a. 1, n. 2 (15 giugno 1907), con il titolo *I colloqui*, la dedica a Giovanni Cena e la datazione S. Francesco d'Albaro-Abazia di S. Giuliano, 30 maggio 1907 (e l'epigrafe ο δαιμων).
[2] Nella prima stampa: « puranche ».
[3] Nella prima stampa: « di essere ».
[4] Sebbene.
[5] Dopo, dirà petto (v. 6), torace (v. 17).
[6] Nella prima stampa: « Avrai sentito ».
[7] Nella prima stampa: « per ». « In vario lor metro »: secondo una loro misura che sembra varia, senza norma.
[8] Nella prima stampa: « mi ascoltano con gli ordegni ». « Ordegni »: « strumenti ».
[9] Nella prima stampa: « Oh! A pena ».
[10] Del polmone. In una lettera a Giulio De Frenzi del 28 giugno 1907

« Nutrirsi... non fare piú versi... nessuna notte piú
[insonne...
non piú sigarette... non donne... tentare bei[11] cieli piú
[tersi:

Nervi... Rapallo... San Remo... cacciare la malinconia;
e se permette faremo qualche radioscopia... »[12]

II

15 O cuore non forse che avvisi solcarti, con grande
[paura,[13]
la casa ben chiusa ed oscura, di gelidi raggi improvvisi?[14]

Un fluido[15] investe il torace, frugando il men peggio e il
[peggiore,
trascorre, e senza dolore disegna su sfondo di brace[16]

e l'ossa e gli organi grami,[17] al modo che un lampo nel
[fosco
20 disegna il profilo d'un bosco, coi minimi intrichi dei
[rami.[18]

E vedon chi sa quali tarli i vecchi saputi... A che scopo?
Sorriderei quasi, se dopo non fosse mestiere[19] pagarli.

---

il Gozzano aveva scritto: « È proprio come nei *Colloqui*... I dottori giurano... che la mia non è che una broncoalveolite iniziale all'apice sinistro ».
[11] « Bei » manca nella prima stampa.
[12] Nella prima stampa: « Ad ogni modo faremo una radioscopia ».
[13] Forse non ti avvedi che ti è solcata.
[14] Sono i raggi Röntgen, della « radioscopia ».
[15] Sono sempre i raggi X.
[16] Sullo schermo fluorescente i raggi disegnano « e l'ossa e gli organi grami ».
[17] Malaticci.
[18] La similitudine del bosco e dell'intrico dei rami è richiamato dall'aspetto alberiforme dei bronchi e dei polmoni.
[19] Nella prima stampa: « bisognasse ».

III

Mio cuore, monello[20] giocondo che ride pur anco nel
[pianto,
mio cuore, bambino che è tanto felice d'esistere al
[mondo,[21]

25 mio cuore dubito forte – ma per te solo m'accora[22] –
che venga quella Signora dall'uomo detta la Morte.

(Dall'uomo: ché l'acqua la pietra l'erba l'insetto l'aedo[23]
le dànno un nome, che, credo, esprima una cosa non
[tetra).

È una Signora[24] vestita di nulla e che non ha forma.
30 Protende su tutto le dita, e tutto che tocca trasforma.[25]

Tu senti un benessere come un incubo senza dolori;
ti svegli mutato di fuori, nel volto nel pelo[26] nel nome.

---

[20] Nella prima stampa: « bambino » nel v. 23; « monello » nel v. 24; e sempre « puranche » e « di essere ».
[21] Nella prima stampa seguono due distici: « e se fosse vero, se fosse vero ciò che m'han detto / un poco di sangue dal petto e un rado colpo di tosse? // Mio cuore, piccolo umano, ma per te solo mi sento / triste! Sei tanto contento di essere guidogozzano ».
[22] Il soggetto è la successiva proposizione: « che venga... ».
[23] Il poeta.
[24] Cfr. L'ipotesi, v. 2.
[25] Nella prima stampa seguono i seguenti distici: « Saprai tu riceverla bene, mio cuore, monello felice, / riceverla come s'addice ad un ragazzetto dabbene? // Bisogna riceverla senza lacrime né ritrosia, / ma dirle una poesia, ma farle una riverenza. // La Vita è un confetto concesso – t'ho detto – all'uomo bamboccio / dal Tutto, ma senza permesso di scegliere in fondo al cartoccio. // La Dama – non piangere –, scaltra, ti toglie la caramella / per dartene subito un'altra del pacco, e forse più bella ».
[26] Nel colore dei capelli.

Ti svegli dagl'incubi innocui,[27] diverso ti senti, lontano;
né piú ti ricordi i colloqui[28] tenuti con guidogozzano.[29]

35 Or taci[30] nel petto corroso, mio cuore! Io resto al
[supplizio,
sereno come uno sposo e placido come un novizio.

[27] Prima (v. 31) aveva detto « senza dolori ».
[28] Si ricordi che il titolo, nella prima stampa, era *I colloqui*.
[29] Nella prima stampa seguivano i seguenti distici: « Che importa che tu mi dica piangendo: "Non essere insieme!"? / Che importa, bambino? La spica rivive pur sempre nel seme. // È vano che t'inquieti, mio cuore piccolo indomo / bambino! Rivivi nell'uomo finché ci saranno poeti. // Rinnega l'istinto dell'io, umana favola, e invece / ascendi con tutta la specie l'ascesa dell'Uomo-Dio. // E la Signora vestita di nulla che tanto t'accora, / t'appare quell'altra Signora, che gli uomini chiamano Vita. // Eterno tu sei nell'andare di tutte le cose create: / gozzano è soltanto un affare di cellule male accozzate ».
[30] Nella prima stampa: « m'esci dal ».

Il piú atto[1]

Adolescente forte,[2] quadre le spalle e il busto,
irride al mio tramonto con chiari occhi sereni;
sdegna i pensieri torpidi, gli studi vani, i freni;[3]
tempra in cimenti rudi[4] il bel corpo robusto.

5 Il ramo è che rallevi[5] già sullo stesso fusto
accanto al ramo spoglio, Morte che sopravvieni...
A lui vada la vita! A lui le rose,[6] i beni,
le donne ed i piaceri! Madre Natura, è giusto.

Ed egli sia quell'uno felice ch'io non fui!
10 Questa speranza sola m'addolcirà lo strazio
del Nulla... Sulle soglie del Tempo e dello Spazio[7]
è pur dolce conforto rivivere in altrui.

---

[1] Fu stampato per la prima volta sulla « Riviera ligure » del settembre 1910. *Il piú atto* (« adatto alla vita ») è il fratello minore di Guido, Renato.
[2] È una smentita sprezzante alla debolezza fisica del poeta.
[3] Le inibizioni.
[4] In duri esercizi sportivi.
[5] Allevi, nutri.
[6] Le « rose » rimandano a immagini care al D'Annunzio: cfr. *Il censore*, v. 1; *La casta veglia*, v. 13 (nell'*Intermezzo*); la *Sestina* (nell'*Isotteo* che, però, pullula tutto di rose); *Le belle* (ne *La Chimera*), v. 27; ecc.: sempre come simbolo di giovinezza, di voluttà.
[7] Cfr. *La via del rifugio*, v. 136.

Senza querele, o Morte, discendo ai regni bui;[8]
di ciò che tu mi desti, o Vita, io ti ringrazio.
15 Sorrido al mio fratello... Poi, rassegnato e sazio,
a lui cedo la coppa. E già mi sento lui.

[8] Il Guglielminetti cita, a raffronto, due passi del *Consalvo* del Leopardi, vv. 42-45 («Desiata, e molto, / come sai, ripregata a me discende, / non temuta, la morte; e lieto apparmi / questo feral mio dí») e 114-118 («E ben per patto / in poter del carnefice ai flagelli, / alle ruote, alle faci ito volando / sarei dalle tue braccia; e ben disceso / nel paventato sempiterno scempio». Ma i «regni bui» sono dell'Ariosto, *Orl. Fur.*, XXXII, 17: «Incominciò lamenti / ch'avrian mosso a pietà nei regni ui / quelle furie crinite di serpenti» (e di B. Corsini, *Torracchione ːolato*, XIX, 79: «Che manda tanta gente a' regni bui»).

Salvezza[1]

Vivere cinque ore?
Vivere cinque età?...
Benedetto il sopore
che m'addormenterà...

5 Ho goduto il risveglio
dell'anima leggiera:
meglio dormire, meglio
prima della mia sera.[2]

Poi che non ha ritorno
10 il riso mattutino.[3]
La bellezza del giorno
è tutta nel mattino.[4]

---

[1] Fu stampato per la prima volta sulla « Riviera ligure » del settembre 1910, e ripubblicato su « La Donna » del 5 gennaio 1911 con il titolo *Congedo*.
[2] Il Guglielminetti indica una fonte leopardiana, *Il passero solitario*, vv. 45-46: « Venuto a sera / del viver che daranno a te le stelle »; ma si ricordi che *La mia sera* è titolo pascoliano, in *Canti di Castelvecchio*, proprio per indicare il termine della vita.
[3] La giovinezza. Nel v. 9, sia nell'autografo, sia nella ristampa su « La Donna », « so » invece di « poi ».
[4] La sentenza è costruita su un verso di Jammes (*Existences*, XVIII, ne *Le triomphe de la vie*): « Tout le plaisir des jours est en leurs matins » (che, a sua volta, deriva da Malherbe: « Le plaisir des jours est en leurs matinées »).

Paolo e Virginia[1]

I figli dell'infortunio

> Amanti, miserere
> miserere di questa mia giocosa
> aridità larvata di chimere!

I

Io fui Paolo[2] già. Troppo mi scuote
il nome di Virginia. Ebbro e commosso
leggo il volume senza fine amaro;[3]
chino su quelle pagine remote
5 rivivo tempi già vissuti e posso
piangere (ancora!) come uno scolaro...[4]
Splende nel sogno chiaro[5]
l'isola[6] dove nacqui e dove amai;
rivedo gli orizzonti immaginari

---

[1] Fu stampato per la prima volta su « La Lettura » del settembre 1910. L'epigrafe riproduce gli ultimi tre versi del componimento. Il sottotitolo è ricavato da quello di una traduzione anonima del romanzo di Henri Bernardin de Saint-Pierre (Venezia, 1812): *Paolo e Virginia, ossia I Figli dell'Infortunio*.

[2] Paolo è, appunto, il protagonista maschile del romanzo *Paul et Virginie* (1787) di Henri Bernardin de Saint-Pierre (1737-1814). Nell'attacco è una suggestione dannunziana: cfr. l'attacco del *Ditirambo II* (in *Alcyone*): « Io fui Glauco, fui Glauco, quel d'Antèdone », nonché due battute de *Il Fuoco*, II, una della Foscarina: « Io fui Giulietta... Una domenica di maggio, nell'inmensa Arena, nell'anfiteatro antico, sotto il cielo aperto, dinanzi a una moltitudine di popolani che avevano respirato nella leggenda di amore e di morte, io fui Giulietta » (*Prose di romanzi*, II, pag. 801); l'altra di Stelio Effrena: « Ti puoi dire: "Io fui Cassandra". Parlando di lei, ti ricorderai di una vita anteriore... La sua maschera d'oro sarà sotto le tue mani... » (*Prose di romanzi*, II, pag. 820).

[3] Verso costruito sull'incrocio di reminiscenze dantesche: *Par.*, XV, 50: « tratto leggendo nel magno volume » e XVII, 112: « giú per lo mondo sanza fine amaro ». Ma cfr. il *Ditirambo IV* (in *Alcyone*) di D'Annunzio, vv. 405-406: « Senza fine amaro / mi fu tutto che vidi non veduto ».

[4] Non senza le implicazioni che saranno denunciate apertamente ne *L'altro*, vv. 13-16: « Buon Dio, e puro conserva / questo mio stile che pare / lo stile d'uno scolaro / corretto un po' da una serva ».

[5] Evidente, limpido, quasi fatto a occhi aperti.

[6] L'isola del romanzo di Bernardin de Saint-Pierre è l'isola Mauritius, che ai tempi della vicenda di *Paul et Virginie* si chiamava Ile-de-France e il cui porto, Port-Louis (la « rada calma... »), era scalo commerciale della Compagnia francese delle Indie.

10 e favolosi come gli scenari,
    la rada calma dove i marinai
    trafficavano spezie e legni rari...
    Virginia ride al limite del bosco
    e trepida saluta...
15 Risorge chiara dal passato fosco
    la patria perduta
    che non conobbi mai, che riconosco...

II

    O soave contrada![7] O palme somme
    erette verso il cielo come dardi,
20 flabelli[8] verdi sibilanti ai venti!
    Alberi delle manne[9] e delle gomme,[10]
    ebani cupi,[11] sandali gagliardi,[12]
    liane contorte, felci arborescenti![13]
    Virginia, ti rammenti
25 di quella sempiterna primavera?[14]
    Rammenti i campi d'indaco[15] e di the,
    e le Missioni e il Padre e il Viceré,[16]
    quel Tropico rammenti, di maniera,
    un poco falso, come piace a me?...

---

[7] Il Gozzano costruisce sì sulla memoria del romanzo di Bernardin de Saint-Pierre (dove è presente l'immagine dei « dardi »: « ... palmistes... dont on voit les longues flèches toujours balancées par les vents »), ma per approdare volutamente a un paesaggio tropicale di maniera (cfr. 28-29).

[8] Propriamente, ventagli di penne di struzzo o di pavone, sostenuti da lunghe aste, usati dai sovrani orientali nell'antichità, e oggi dal papa.

[9] La specie di frassino, da cui si ricava per incisione la sostanza dolce, giallo-bruna, detta appunto manna.

[10] Le varie specie di *Hevea*, da cui, per incisione, si ricava la gomma elastica.

[11] Il legno dell'ebano, come è noto, è nero.

[12] Il sandalo è un albero dell'India, con due specie, l'una con legno bianco, l'altra con legno rosso, entrambe molto pregiate.

[13] Che raggiungono le dimensioni d'albero.

[14] Reminiscenza dantesca, *Par.*, XXVIII, 116: « In questa primavera sempiterna ».

[15] L'arbusto, alto fino a 1,50 m, largamente coltivato, dalle cui foglie si estrae il colorante azzurro-violaceo; anche la pianta del the è un arbusto, più o meno della stessa altezza.

[16] Sono personaggi del romanzo: il missionario confessore dei genitori di Paolo, il narratore della vicenda, il viceré governatore dell'isola.

30 Ti rammenti il colore
    del Settecento esotico, l'odore
    di pace,[17] filtro di non so che frutto
    e di non so che fiore,
    il filtro che dismemora di tutto?...[18]

III

35 Ti chiamavo sorella, mi chiamavi
    fratello.[19] Tutto favoriva intorno
    le nostre adolescenze ignare e belle.
    Era la vita semplice degli avi,
    la vita delle origini, il Ritorno[20]
40 sognato da Gian Giacomo ribelle.
    Di tutto ignari: delle
    Scienze[21] e dell'Indagine che prostra
    e della Storia, favola mentita,[22]
    abitavamo l'isola romita[23]
45 senz'altro dove[24] che la terra nostra
    senz'altro quando che la nostra vita.
    Le dolci madri a sera
    c'insegnavano il Bene, la Pietà,
    la Fede unica e vera;

---

[17] Quella della vita naturale.
[18] Si ricordi il « beveraggio » de *Le due strade*.
[19] Nel romanzo è scritto: « Lorsqu'ils surent parler, les premiers noms qu'ils apprirent à se donner furent ceux de frère et de soeur ».
[20] Il « Ritorno » allo stato di natura, patrocinato da « Gian Giacomo », cioè da Jean-Jacques Rousseau (e delle idee rousseauiane il romanzo di Bernardin de Saint-Pierre volle essere espressione e dimostrazione).
[21] Nel romanzo: « Jamais des sciences inutiles n'avaient fait couler leurs larmes ». Ma nel testo gozzaniano c'è, in più, l'eco ritardata della polemica antipositivista.
[22] Menzognera, falsificata. Nel romanzo la storia è ugualmente rifiutata, coerentemente con l'ideologia settecentesca e illuminista, come un coacervo « des malheurs généraux et périodiques dont il n'apercevait pas les causes; des guerres sans sujet et sans objet, des intrigues obscures, des nations sans caractère et des princes sans humanité ».
[23] Remota.
[24] « Dove » = luogo, spazio; « quando » = tempo.

50 e lenti innalzavamo la preghiera
    al Padre Nostro che nei cieli sta...[25]

IV

    Seduti in coro, nelle sere calme,
    seguivamo i piròfori[26] che ardeano
    nella verzura dell'Eremitaggio;[27]
55 fra i dolci intercolunni[28] delle palme
    scintillava la Luna sull'oceano,
    giungeva un canto flebile e selvaggio...
    Tra noi sedeva il Saggio
    e ci ammoniva con forbiti esempi
60 ispirati da Omero e da Virgilio...[29]

[25] Memoria della parafrasi dantesca del *Pater noster*, *Purg.*, XI, 1: « O Padre nostro che ne' cieli stai ». Nel romanzo si narra come la madre di Virginia leggesse in effetti episodi del Vecchio e del Nuovo Testamento, ma « leur théologie était toute en sentiment comme celle de la nature, et leur morale toute en action comme celle de l'Evangile ».

[26] Grosse lucciole tropicali.

[27] È l'« ermitage » dove vive il Saggio (v. 58), che è anche il narratore della vicenda: « Quoiqu'on n'aperçoive pas de mon ermitage, situé au milieu d'une fôret, cette moltitude d'objets que nous présente l'élévation du lieu où nous sommes, il s'y trouve des dispositions interessantes, surtout pour un homme qui, comme moi, aime mieux rentrer en lui-même que s'étendre au-dehors... Des bosquets de palmistes élèvent ça et là leur colonnes nues et longues de plus de cent pieds, surmontées à leurs sommets d'un bouquet de palmes, et paraissent au-dessus des autres arbres comme une fôret plantée sur une autre fôret ».

[28] Il termine designa lo spazio fra colonna e colonna, nei templi: ma è dettato evidentemente dalle « colonnes nues » del testo di Bernardin de Saint-Pierre. È parola, del resto, autorizzata, nel significato metaforico, dal Pascoli (« Esala ancora l'inno e la preghiera / tra i lunghi intercolunnii de' pini »: *Il santuario*, in *Myricae*, v. 4) e dal D'Annunzio (*Il piacere*, II, 1; *Trionfo della Morte*, V, 3; *Le vergini delle rocce*, II: ma sempre in similitudine: « come in un intercolunnio... »).

[29] Nel romanzo, i modelli morali sono, in realtà, Orazio e Virgilio, a cui il Gozzano ha sostituito la coppia epica per eccellenza.

L'isola si chiamò[30] per suo consiglio
secondo la retorica dei tempi:
Rivo dell'Amistà,[31] Colle del Giglio,
Fonte dei Casti Accenti...
65 Era il tempo dei Nèstori morali,[32]
dei *saggi ammonimenti*,
era il tempo dei *buoni sentimenti*,
della *virtú*, dei *semplici ideali*.[33]

V

Immuni dalla gara che divampa
70 nel triste mondo, crescevamo paghi
dei beni della rete e della freccia;[34]

---

[30] Lo spunto è nel romanzo: « Rien n'était plus agréable que les noms donnés à la plupart des retraites charmantes de ce labyrinthe. Ce rocher... d'où l'on me voyait venir de bien loin, s'appelait la DECOUVERTE DE L'AMITIÉ... Ces familles heureuses étendaient leurs âmes sensibles à tout ce qui les environnait. Elles avaient donné les noms les plus tendres aux objets en apparence les plus indifférentes. Un cercle d'orangers, de bananiers et de jameroses plantés autour d'une pelouse, au milieu de laquelle Virginie et Paul allaient quelquefois danser, se nommait LA CONCORDE. Un vieux arbre, à l'ombre duquel madame La Tour et Marguerite s'étaient raconté leurs malheurs, s'appellait LES PLEURS ESSUYÉS... Mais de tout ce que renfermait cette enceinte rien n'etait plus agréable que ce qu'on appelait le REPOS DE VIRGINIE ». Ma sui nomi che Gozzano attribuisce ai luoghi del romanzo hanno influito certamente le settecentesche *Cartes du Tendre*.
[31] Amicizia.
[32] Nestore è il vecchio eroe greco, di Pilo, che, nell'Iliade, è considerato il piú saggio di tutti i Greci nella spedizione di Troia: si ricordi che il narratore del romanzo si chiama il Saggio.
[33] Il Sanguineti indica due luoghi di Jammes (*Elégie VI*, ne *Le Deuil des primevères*, e *Il y avait des carafes*, in *De l'Angélus*) come senza dubbio presenti al Gozzano. Soprattutto il primo è significativo, poiché il poeta immagina di farsi leggere proprio *Paul et Virginie* dalla sua donna e di commuoversi ai buoni sentimenti che vi sono celebrati: « Tu refermas le livre et tu me vis pleurant / comme au temps de Rousseau où l'on pleurait toujours, / comme à l'époque bleue où les beaux sentiments / chantaient, dans la vertu (souviens-t'en, d'Houdetot!) / des hymnes au malheur éternel des amants / qui, trop tard réunis, hélas!, s'en vont trop tôt » (vv. 41-46).
[34] Cioè, dei prodotti della caccia e della pesca. In realtà, nel romanzo i personaggi sono tutti vegetariani.

>   belli e felici come in una stampa[35]
>   del tuo romanzo, correvamo[36] i laghi
>   nella svelta piroga di corteccia;
> 75 sull'ora boschereccia[37]
>   numeravamo l'ora il giorno l'anno:
>   – Quant'anni avrete poi? – Quanti n'avranno
>   quei due palmizi dispari,[38] alle soglie... –
>   – Verrete? – Quando i manghi[39] fioriranno... –
> 80 – Sorella, già si chiudono le foglie,
>   trema la prima stella...
>   – Il sicomoro[40] ha l'ombra alle radici:
>   è mezzodí, sorella... –
>   Era la nostra vita come quella
> 85 dei Fauni e delle Driadi felici.[41]

---

[35] Con un gioco di anacronismi e di ironie, il Gozzano si rivolge al romanziere Bernardin de Saint-Pierre, facendo riferimento alle stampe che ne illustrarono l'opera e che andarono particolarmente famose in età romantica. Il Sanguineti cita Lamartine, Maupassant e Camillo Boito, a testimonianza della fortuna delle stampe che illustrano scene del romanzo.

[36] Percorrevamo. La piroga è l'imbarcazione primitiva, formata con la corteccia intera di un albero.

[37] Dei boschi, degli alberi, cioè data dagli alberi. Per capire ciò che dice qui Gozzano bisogna ricorrere al romanzo: « Paul et Virginie n'avaient ni horloges, ni almanachs, ni livres de chronologie, d'histoire et de philosophie. Les périodes de leur vie se réglaient sur celles de la nature. Ils connaissaient les heures du jour par l'ombre des arbres; les saisons, par les temps où ils donnent leurs fleurs ou leurs fruits; et les années, par le nombre de leurs récoltes. Ces douces images répandaient les plus grandes charmes dans leurs conversations. "Il est temps de dîner, disait Virginie à la famille, les ombres des bananiers sont à leurs pieds"; ou bien: "La nuit s'approche, les tamarins ferment leurs feuilles". – Quand viendrez-vous nous voir? lui disaient quelques amies du voisinage. – Aux cannes de sucre, répondait Virginie... "Mon frère, disait-elle, est de l'âge du grand cocotier de la fontaine, et moi de celui du plus petit. Les manguiers ont donné douze fois leurs fruits et les orangers vingt-quatre fois leurs fleurs depuis que je suis au monde" ».

[38] Disuguali (in altezza).

[39] Il mango è un albero tropicale, che produce frutti ovali, dolci, molto gradevoli, con una polpa gelida, odorosa di muschio.

[40] È un grande albero africano, dal legno molto robusto e resistente. Nella prima stampa, con maggiore probabilità botanica, era un « palissandro ».

[41] Nel romanzo: « Leur vie semblait attachée à celle des arbres comme celle des faunes et des dryades ». I Fauni, propriamente, sono divinità romane, agresti, mentre le Driadi sono le ninfe abitatrici dei boschi.

VI

Ma giunse l'ora che non ha conforto.
Seco ti volle nei suoi feudi vasti
la zia di Francia, perfida in vedetta.[42]
Il Viceré ti fece trarre al porto[43]
90 dalle sue genti barbare! E lasciasti
lacrimando la terra benedetta,
ogni cosa diletta
piú caramente,[44] per la nave errante!
Solo, malcerto[45] della mia sciagura,
95 vissi coi negri[46] e le due madri affrante;
ti chiamavo,[47] nei sassi e nelle piante[48]
rivedevo la tua bianca figura
che non avrei rivista...
E volse[49] l'anno disperato...[50] Un giorno
100 il buon Padre Battista[51]
annunciò la tua fuga e il tuo ritorno,
ed una nave, il San Germano, in vista![52]

---

[42] Nel romanzo: « Un vaisseau arrivé de France apporta à madame de la Tour une lettre de sa tante... Elle mandait à sa nièce de repasser en France; où, si sa santé ne lui permettait pas de faire un si long voyage, elle lui enjoignait d'y envoyer Virginie, à laquelle elle destinait une bonne éducation, un parti à la cour et la donation de tous ses biens. Elle attachait, disait-elle, le retour de ses bontés à l'exécution de ses ordres ». Sono ordini ricattatori, quelli della zia, per questo è detta « perfida » dal Gozzano. « In vedetta » allude alla zia come incarnazione della fortuna o, ancor meglio, della sventura.

[43] Il viceré viene a prendere Virginia con la sua scorta di soldati indigeni, spinto a far questo dall'autoritaria e potentissima zia.

[44] Reminiscenza dantesca, *Par.*, XVII, 55-56: « Tu lascerai ogni cosa diletta / piú caramente ».

[45] Non ancora ben conscio.

[46] Con i servi negri.

[47] Nella prima stampa: « cercavo ».

[48] Contaminazione di due luoghi petrarcheschi, della canzone CXXIX, vv. 28-29 (« Pur nel primo sasso / disegno co la mente il suo bel viso ») e 40-43: « I' l'ho piú volte... / ne l'acqua chiara e sopra l'erba verde / veduta viva, e nel troncon d'un faggio / e 'n bianca nube ».

[49] Si concluse.

[50] Nella prima stampa: « sconsolato ».

[51] Nel romanzo, una lettera di Virginia a Paolo annuncia la fuga e il ritorno, non il Missionario.

[52] Al largo del porto.

VII

Folle di gioia, con le madri in festa,
scesi alla rada: – Giunge la mia sposa,
ritorna a me Virginia mia fedele!... –
Or ecco sollevarsi la Tempesta,
una tempesta bella e artificiosa
come il Diluvio delle vecchie tele.
Appaiono le vele
del San Germano al balenar frequente,[53]
stridono procellarie gemebonde,[54]
albàtri cupi. Il mare si confonde
col cielo apocalittico. La gente
guata[55] la nave tra il furor dell'onde.
Tutto l'Oceano Indiano
ribolle spaventoso, ulula, scroscia,
ma sul fragore s'alza un grido umano
terribile d'angoscia:
– Virginia è là! Salvate il San Germano!... –

VIII

Il San Germano affonda. I marinai
tentano indarno[56] il salvataggio. Tutti
balzano in mare, da che vana è l'arte.[57]
Rotto[58] ha la nave contro i polipai,[59]
sovra coperta già fremono i flutti,

---

[53] Nel romanzo: « à la lueur fréquente des éclairs ».
[54] Nel romanzo: «Une moltitude d'oiseaux de marine..., malgré l'obscurité de l'atmosphère, venaient de tous les points de l'horizon chercher des retraites dans l'île ». Per le « procellarie », cfr. *Invernale*, v. 36; gli « albatri » sono uccelli oceanici, dello stesso ordine della procellaria.
[55] Guarda con ansia, fissamente.
[56] Invano.
[57] Del governo della nave, della navigazione.
[58] Urtato.
[59] Banchi corallini. Cfr. D'Annunzio, *Ai poeti* (nell'*Intermezzo*), v. 4: « Ma in grembo al Mare ignoto, ove non mai / giunsero navi, l'Isola fiorente / emerge con sue forze occulte e lente / su da' cerchi de' bianchi polipai »; e *Laus vitae*, v. 5670: « La nave... / è perduta nel polipaio / immenso, nell'immenso tedio dell'Oceano ardente / sotto il Tropico ».

125 spezza il vento governi[60] alberi sarte...
Virginia ecco in disparte
pallida e sola!... Un marinaio[61] nudo
tenta svestirla e seco darsi all'onda;
si rifiuta Virginia pudibonda
130 (retorica del tempo!) e si fa scudo
delle due mani... Il San Germano affonda;
il San Germano affonda... Un sciabordare
ultimo, cupo, mozzo:
e non rivedo al chiaro balenare
135 la nave!... Il mio singhiozzo
disperde il vasto singhiozzar del mare.[62]

IX

Era l'alba e il tuo bel corpo travolto
stava tra l'alghe e le meduse attorte,[63]
placido come in placido sopore.[64]
140 Muto mi reclinai sopra quel[65] volto
dove già le viole della morte
mescevansi alle rose del pudore...[66]
Disperato dolore!
Dolore senza grido e senza pianto!
145 Morta giacevi col tuo sogno intatto,
tornavi morta a chi t'amava tanto!
Nella destra chiudevi il mio ritratto,

---

[60] Timoni.
[61] Nel romanzo: « Tous les matelots s'étaient jetés à la mer. Il n'en restait plus qu'un sur le pont, qui était tout nu et nerveux comme Hercule. Il s'approcha de Virginie avec respect: nous le vîmes se jeter à ses genoux et s'efforcer même de lui ôter ses habits; mais elle, le repoussant avec dignité, détourna de lui sa vue ».
[62] Il verso è costruito su un verso del Pascoli, *La cetra d'Achille* (in *Poemi conviviali*), v. 2: « giungeva un vasto singhiozzar del mare ».
[63] Con i filamenti attorcigliati fra loro.
[64] Sonno.
[65] Nella prima stampa: « il tuo ».
[66] Nella prima stampa, sono fra virgolette « viole della morte » e « rose del pudore », a sottolineare il carattere di citazioni da Bernardin de Saint-Pierre: « Les pâles violettes de la mort se confondaient sur ses joues avec les roses de la pudeur ».

       con la manca premevi il cuore infranto...[67]
       – Virginia! O sogni miei![68]
150   Virginia! – E ti chiamai, con occhi fissi...
       – Virginia! Amore che ritorni e sei
       la Morte! Amore... Morte...[69] – E piú non dissi.[70]

X

       Morii d'amore. Oggi rinacqui e vivo,
       ma piú non amo. Il mio sogno è distrutto
155   per sempre e il cuore non fiorisce piú.[71]
       E chiamo invano Amore fuggitivo,
       invano piange questa Musa a lutto
       che porta il lutto a tutto ciò che fu.
       Il mio cuore è laggiú,
160   morto con te, nell'isola fiorente,[72]
       dove i palmizi gemono[73] sommessi
       lungo la Baia della Fede Ardente...
       Ah! Se potessi amare![74] Ah! Se potessi
       amare, canterei sí novamente![75]

[67] Nel romanzo: « Une de ses mains était sur ses habits et l'autre, qu'elle appuyait sur son coeur, était fortement fermée et roidie. J'en dégageai avec peine une petite boîte: mais quelle fut ma surprise lorsque je vis que s'était le portrait de Paul, qu'elle lui avait promis de ne jamais abandonner tant qu'elle vivrait! ». « Manco » = « mano sinistra ». « Cuore infranto », come osserva giustamente il Guglielminetti, è espressione tipica della retorica di un altro tempo, di quella del romanzo d'appendice ottocentesco.

[68] Nella prima stampa: « – O bene che perdei, / Virginia!... – E ti chiamai, con occhi fissi. / – Virginia! O sogni miei! ». Il Gozzano ha abolito il primo verso, ha scambiato fra di loro i due seguenti e, quindi, la stanza ha sedici versi invece di diciassette, come tutte le altre del poemetto.

[69] Per la coppia Amore e Morte, cfr. *Il responso*, v. 69.

[70] Reminiscenza dantesca, *Purg.*, III, 45: « e piú non disse, e rimase turbato ».

[71] Cfr. *Le due strade*, v. 53: « cuore che non fioristi ».

[72] Nella prima stampa: « Isola ridente ». « Isola fiorente » è sintagma dannunziano, *Ai poeti* (nell'*Intermezzo*), II, v. 2: « Ma in grembo al Mare ignoto, ove non mai / giunsero navi, l'Isola fiorente / emerge... ».

[73] Nella prima stampa: « fremono ».

[74] Reminiscenza del Petrarca, *Rime*, CXXXI, 1: « Io canterei d'amor sí novamente ».

[75] Per questi motivi, cfr. *Il responso*, *L'ultima infedeltà*, *I colloqui*, *Il buon compagno*, *Convito*.

165 Ma l'anima corrosa[76]
sogghigna nelle sue gelide sere...
Amanti! Miserere,[77]
miserere di questa mia giocosa[78]
aridità larvata di chimere![79]

---

[76] Per l'« anima corrosa » cfr. *Totò Merùmeni*.
[77] Il movimento dell'estrema invocazione agli amanti è ironicamente di origine religiosa: si ricordino Dante, *Inf.*, I, 65: « Miserere di me – gridai a lui », e Petrarca, *Rime*, LXII, 12: « Miserere del mio non degno affanno » e CCCLXVI, 120: « Miserere d'un cor contrito, umile ». Il Sanguineti ha ricordato lo Stecchetti, *Scritto sopra un sasso* (in *Postuma*), vv. 4-8: « Anime innamorate, / pietà di me!... Ahi grave, amanti, è la sventura mia! / Pietà di me! Non amo ».
[78] Ironica.
[79] Popolata dei fantasmi dei sogni (come quello di essere stato Paolo).

La signorina Felicita
ovvero
La Felicità[1]

10 luglio: Santa Felicita[2]

I

Signorina[3] Felicita, a quest'ora
scende la sera nel giardino antico[4]
della tua casa. Nel mio cuore amico
scende il ricordo. E ti rivedo ancora,
5 e Ivrea rivedo e la cerulea Dora[5]
e quel dolce paese[6] che non dico.[7]

---

[1] Fu pubblicata sulla « Nuova Antologia » del 16 marzo 1909 con il sottotitolo *Idilio*. Ebbe un periodo molto lungo di formazione, che è documentato da due lettere alla Guglielminetti (del 3 agosto e del 12 novembre 1907) e da una lettera al De Frenzi del 23 ottobre 1908. Antecedente poetico denunciato dallo stesso Gozzano è *L'ipotesi* (datata autunno 1907), fra le *Poesie sparse*.
[2] *C'est aujourdhui*, di Francis Jammes, la poesia dedicata alla vicenda di Paolo e Virginia (in *De l'Angélus de l'aube à l'Angélus du soir*), porta un'epigrafe analoga: « 8 juillet 1894 – Dimanche, Sainte – Virginie. LE CALENDRIER ».
[3] Si legga quanto, sul termine « signorina » scrive il Gozzano alla Guglielminetti, da San Francesco d'Albaro, il 5 giugno 1907: « Signorina – che brutta parola! Degno prodotto del nostro tempo di evoluzione che anche della vergine ha fatto una creatura oppressa, non definita, come quel nome brutto: *Signorina*... Signorina: figura triste; o che inconsapevole della sua miseria viva beata, intellettualmente impoverita dalla secolare mediocrità borghese, o che, cosciente rivoltandosi alla "saggezza d'antiche norme", cerchi per sé e per le sorelle un sentiero di salute, o che, più ribelle ancora, voglia rivendicarsi in libertà e contendere la sorte agli uomini derisori, o che si strugga nel sogno di un'attesa vana ».
[4] Emistichio derivato da *Il frutteto*, v. 39.
[5] È « citazione » carducciana, da *Piemonte* (in *Rime e ritmi*), v. 22: « Ivrea la bella che le rosse torri / specchia sognando a la cerulea Dora ».
[6] È un'altra reminiscenza del Carducci, da *Traversando la maremma toscana* (in *Rime nuove*), di cui costituisce l'inizio: « Dolce paese, onde portai conforme... ». Ma cfr. anche *Romagna* del Pascoli, in *Myricae*, v. 57: « Romagna solatia, dolce paese ».
[7] Lo stesso emistichio in *Un'altra risorta*. È il Canavese.

Signorina Felicita, è il tuo giorno![8]
A quest'ora che fai? Tosti il caffè,
e il buon aroma si diffonde intorno?
10 O cuci i lini e canti e pensi a me,
all'avvocato[9] che non fa ritorno?
E l'avvocato è qui: che pensa a te.

Pensa i bei giorni d'un autunno addietro,
Vill'Amarena a sommo[10] dell'ascesa
15 coi suoi ciliegi e con la sua Marchesa[11]
dannata, e l'orto dal profumo tetro
di busso[12] e i cocci innumeri di vetro
sulla cinta vetusta,[13] alla difesa...[14]

Vill'Amarena! Dolce la tua casa
20 in quella grande pace settembrina!
La tua casa che veste una cortina
di granoturco fino alla cimasa:[15]
come una dama secentista,[16] invasa
dal Tempo,[17] che vestí da contadina.

25 Bell'edificio triste inabitato![18]
Grate panciute,[19] logore, contorte!
Silenzio! Fuga[20] delle stanze morte!

---

[8] Cioè, il giorno del tuo onomastico, come è chiarito dall'epigrafe.
[9] Cfr. *Le due strade*, v. 15.
[10] Cfr. *Le due strade*, vv. 4 e 61.
[11] La vicenda della Marchesa sarà raccontata nella quarta parte del poemetto.
[12] Il bosso o « busso » è un arboscello sempreverde, con piccole foglie ovali, lucide, profumate, usato per siepi, soprattutto nei cimiteri (per questo il suo profumo è detto « tetro »). Anche in *Climene*, nel *Poema paradisiaco*, di D'Annunzio, il « busso » è citato come siepe decorativa del giardino nobiliare in abbandono.
[13] Antica (e cadente).
[14] Per difendere il giardino dai ladri.
[15] Le pannocchie di granoturco sono appese (per seccare meglio) alla facciata della casa, ricoprendola come una specie di tenda o di sipario, e giungono fino all'orlo del tetto (« cimasa »). La rima « casa-cimasa » è pascoliana (*Addio!*, in *Canti di Castelvecchio*).
[16] Del Seicento (ma con l'intento di indicare il carattere barocco dell'edificio).
[17] Che è divenuta preda del Tempo, su cui ha agito l'opera distruttrice del Tempo (riducendosi, nella decadenza, a vestirsi da contadina).
[18] Non abitato.
[19] Cfr. *Sonetti del ritorno*, I, v .12: « panciute grate secentiste ».
[20] Serie, sfilata, successione.

Odore d'ombra! Odore di passato![21]
Odore d'abbandono desolato!
30 Fiabe defunte[22] delle sovrapporte![23]

Ercole furibondo ed il Centauro,[24]
le gesta dell'eroe navigatore,[25]
Fetonte e il Po,[26] lo sventurato amore[27]
d'Arianna, Minosse, il Minotauro,
35 Dafne rincorsa, trasmutata in lauro
tra le braccia del Nume ghermitore...[28]

---

[21] Sono tutt'e due espressioni di Jammes: in *Existences*, IX « odeur d'ombre » (come ha indicato il Guglielmi) e « je sentis une odeur du passé » (*Le vieux village*, in *De l'Angélus*), come ha osservato il Sanguineti. Ma dietro la prima immagine giustamente il Sanguineti rievoca una memoria pascoliana, *La calandra* (in *Primi poemetti*), v. 19: « Senti un odore d'ombra e d'umidore ».

[22] Stinte, quasi cancellate. « Fiabe » perché temi mitologici.

[23] È il riquadro, generalmente decorato e dipinto e inquadrato da modanature, che è posto sopra l'architrave della porta.

[24] Il « Centauro » è Nesso, e la « fiaba » rappresenterà, quindi, il furore di Ercole a cui Deianira, per il consiglio fraudolento di Nesso, fece indossare una camicia intrisa del sangue del centauro, ferito mortalmente dall'eroe, credendo in questo modo di assicurarsene la fedeltà, mentre, invece, la camicia procurò a Ercole dolori furiosi che lo fecero uscire di senno.

[25] Ulisse, secondo la definizione del Pascoli, in piú luoghi de *L'ultimo viaggio* (in *Poemi conviviali*): cfr. v. 2: « Ed il timone al focolar sospese / in Itaca l'Eroe navigatore ». Nella prima stampa, con piú fedeltà riprendendo la definizione pascoliana, il Gozzano aveva scritto « Eroe navigatore ».

[26] Il mito di Fetonte, che si fece prestare dal padre, il Sole, il carro, ma non seppe poi guidarne i cavalli per il cielo, e, prima che troppo gravi fossero i danni da lui arrecati alla terra e al cielo, fu fulminato da Zeus e precipitò nel Po.

[27] È il mito di Teseo, che si reca a Creta, sfida il Minotauro, il mostro mezzo toro e mezzo uomo nato dagli amori di Pasifae (moglie di Minosse, re di Creta) con il toro, al quale Atene era costretta a offrire in sacrificio ragazzi e ragazze, e, penetrato nel Labirinto, dove il mostro abitava, con l'aiuto di Arianna, figlia di Pasifae e del re, innamoratasi di lui, riesce a uccidere il Minotauro. L'amore di Arianna è detto « sventurato » perché, sulla via del ritorno ad Atene, Teseo abbandona la ragazza nell'isola di Nasso, mentre giace addormentata dopo la prima notte d'amore.

[28] Apollo, che, innamorato di Dafne, la inseguí per possederla; la ragazza ottenne dal padre, Peneo, di sfuggirgli, ma attraverso la metamorfosi in lauro. Si ricordi che D'Annunzio aveva fatto argomento del mito cretese il *Ditirambo IV* e del mito di Apollo e Dafne *L'oleandro* (entrambi in *Alcyone*): in quest'ultimo, poi, si legge (III, v. 30): « un veloce fuoco mi ghermisce »; v. 48: « sente la forza del persecutore, / vede l'ardor pe' chiusi cigli e aspetta / d'esser ghermita ».

Penso l'arredo – che malinconia! –
penso l'arredo squallido e severo,
antico e nuovo: la pirografia[29]
40 sui divani corinzi[30] dell'Impero,[31]
la cartolina della Bella Otero[32]
alle specchiere...[33] Che malinconia!

Antica suppellettile forbita![34]
Armadi immensi[35] pieni di lenzuola
45 che tu rammendi paziente... Avita
semplicità che l'anima consola,
semplicità dove tu vivi sola
con tuo padre la tua semplice vita!

II

Quel tuo buon padre – in fama d'usuraio –
50 quasi bifolco, m'accoglieva senza
inquietarsi della mia frequenza,
mi parlava dell'uve e del massaio,[36]
mi confidava certo antico guaio
notarile, con somma deferenza.

55 « Senta, avvocato... » e mi traeva inqueto
nel salone, talvolta, con un atto[37]
che leggeva lentissimo, in segreto.
Io l'ascoltavo docile, distratto

---

[29] Tecnica che consentiva di incidere il cuoio e il legno con una punta metallica arroventata.
[30] Ornati con colonnine di stile corinzio.
[31] Cfr. *Il responso*, v. 18.
[32] La famosa ballerina franco-spagnola Carolina Otero (1868-1953), idolo del teatro di rivista della fine dell'Ottocento.
[33] Infilata nella cornice delle specchiere.
[34] Lucidata.
[35] Cfr. Jammes, *Voici le grand azur* (*De l'Angélus*), vv. 86-88: « C'est la maîtresse d'une grande maison paysanne. / Elle range le linge au fond frais d'une armoire / immense ».
[36] Qui vale « fattore » o, anche, piú semplicemente, « contadino ».
[37] È quello del « guaio notarile » dei vv. 53-54.

180

da quell'odor d'inchiostro putrefatto,[38]
60 da quel disegno strano del tappeto,

   da quel salone buio e troppo vasto...
   « ... la Marchesa fuggí...[39] Le spese cieche... »[40]
   da quel parato a ghirlandette, a greche...[41]
   « dell'ottocento e dieci, ma il catasto... »
65 da quel tic-tac dell'orologio guasto...
   « ... l'ipotecario è morto, e l'ipoteche... »

   Capiva poi che non capivo niente
   e sbigottiva: « Ma l'ipotecario
   è morto, è morto!! ... » – « E se l'ipotecario
70 è morto, allora... » Fortunatamente
   tu comparivi tutta sorridente:
   « Ecco il nostro malato immaginario! »

III

   Sei quasi brutta,[42] priva di lusinga[43]
   nelle tue vesti quasi campagnole,
75 ma la tua faccia buona e casalinga,
   ma i bei capelli di color di sole,[44]
   attorti in minutissime trecciuole,
   ti fanno un tipo di beltà fiamminga...[45]

---

[38] A indicare la vecchiaia dell'atto. Ma il sintagma « inchiostro putrefatto » piace al Gozzano, che, variandolo, lo ripete molte volte in prosa (*Pamela-film*, *Le giuste nozze di Serafino*) e nella lettera a Giulio De Frenzi del 23 ottobre 1908: « fra odore di cotogne, di caffè tostato, di carta bollata, d'inchiostro putrefatto ».
[39] Nella prima stampa: « la marchesa morì ».
[40] Irragionevoli.
[41] Motivo ornamentale di tipo geometrico, che è costituito da una linea ininterrotta che piega ad angolo retto secondo segmenti uguali fra loro.
[42] Si vedano le anticipazioni di questo ritratto nell'epistolario gozzaniano: alla Guglielminetti, il 3 agosto 1907: « un volto quadrato... lentigginoso... senza sopracciglia... capelli gialli, tirati, tirati lisci aderenti e stretti alla nuca in un fascio di trecciuole minute »; ancora alla Guglielminetti, in data 12 novembre 1907, e a Giulio De Frenzi, il 23 ottobre 1908.
[43] Attrattiva.
[44] Cioè, biondi.
[45] In quanto la pittura fiamminga del cinquecento e del seicento predilige tipi femminili casalinghi, realisticamente collocati nell'ambiente familiare e nelle occupazioni quotidiane, domestiche.

E rivedo la tua bocca vermiglia
80 cosí larga nel ridere e nel bere,
e il volto quadro, senza sopracciglia,[46]
tutto sparso d'efelidi leggiere
e gli occhi fermi, l'iridi sincere
azzurre d'un azzurro di stoviglia...

85 Tu m'hai amato. Nei begli occhi fermi
rideva una blandizie[47] femminina.
Tu civettavi con sottili schermi,[48]
tu volevi piacermi, Signorina:
e piú d'ogni conquista cittadina
90 mi lusingò quel tuo voler piacermi![49]

Ogni giorno salivo alla tua volta
pel soleggiato ripido sentiero.
Il farmacista non pensò davvero
un'amicizia cosí bene accolta,
95 quando ti presentò la prima volta
l'ignoto villeggiante forestiero.

Talora – già la mensa era imbandita –
mi trattenevi a cena. Era una cena
d'altri tempi, col gatto e la falena[50]
100 e la stoviglia semplice e fiorita[51]
e il commento dei cibi e Maddalena
decrepita, e la siesta e la partita...[52]

Per la partita, verso ventun'ore
giungeva tutto l'inclito[53] collegio
105 politico locale: il molto Regio

---

[46] È una notazione di carattere realistico e «fiammingo».
[47] Civetteria.
[48] Cioè, con finzioni trasparenti, facili a essere scoperte.
[49] Cfr. Dante, *Par.*, IX, 14: «Ed ecco un altro di quelli splendori / ver me si fece, e 'l suo voler piacermi / significava nel chiarir di fuori».
[50] Farfalla notturna. Cfr. *L'analfabeta*, v. 150.
[51] Decorata con fiori.
[52] Cfr. *L'ipotesi*, vv. 37-38.
[53] Illustre: con ironia, dietro la memoria dell'imbonimento dei mercanti nelle fiere o dei presentatori nei circhi. Si ricordi, poi, che vigeva, ai tempi di Gozzano, il collegio uninominale (e questo significato ha il termine «collegio»), di cui il notaio, il sindaco e il dottore rappresentano i piú autorevoli elettori.

Notaio, il signor Sindaco, il Dottore;
ma – poiché trasognato[54] giocatore –
quei signori m'avevano in dispregio...[55]

M'era piú dolce starmene in cucina
110 tra le stoviglie a vividi colori:
tu tacevi, tacevo, Signorina:
godevo quel silenzio e quegli odori[56]
tanto tanto per me consolatori,
di basilico d'aglio di cedrina...[57]

115 Maddalena con sordo brontolio
disponeva gli arredi ben detersi,
rigovernava[58] lentamente ed io,
già smarrito nei sogni piú diversi,
accordavo le sillabe dei versi
120 sul ritmo eguale dell'acciotolio.[59]

Sotto l'immensa cappa del camino
(in me rivive l'anima d'un cuoco
forse...) godevo il sibilo del fuoco;
la canzone d'un grillo canterino[60]
125 mi diceva parole, a poco a poco,
e vedevo Pinocchio e il mio destino...

Vedevo questa vita che m'avanza:[61]
chiudevo gli occhi nei presagi grevi;[62]

---

[54] Distratto.
[55] Reminiscenza dantesca, *Inf.*, XXIII, 93: « O tosco, ch'al collegio / de gl'ipocriti tristi se' venuto, / dir chi tu se' non avere in dispregio » (con l'uguale rima collegio-dispregio).
[56] Quelli della cucina (in contrapposizione a quelli fatiscenti delle altre stanze della villa).
[57] La cedrina è un piccolo arbusto con foglie aromatiche, che hanno profumo di cedro.
[58] Lavava le stoviglie.
[59] Il rumore delle stoviglie.
[60] È il grillo del focolare, che, nelle vecchie case, abitava nelle cucine, nei buchi dei muri. Il « grillo canterino » rievoca nella memoria del poeta il Grillo Parlante di Pinocchio, nel libro del Collodi.
[61] Cfr. Petrarca, *Rime*, CLXVIII, 14: « il viver breve che n'avanza »; CCCLXV, 12: « A quel poco di viver che m'avanza ».
[62] Pieni di ansie, di preoccupazioni; tormentosi.

aprivo gli occhi: tu mi sorridevi,
130 ed ecco rifioriva la speranza!

Giungevano le risa, i motti brevi
dei giocatori, da quell'altra stanza.

IV

Bellezza riposata dei solai
dove il rifiuto[63] secolare dorme!
135 In quella tomba, tra le vane forme
di ciò ch'è stato e non sarà piú mai,
bianca bella cosí che sussultai,
la Dama[64] apparve nella tela enorme:

« È quella che lasciò, per infortuni,
140 la casa al nonno di mio nonno... E noi
la confinammo nel solaio, poi
che porta pena...[65] L'han veduta alcuni
lasciare il quadro; in certi noviluni
s'ode il suo passo lungo i corridoi... »

145 Il nostro passo diffondeva l'eco
tra quei rottami del passato vano,[66]
e la Marchesa[67] dal profilo greco,
altocinta,[68] l'un piede ignudo in mano,

---

[63] Cioè, le cose rifiutate durante il secolo passato dai tempi della Marchesa (si ricordi la data del 1810, v. 64).
[64] La Marchesa.
[65] Porta disgrazia.
[66] « Vano », qui, come nel v. 135, vale inutile, perduto.
[67] La Marchesa è effigiata in un quadro di gusto neoclassico, secondo, ancora, la data del 1810 citata dal padre di Felicita.
[68] È aggettivo caro al Pascoli dei *Poemi conviviali*: *L'ultimo viaggio*, XIX, 23: « E d'uno dei recinti / ecco che uscí, con alla poppa il bimbo, / un'altocinta femmina » (ripetuta al v. 37); XX, 1: « E l'uomo entrò, ma l'altocinta donna / gli venne incontro » (v. 33: « altocinta moglie »); *I vecchi di Ceo*, v, 11: « poi le donne altocinte, ultimi i vecchi »; cfr. anche *Il ritorno* (in *Odi e inni*, ma il protagonista è sempre Odisseo), v. 148: « e stava ora a lui presso / un'altocinta vergine ricciuta ». Vale: che porta la cintura subito sotto le mammelle, come nella moda dell'Impero.

si riposava all'ombra d'uno speco[69]
150 arcade, sotto un bel cielo pagano.

Intorno a quella che rideva illusa
nel ricco peplo,[70] e che morí di fame,
v'era una stirpe logora e confusa:
topaie, materassi, vasellame,
155 lucerne, ceste, mobili: ciarpame[71]
reietto,[72] cosí caro alla mia Musa!

Tra i materassi logori e le ceste
v'erano stampe di persone egregie;[73]
incoronato delle frondi regie[74]
160 v'era *Torquato nei giardini d'Este*.[75]
« Avvocato, perché su quelle teste
buffe si vede un ramo di ciliegie? »

Io risi, tanto che fermammo il passo,
e ridendo pensai questo pensiero:
165 Oimè! La Gloria! un corridoio basso,[76]
tre ceste, un canterano dell'Impero,[77]
la brutta effigie incorniciata in nero
e sotto il nome di Torquato Tasso!

Allora, quasi a voce che richiama,[78]
170 esplorai la pianura autunnale
dall'abbaino secentista,[79] ovale,

---

[69] Grotta. « Arcade » vale: secondo il gusto arcadico, dell'Arcadia settecentesca.
[70] È l'abito di lana bianca, lungo fino ai piedi, formato da un rettangolo di stoffa piú volte ripiegato, che portavano le donne dell'antica Grecia.
[71] Insieme di cose sporche, misere, malridotte.
[72] Abbandonato (sia in senso proprio, sia in quello figurato che si chiarisce subito dopo: dalla Musa, dalla poesia, là dove invece la « Musa » di Gozzano l'ha caro: cfr. *L'amica di nonna Speranza*, vv. 1-14).
[73] Illustri, famose.
[74] Cioè, dall'alloro (che la Signorina Felicita interpreta come « ramo di ciliegie », nella sua ignoranza), detto « regio » perché regale, degno dei re.
[75] Cioè, nei giardini degli Estensi, a Ferrara.
[76] Nella prima stampa: « un vecchio materasso ».
[77] Cfr. v. 40.
[78] Come rispondendo a un richiamo, a una voce di richiamo.
[79] Barocco.

                a telaietti[80] fitti, ove la trama
                del vetro[81] deformava il panorama
                come un antico smalto innaturale.[82]

175   Non vero (e bello)[83] come in uno smalto
                a zone quadre,[84] apparve il Canavese:
                Ivrea turrita,[85] i colli di Montalto,
                la Serra dritta,[86] gli alberi, le chiese;
                e il mio sogno di pace si protese
180   da quel rifugio luminoso ed alto.[87]

                Ecco – pensavo – questa è l'Amarena,[88]
                ma laggiú, oltre i colli dilettosi,[89]
                c'è il Mondo: quella cosa[90] tutta piena
                di lotte e di commerci turbinosi,
185   la cosa tutta piena di quei « cosí[91]
                con due gambe » che fanno tanta pena...

                L'Eguagliatrice[92] numera[93] le fosse,
                ma quelli vanno, spinti da chimere[94]
                vane, divisi e suddivisi a schiere
190   opposte, intesi all'odio e alle percosse:
                cosí come ci son formiche rosse,[95]
                cosí come ci son formiche nere...

---

[80] Come si può ricavare dal v. 176, l'abbaino ha una finestra a piccoli riquadri, ciascuno incorniciato da un piccolo telaio.
[81] È il vetro spesso, un poco convesso.
[82] Nel senso, che è sottilmente sottinteso, di « antinaturalistico ».
[83] È una chiara dichiarazione di antirealismo da parte del Gozzano: non realisticità e bellezza coincidono.
[84] Che corrisponde a ciascuno dei riquadri del vetro dell'abbaino.
[85] Cfr. Carducci, *Piemonte*, v. 21: « Ivrea la bella che le rosse torri... ».
[86] Nella prima stampa: « i gioghi ». Montalto Dora è un altro centro del Canavese. La Serra è la lunga e diritta collina morenica a est di Ivrea.
[87] Cfr. Dante, *Inf.*, IV, 116: « in luogo aperto, luminoso e alto ».
[88] Villa Amarena.
[89] È probabile reminiscenza di Dante, *Inf.*, I, 77: « perché non sali il dilettoso monte ».
[90] Cfr. *L'altro*, vv. 27-28.
[91] Autocitazione da *Nemesi*, vv. 67-68.
[92] La Morte.
[93] Predispone, fissandole per ciascun uomo.
[94] Illusioni.
[95] L'opposizione rosso-nero ha sí un significato politico (socialisti e clericali, nei termini storici del tempo del Gozzano), ma si richiama anche alla tradizionale opposizione dei colori della sorte, già sfruttata da Stendhal per *Le rouge et le noir*.

　　　　Schierati al sole o all'ombra della Croce,[96]
　　　　tutti travolge il turbine dell'oro;
195　　o Musa – oimè! – che può giovare loro
　　　　il ritmo[97] della mia piccola voce?
　　　　Meglio fuggire dalla guerra atroce
　　　　del piacere, dell'oro, dell'alloro...

　　　　L'alloro...[98] Oh! Bimbo semplice che fui,
200　　dal cuore in mano e dalla fronte alta!
　　　　Oggi l'alloro è premio di colui
　　　　che tra clangor[99] di buccine s'esalta,
　　　　che sale cerretano[100] alla ribalta
　　　　per far di sé favoleggiar altrui...[101]

205　　« Avvocato, non parla: che cos'ha? »
　　　　« Oh! Signorina! Penso ai casi miei,
　　　　a piccole miserie, alla città...
　　　　Sarebbe dolce restar qui, con Lei!... » –
　　　　« Qui, nel solaio?... » – « Per l'eternità! » –
210　　« Per sempre? Accetterebbe?... » – « Accetterei! »

　　　　Tacqui. Scorgevo un atropo[102] soletto
　　　　e prigioniero. Stavasi in riposo

---

[96] Atei o cristiani.
[97] Suono.
[98] Questa sestina manca nella prima stampa.
[99] È reminiscenza dannunziana: *Il fanciullo* (in *Alcyone*), VII, 291: « giunge clangor di buccina lontana ».
[100] Ciarlatano.
[101] Cfr. Dante, *Par.*, II, 51: « fan di Cain favoleggiare altrui ». Tutto questo ritratto polemico non manca di allusioni alla figura di D'Annunzio. Quest'ultimo verso, poi, significa che il salire ciarlatanescamente « alla ribalta », cioè alla cronaca, non significa altro che voler dare esca ai pettegolezzi giornalistici, per costruirvi sopra la propria fama.
[102] È l'Acherontia Atropos, farfalla detta comunemente Sfinge o Testa di Morto, perché porta il segno di un teschio sul dorso. Si legga quanto il Gozzano scrive in una nota all'episodio che, ne *Le farfalle*, dedicò, appunto, all'Acherontia: « È la farfalla che incontrai nel Canavese a quella villa che chiamai Amarena, con quella Signorina che chiamai Felicita. Nell'alto solaio, fra il ciarpame reietto d'altri tempi, spiegavo alla mia compagna candida le favole di Piramo e di Tisbe; il vecchio paravento rococò illustrava entro ghirlandette di campanule quell'amore favoleggiato; e ad un tratto, proprio nella cornice dell'ultimo episodio fra il gelso e il velo insanguinato, m'apparve il triangolo cupo dell'Acherontia. Il solaio prese immediatamente quell'aspetto specialissimo che hanno i solai quando a una parete si scopre l'Acherontia Atropos: un senso di mistero che bisogna sentire, indefinibile, incomunicabile a parole, un senso che nemmeno la musica, nemmeno la poesia – nemmeno la poesia – può riprodurre ».

alla parete: il segno spaventoso[103]
chiuso tra l'ali ripiegate a tetto.[104]
215 Come lo vellicai[105] sul corsaletto[106]
si librò con un ronzo lamentoso.

« Che ronzo triste! » – « È la Marchesa in pianto...
La Dannata sarà che porta pena... »
Nulla s'udiva che[107] la sfinge in pena[108]
220 e dalle vigne, ad ora ad ora, un canto:
*O mio carino tu mi piaci tanto,
siccome piace al mar una sirena...*

Un richiamo s'alzò, querulo e rôco:
« È Maddalena inqueta[109] che si tardi;
225 scendiamo; è l'ora della cena! » – « Guardi,
guardi il tramonto, là... Com'è di fuoco!...
Restiamo ancora un poco! » – « Andiamo, è tardi! »
« Signorina, restiamo ancora un poco!... »

Le fronti al vetro, chini sulla piana,
230 seguimmo i neri pipistrelli, a frotte;
giunse col vento un ritmo di campana,
disparve il sole fra le nubi rotte;
a poco a poco s'annunciò la notte
sulla serenità canavesana...

235 « Una stella!... » - « Tre stelle!... » - « Quattro stelle!... »
« Cinque stelle! » - « Non sembra di sognare?... »
Ma ti levasti su quasi ribelle
alla perplessità crepuscolare:[110]
« Scendiamo! È tardi: possono pensare
240 che noi si faccia cose poco belle... »

---

[103] Il segno del teschio.
[104] Con disposizione embricata, simile agli spioventi del tetto.
[105] Sfiorare, toccare leggermente.
[106] Il primo segmento del torace.
[107] Se non.
[108] Perché « prigioniera »: cfr. v. 212.
[109] Impensierita, in ansia.
[110] Nella sospensione del tempo che è tipica del crepuscolo: ma l'espressione interpretata metaforicamente vale benissimo a definire il carattere della poesia che fu detta, appunto, « crepuscolare ».

V

Ozi beati a mezzo la giornata
nel parco dei Marchesi, ove la traccia
restava appena dell'età passata!
Le Stagioni camuse[111] e senza braccia,
245 fra mucchi di letame e di vinaccia,
dominavano i porri e l'insalata.

L'insalata, i legumi produttivi
deridevano il busso delle aiole;
volavano le pieridi[112] nel sole
250 e le cetonie[113] e i bombi[114] fuggitivi...
Io ti parlavo, piano, e tu cucivi
innebriata dalle mie parole.

« Tutto mi spiace che mi piacque innanzi![115]
Ah! Rimanere qui, sempre, al suo fianco,
255 terminare la vita che m'avanzi[116]
tra questo verde e questo lino bianco!
Se Lei sapesse come sono stanco
delle donne rifatte sui romanzi!

---

[111] Con il naso rotto, troncato. Tutta questa sestina e quella seguente sono, denunciata chiaramente dal lessico, la ripresa di un passo celebre de *Il fuoco* dannunziano, quello che descrive le ville venete in rovina (*Prose di romanzi*, II, 246: « Qua, là, da presso, da lungi, ovunque, nei frutteti, nelle vigne, tra i cavoli argentati, tra i legumi, in mezzo ai pascoli, su i cumuli di concime e di vinaccia, sotto i pagliai, alla soglia dei tugurii, ovunque per la campagna fluviàtile s'alzavano le statue superstiti. Erano innumerevoli, erano un popolo disperso, ancóra bianche, o grigie, o gialle di licheni, o verdastre di muschi, o maculate, e in tutte le attitudini e con tutti i gesti, Iddie, Eroi, Ninfe, Stagioni, Ore, con gli archi, con le saette, con le ghirlande, con le cornucopie, con le faci, con tutti gli emblemi della potenza, della ricchezza e della voluttà, esuli dalle fontane dalle grotte dai labirinti dalle pergole dai portici, amiche del busso e del mirto sempreverdi, protettrici degli amori fuggitivi, testimoni dei giuramenti eterni, figure di un sogno ben piú antico delle mani che le avevano formate e degli occhi che le avevano mirate nei giardini distrutti ».
[112] Sono farfalle diurne (dell'ordine Lepidotteri), con ali bianche o gialle.
[113] Cfr. *Ora di grazia*, v. 3.
[114] Insetto imenottero, affine all'ape e alla vespa (e particolarmente caro al Pascoli: cfr. *Italy*, XX, 3: « Stridono i bombi intorno ai fior d'acanto »).
[115] Cfr. *Il gioco del silenzio*, v. 24.
[116] Cfr. v. 127.

  Vennero donne con proteso il cuore:[117]
260 ognuna dileguò, senza vestigio.[118]
  Lei sola, forse, il freddo sognatore
  educherebbe al tenero prodigio:[119]
  mai non comparve sul mio cielo grigio
  quell'aurora che dicono: l'Amore... »

265 Tu mi fissavi... Nei begli occhi fissi
  leggevo uno sgomento indefinito;
  le mani ti cercai, sopra il cucito,
  e te le strinsi lungamente, e dissi:
  « Mia cara Signorina, se guarissi
270 ancora, mi vorrebbe per marito? »

  « Perché mi fa tali discorsi vani?
  Sposare, Lei, me brutta e poveretta!... »
  E ti piegasti sulla tua panchetta
  facendo al viso coppa delle mani,
275 simulando singhiozzi acuti e strani
  per celia, come fa la scolaretta.

  Ma, nel chinarmi su di te, m'accorsi
  che sussultavi come chi singhiozza
  veramente, né sa piú ricomporsi:
280 mi parve udire la tua voce mozza
  da gli ultimi singulti nella strozza:[120]
  « Non mi ten...ga mai piú... tali dis...corsi! »

  « Piange? » E tentai di sollevarti il viso
  inutilmente. Poi, colto un fuscello,
285 ti vellicai l'orecchio, il collo snello...
  Già tutta luminosa nel sorriso
  ti sollevasti vinta d'improvviso,
  trillando un trillo gaio di fringuello.

  Donna: mistero senza fine bello!

---

[117] In segno di offerta.
[118] Senza lasciare traccia.
[119] Dell'amore.
[120] « Strozza-mozza » è rima dantesca, *Inf.*, XXVIII, 100-103.

VI

290 Tu m'hai amato.[121] Nei begli occhi fermi
luceva una blandizie femminina;
tu civettavi con sottili schermi,
tu volevi piacermi, Signorina;
e piú d'ogni conquista cittadina
295 mi lusingò quel tuo voler piacermi!

Unire la mia sorte alla tua sorte
per sempre, nella casa centenaria!
Ah! Con te, forse, piccola consorte
vivace, trasparente come l'aria,
300 rinnegherei la fede letteraria
che fa la vita simile alla morte...

Oh! questa vita sterile, di sogno!
Meglio la vita ruvida concreta
del buon mercante inteso alla moneta,
305 meglio andare sferzati dal bisogno,
ma vivere di vita! Io mi vergogno,[123]
sí, mi vergogno d'essere un poeta!

Tu non fai versi. Tagli le camicie
per tuo padre. Hai fatta la seconda
310 classe, t'han detto che la Terra è tonda,
ma tu non credi... E non mediti Nietzsche...[124]
Mi piaci. Mi faresti piú felice
d'un'intellettuale gemebonda...

Tu ignori questo male che s'apprende[125]
315 in noi. Tu vivi i tuoi giorni modesti,
tutta beata nelle tue faccende.

---

[121] Ripresa (con un'unica variante: « luceva » per « rideva ») di una sestina della sezione III, vv. 85-90.
[122] Al guadagno.
[123] È dichiarazione che ha riscontri in Praga (indicato dal Sanguineti), *Rivolta* (in *Penombre*), vv. 19-20: « Tanta vergogna mi mordeva il core / d'esser poeta ».
[124] Ironicamente nei confronti dei cultori e dei seguaci del filosofo tedesco e del suo superuomo, Gozzano fa rimare « camicie » con Nietzsche (pron. « nicie »).
[125] Con la memoria dantesca di *Inf.*, v, 100: « Amor che al cor gentil sempre s'apprende » (« s'apprende »: s'attacca).

Mi piaci. Penso che leggendo questi[126]
miei versi tuoi, non mi comprenderesti,
ed a me piace chi non mi comprende.

320 Ed io non voglio piú essere io!
Non piú l'esteta gelido,[127] il sofista,[128]
ma vivere nel tuo borgo[129] natio,
ma vivere alla piccola conquista[130]
mercanteggiando placido, in oblio[131]
325 come tuo padre, come il farmacista...

Ed io non voglio piú essere io!

VII

Il farmacista nella farmacia
m'elogiava un farmaco sagace:[132]
« Vedrà che dorme le sue notti in pace:
330 un sonnifero d'oro, in fede mia! »
Narrava, intanto, certa gelosia
con non so che loquacità mordace.

« Ma c'è il notaio pazzo di quell'oca!
Ah! quel notaio, creda: un capo ameno!
335 La Signorina è brutta, senza seno,
volgaruccia, Lei sa, come una cuoca...
E la dote... la dote è poca, poca:
diecimila, chi sa, forse nemmeno... »

---

[126] Il Sanguineti ricorda due passi di Jammes, che il Gozzano dovette avere presenti: *Quand dans le brouillard* (in *De l'Angélus*), v. 21: « Si tu lisais ceci tu ne comprendrais pas »; e vv. 36-38: « J'ai voulu, par orgueil, dédier quelques vers / à une personne comme toi, douce, tendre / absolument incapable de les comprendre ».

[127] Il cultore della bellezza pura, assoluta (« gelido », perché lontano dai sentimenti comuni).

[128] Cioè, l'intellettuale che gioca con le parole.

[129] Capovolgimento (cosciente) della situazione leopardiana delle *Ricordanze*: « Né mi diceva il cor che l'età verde / sarei dannato a consumare in questo / natio borgo selvaggio, intra una gente / zotica, vil; cui nomi strani, e spesso / argomento di riso e di trastullo, / son dottrina e saper » (vv. 28-34).

[130] Cioè, al piccolo guadagno.

[131] Dimentico di tutto e dimenticato da tutti.

[132] Efficace.

«Ma dunque?» – «C'è il notaio furibondo
350 con Lei, con me che volli presentarla
a Lei; non mi saluta, non mi parla...» –
«È geloso?» – «Geloso! Un finimondo!...» –
«Pettegolezzi!...» – «Ma non Le nascondo
che temo, temo qualche brutta ciarla...» –

345 «Non tema! Parto.» – «Parte? E va lontana?» –
«Molto lontano... Vede, cade a mezzo[133]
ogni motivo di pettegolezzo...» –
«Davvero parte? Quando?» – «In settimana...»
Ed uscii dall'odor d'ipecacuana[134]
350 nel plenilunio settembrino, al rezzo.[135]

Andai vagando nel silenzio amico,[136]
triste perduto come un mendicante.
Mezzanotte scoccò, lenta, rombante
su quel dolce paese che non dico.[137]
355 La Luna sopra il campanile antico
pareva «un punto sopra un I gigante».[138]

In molti mesti e pochi sogni lieti,[139]
solo pellegrinai col mio rimpianto
fra le siepi, le vigne, i castagneti
360 quasi d'argento fatti nell'incanto;[140]
e al cancello sostai del camposanto
come s'usa nei libri dei poeti.[141]

---

[133] Si tronca, scompare di colpo.
[134] Emetico estratto dalla radice di un piccolo arbusto della famiglia Rubiacee, proprio dell'America meridionale.
[135] L'aria fresca della notte. È parola cara al Pascoli: *Romagna,* (in *Myricae*) v. 19: «chiamano al rezzo, alla quiete, al santo / desco fiorito d'occhi di bambini».
[136] Reminiscenza del virgiliano «per amica silentia lunae» di *Aen.*, II, 255; ma cfr. anche Tasso, *Gerusalemme liberata*, VI, 103: «e secretarii del suo amore antico / fea i muti campi e quel silenzio amico».
[137] Cfr. v. 6.
[138] Citazione vera e propria di un'immagine di Alfred de Musset, *Ballade à la lune* (in *Premières Poésies*), vv. 1-4: «C'était, dans la nuit brune, / sur le clocher jauni, / la lune, / comme un point sur un i».
[139] Reminiscenza del Petrarca, *Rime*, CLXXIII, 12: «pochi lieti e molti penser tristi».
[140] Del plenilunio (cfr. v. 350).
[141] Dei poeti romantici, ma anche del Pascoli (cfr. *Il giorno dei morti* e *Colloquio*, in *Myricae*).

Voi che posate già sull'altra riva,[142]
immuni dalla gioia, dallo strazio,
365 parlate, o morti, al pellegrino sazio!
Giova guarire? Giova che si viva?
O meglio giova l'Ospite furtiva[143]
che ci affranca dal Tempo e dallo Spazio?[144]

A lungo meditai, senza ritrarre
370 le tempia dalle sbarre. Quasi a scherno
s'udiva il grido delle strigi[145] alterno...[146]
La Luna, prigioniera fra le sbarre,
imitava con sue luci bizzarre
gli amanti che si baciano in eterno.

375 Bacio lunare, fra le nubi chiare
come di moda settant'anni fa![147]
Ecco la Morte e la Felicità!
L'una m'incalza quando l'altra appare;
quella m'esilia in terra d'oltremare,[148]
380 questa promette il bene che sarà...

VIII

Nel mestissimo giorno degli addii
mi piacque rivedere la tua villa.
La morte dell'estate era tranquilla

---

[142] Cfr. Dante, *Inf.*, III, 86: « I' vegno per menarvi all'altra riva ». Qui indica il luogo dei morti.
[143] Cioè, la Morte.
[144] Il Sanguineti indica un antecedente dannunziano, dal *Trionfo della Morte*, v, 5 (in *Prose di romanzi*, I, pag. 973): « L'armonia, elemento superiore al tempo e allo spazio, gli fece intravedere come una beatitudine la possibilità di affrancarsi dallo spazio e dal tempo ». Ma si veda anche la lettera alla Guglielminetti dell'11 marzo 1909: « Quel mistero che fu convenuto di chiamare la Morte la nasconde ai nostri sensi miserabili, l'ha liberata dal triste peso umano, dell'umiliazione del tempo e dello spazio ».
[145] Cfr. *L'analfabeta*, v. 148.
[146] Che sembra alternarsi come in un dialogo fra le « strigi ».
[147] Cioè, al tempo dei poeti romantici, quali sono il de Musset « citato » nel v. 356 o il Prati, ricordato nel v. 430. Cfr. *L'esperimento*, vv. 35-36.
[148] Cfr. vv. 396-399.

in quel mattino chiaro che salii
385 tra i vigneti già spogli, tra i pendii
già trapunti di bei colchici[149] lilla.

Forse vedendo il bel fiore malvagio
che i fiori uccide e semina le brume,
le rondini addestravano le piume
390 al primo volo, timido, randagio;[150]
e a me randagio parve buon presagio
accompagnarmi loro nel costume.[151]

« Viaggio con le rondini stamane... » –
« Dove andrà? » – « Dove andrò? Non so... Viaggio,
395 viaggio per fuggire altro viaggio...[152]
Oltre Marocco, ad isolette strane,[153]
ricche in essenze, in datteri, in banane,
perdute nell'Atlantico selvaggio...[154]

Signorina, s'io torni d'oltremare,
400 non sarà d'altri già? Sono sicuro
di ritrovarla ancora? Questo puro
amore nostro salirà l'altare? »
E vidi la tua bocca sillabare
a poco a poco le sillabe: *giuro*.

405 Giurasti e disegnasti una ghirlanda
sul muro, di viole e di saette,[155]
coi nomi e con la data memoranda:

---

[149] Il colchico è pianta velenosa: ma il Gozzano allarga la nozione botanica a metafora della morte, nell'autunno, di ogni altro fiore e dell'avvento delle nebbie autunnali (« semina le brume »).

[150] Disperso, che non ha ancora una meta precisa.

[151] Comportamento, modo di fare.

[152] Quello della morte: con la memoria di Dante, *Inf.*, I, 91: « A te convien tenere altro viaggio » (con l'uguale uso di « viaggio » trisillabo, che è costante in Gozzano).

[153] Il Gozzano allude a un viaggio, più volte progettato ma mai attuato, alle isole Canarie. Nella prima stampa: « Forse al Marocco ». Il Guglielminetti giustamente nota un'eco del dantesco viaggio di Ulisse in queste indicazioni geografiche del Gozzano (ma subito dissacrata).

[154] È clausola dannunziana: « Adriatico selvaggio », *I pastori*, in *Alcyone*, v. 4.

[155] La « saetta » è attributo di Cupido, quindi simbolo d'amore, come la ghirlanda.

trenta settembre novecentosette...
Io non sorrisi. L'animo godette
410 quel romantico gesto d'educanda.

Le rondini garrivano assordanti,
garrivano garrivano parole
d'addio, guizzando ratte come spole,[156]
incitando le piccole migranti...[157]
415 Tu seguivi gli stormi lontananti
ad uno ad uno per le vie del sole...[158]

« Un altro stormo s'alza!... » – « Ecco s'avvia! »
« Sono partite... » – « E non le salutò!... » –
« Lei devo salutare, quelle no:
420 quelle terranno la mia stessa via:
in un palmeto della Barberia
tra pochi giorni le ritroverò... »

Giunse il distacco,[159] amaro senza fine,
e fu il distacco d'altri tempi, quando
425 le amate in bande[160] lisce e in crinoline,
protese da un giardino venerando,
singhiozzavano forte, salutando
diligenze che andavano al confine...[161]

---

[156] Rapide. « Spola » è la bobina che si introduce nella navetta e viene fatta passare rapidamente avanti e indietro fra i fili dell'ordito durante la tessitura.
[157] Cioè, le rondini nate durante l'estate, che affrontano per la prima volta il viaggio di migrazione.
[158] Dell'Africa settentrionale (cfr. v. 396 « oltre Marocco... »).
[159] È ripresa di alcuni versi di Jammes, dall'*Elégie dixième* (ne *Le Deuil des Primevères*), vv. 81-84: « Dis-moi, disons adieu à nos âmes chéries, / comme aux temps anciens où pour les grands voyages / des mouchoirs s'agitaient sur des faces flétries / entre les peupliers des routes des villages ». Nella lettera del 12 luglio 1908 alla Guglielminetti è conservata una redazione ancor più vicina al testo di Jammes: « E giunse l'ora del commiato alfine. / E fu il commiato d'altri tempi, quando / le amate in bande lisce e in crinoline, / fra i pioppi d'un giardino venerando, / singhiozzavano piano, salutando / diligenze che andavano al confine ».
[160] Con i capelli lisci, divisi in due bande ai lati del volto. Per « crinoline » cfr. *La bella del re*, v. 16.
[161] Il « confine » sarà quello di un esilio imposto da ragioni politiche: si ricordi che siamo in età romantica, quindi risorgimentale.

>   M'apparisti cosí come in un cantico
> 430 del Prati,[162] lacrimante l'abbandono
>   per l'isole perdute nell'Atlantico;
>   ed io fui l'uomo d'altri tempi,[163] un buono
>   sentimentale giovine romantico...
>
>   Quello che fingo d'essere e non sono![164]

---

[162] Il Prati, qui come ne *L'amica di nonna Speranza*, v. 46, è citato dal Gozzano come il tipico rappresentante della piú sentimentale poesia del romanticismo italiano.

[163] Nell'*Elégie huitième* de *Le Deuil des Primevères* Jammes si era definito « le jeune homme des temps anciens que je suis » (v. 23).

[164] Cioè, Gozzano si riconosce pur sempre l'« esteta gelido », il « sofista ».

L'amica di nonna Speranza[1]

> 28 giugno 1850
> « ... alla sua Speranza
> la sua Carlotta... »
> (dall'album: dedica d'una fotografia)

I

Loreto[2] impagliato ed il busto d'Alfieri, di Napoleone
i fiori in cornice (le buone cose di pessimo gusto),[3]

il caminetto un po' tetro, le scatole senza confetti,
i frutti di marmo protetti dalle campane di vetro,

5   un qualche raro balocco, gli scrigni fatti di valve,[4]
gli oggetti col monito *salve*, *ricordo*, le noci di cocco,

Venezia ritratta a musaici,[5] gli acquarelli un po' scialbi,
le stampe, i cofani, gli albi dipinti d'anemoni arcaici,

le tele di Massimo d'Azeglio,[6] le miniature,
10 i dagherottipi:[7] figure sognanti in perplessità,

---

[1] Già pubblicato ne *La via del rifugio*, ritorna qui con varianti.
[2] Loreto vale pappagallo, in quanto è nome comunemente dato ai pappagalli.
[3] L'inciso è divenuto presso che proverbiale per indicare gli oggetti dell'arredamento borghese.
[4] Gusci di conchiglie.
[5] È la forma consueta in Gozzano (per « mosaici »), sia in verso sia in prosa.
[6] Tipico pittore romantico di paesaggi solitari, malinconici, oltre che uomo politico e scrittore (1798-1866).
[7] Cfr. *I sonetti del ritorno*, II, 8.

il gran lampadario vetusto[8] che pende a mezzo il salone
e immilla[9] nel quarzo[10] le buone cose di pessimo gusto,

il cùcu[11] dell'ore che canta, le sedie parate a damasco
chèrmisi...[12] rinasco, rinasco del mille ottocento
[cinquanta!

II

15 I fratellini alla sala quest'oggi non possono accedere
che cauti (hanno tolte le federe ai mobili. È giorno di
[gala).[13]

Ma quelli v'irrompono in frotta È giunta, è giunta in
[vacanza
la grande sorella Speranza con la compagna Carlotta!

Ha diciassett'anni la Nonna! Carlotta quasi lo stesso:
20 da poco hanno avuto il permesso d'aggiungere un
[cerchio alla gonna,

il cerchio ampissimo increspa la gonna a rose turchine.
Piú snella da la crinoline emerge la vita di vespa.

Entrambe hanno uno scialle ad arance a fiori a uccelli a
[ghirlande;

---

[8] Antico.
[9] Moltiplica all'infinito (propriamente: « a migliaia »). È verbo di origine dantesca *Par.*, XXVIII, 93: « L'incendio suo seguiva ogni scintilla; / ed eran tante che 'l numero loro / piú che 'l doppiar de li scacchi s'immilla ». Ma già era stato ripreso dal Pascoli, *Cuore e cielo* (in *Myricae*), v. 1: « Nel cuor dove ogni vision s'immilla »; *L'antica madre*, v. 15: « Italia, il tuo nome, ch'è grido / di nembo che scuote le cime! / che vola e s'immilla! »; *La Porta Santa* (in *Odi e inni*), v. 42: « Vecchio che in noi t'immilli »; e anche da D'Annunzio, *Laus vitae*, v. 2441: « Il gesto del paziente / ilota... / s'immilla ne' ferrei bracci / nelle ruote dentate »; e *Il vento scrive* (in *Alcyone*, fra i *Madrigali dell'estate*), v. 8: « E par che nell'immenso arido viso / della piaggia s'immilli il tuo sorriso ».
[10] Nelle gocce e nei pendenti di cristallo di quarzo.
[11] Il Gozzano scrive « cùcu » per ragioni ritmiche.
[12] Foderate di damasco rosso vivo (la forma « chermisi » è, fra gli altri, in Manzoni, *Promessi Sposi*, cap. 7).
[13] Giorno solenne, di festa.

divisi i capelli in due bande[14] scendenti a mezzo le
[guancie.[15]

25 Han fatto l'esame piú egregio[16] di tutta la classe. Che
[affanno
passato terribile! Hanno lasciato per sempre il collegio.[17]

Silenzio, bambini! Le amiche – bambini, fate pian
[piano! –
le amiche provano al piano un fascio di musiche antiche.

Motivi un poco artefatti[18] nel secentismo fronzuto[19]
30 di Arcangelo del Leúto e d'Alessandro Scarlatti.[20]

Innamorati dispersi,[21] gementi[22] il *core* e l'*augello*,
languori del Giordanello[23] in dolci bruttissimi versi:

. . . .
... caro mio ben
credimi almen!
senza di te
languisce il cor!
Il tuo fedel
sospira ognor,
cessa crudel
tanto rigor!
. . . .

---

[14] Cfr. *Signorina Felicita*, v. 425.
[15] Nella prima redazione seguiva il seguente distico: « Son giunte da Mantova senza stanchezza al Lago Maggiore / sebbene quattordici ore viaggiassero in diligenza ».
[16] Migliore.
[17] Nella prima redazione seguiva il seguente distico: « O Belgirate tranquilla! La sala dà sul giardino: / fra i tronchi diritti scintilla lo specchio del Lago turchino ». Il Gozzano, insomma, ha eliminato dal testo ogni riferimento geografico preciso.
[18] Artificiosi.
[19] Ridondante.
[20] Rispettivamente, Arcangelo Corelli (1653-1713) e Alessandro Scarlatti (1660-1725). È curioso questo giudizio restrittivo del Gozzano intorno alla grande musica fra barocco e primo settecento.
[21] Allontanati l'uno dall'altro.
[22] Che cantano gemendo. Si noti l'uso transitivo di « gemere », che sottolinea l'inutilizzabilità del lessico di quei « dolci bruttissimi versi », ormai confinati nel melodramma (cfr. *Il commesso farmacista*, vv. 45-46). Sono altre manifestazioni del « pessimo gusto » del v. 2.
[23] È il musicista napoletano Giuseppe Giordani, detto il Giordanello (1744-1798). « Languori » vale: motivi, musiche languide, sdolcinate.

Carlotta canta. Speranza suona. Dolce e fiorita
si schiude alla breve romanza di mille promesse[24] la vita.

O musica! Lieve sussurro! E già nell'animo ascoso[25]
d'ognuna sorride lo sposo promesso: il Principe
[Azzurro,
45 lo sposo dei sogni sognati... O margherite in collegio
sfogliate per sortilegio[26] sui teneri versi del Prati![27]

III

Giungeva lo Zio, signore virtuoso, di molto riguardo,
ligio al passato,[28] al Lombardo-Veneto, all'Imperatore;[29]

giungeva la Zia, ben degna consorte, molto dabbene,
50 ligia al passato, sebbene amante del Re di Sardegna...[30]

« Baciate la mano alli Zii! » – dicevano il Babbo e la
[Mamma,
e alzavano il volto di fiamma ai piccolini restii.

« E questa è l'amica in vacanza: madamigella Carlotta
Capenna: l'alunna più dotta, l'amica più cara a
[Speranza ».

55 « Ma bene... ma bene... ma bene... » – diceva gesuitico
[e tardo[31]
lo Zio di molto riguardo – « ma bene... ma bene... ma
[bene...

---

[24] Dipende da « fiorita »; « alla breve romanza »: sull'onda della breve romanza.
[25] Nel profondo dell'animo.
[26] Allusione al gioco (« per sortilegio »: tirando le sorti, affidandosi alla sorte) degli innamorati che sfogliano una margherita per ricavarne il responso (« m'ama... non m'ama ») sull'essere o no ricambiato il loro amore.
[27] Cfr. *Signorina Felicita*, v. 430.
[28] Cioè, conservatore, reazionario.
[29] D'Austria.
[30] Vittorio Emanuele II, succeduto da appena un anno a Carlo Alberto.
[31] Ipocrita e poco sveglio di mente (come dimostrano le ripetizioni da cui è costituito il suo dialogo: cfr. vv. 56, 57, 58).

Capenna? Conobbi un Arturo Capenna... Capenna...
[Capenna...
Sicuro! Alla Corte di Vienna! Sicuro... sicuro...
[sicuro... »

« Gradiscono un po' di moscato?[32] » « Signora Sorella
[magari... »
60 E con un sorriso pacato sedevano in bei conversari.

« ... ma la Brambilla[33] non seppe... » – È pingue già per
[l'*Ernani*...[34]
« La Scala non ha piú soprani... » – « Che vena quel
[Verdi... Giuseppe »
« ... nel Marzo avremo un lavoro alla Fenice, m'han
[detto,
nuovissimo: il *Rigoletto*.[35] Si parla d'un capolavoro ».

65 « ... Azzurri si portano o grigi? » – « E questi orecchini?
[Che bei
rubini! E questi cammei... » – « la gran novità di
[Parigi... »

« ... Radetzky?[36] Ma che? L'armistizio...[37] la pace, la
[pace che regna »
« ... quel giovine[38] Re di Sardegna è uomo di molto
[giudizio! »

« È certo uno spirito insonne, e forte e vigile e
[scaltro... »
70 « È bello? » – « Non bello: tutt'altro ». – « Gli
[piacciono molto le donne... »

[32] Nella prima redazione: « marsala ». Poi fu fatto osservare al Gozzano l'anacronismo, in quanto il marsala non era, nel 1850, ancora conosciuto in Piemonte (tale divenne dopo l'annessione della Sicilia, nel 1860), e il poeta corresse in « moscato » (il vino dolce dell'Astigiano).
[33] Il soprano Teresa Brambilla (1810-1859), che nel 1850 si ritirò dalle scene.
[34] L'*Ernani* fu rappresentato per la prima volta alla Fenice di Venezia nel 1844.
[35] Il *Rigoletto* fu rappresentato, sempre alla Fenice, l'11 marzo 1851.
[36] Il grande generale austriaco (1766-1858), vincitore della guerra nel 1848-49 contro il Piemonte.
[37] L'armistizio di Vignale e la pace di Milano, che misero fine alla guerra del 1849.
[38] Vittorio Emanuele II era nato nel 1820.

« Speranza! » (chinavansi piano, in tono un po'
[sibillino)³⁹
« Carlotta! Scendete in giardino: andate a giocare al
[volano! »⁴⁰

Allora le amiche serene lasciavano con un perfetto
inchino di molto rispetto gli Zii molto dabbene.

IV

75 Oimè! che giocando un volano, troppo respinto
[all'assalto,⁴¹
non piú ridiscese dall'alto dei rami d'un ippocastano!

S'inchinano sui balaustri,⁴² le amiche e guardano il lago
sognando l'amore presago nei loro bei sogni trilustri.⁴³

« Ah! se tu vedessi che bei denti! » – « Quant'anni?... »
[– « Ventotto ».
80 « Poeta? » – « Frequenta il salotto della contessa
[Maffei! »⁴⁴

Non vuole morire, non langue il giorno. S'accende piú
[ancora
di porpora: come un'aurora stigmatizzata⁴⁵ di sangue;

---

³⁹ Misterioso.
⁴⁰ Il volano era un gioco simile all'odierno tennis, che si giocava da due giocatori forniti di racchette, con una mezza palla di sughero, che portava infisse nella faccia tronca una corona di penne.
⁴¹ Nel rimando. « Volano » si chiama anche la stessa palla del gioco.
⁴² Cfr. *La medicina*, v. 3.
⁴³ Di quindicenni. Il termine è di derivazione petrarchesca, *Rime*, CXLV, 14: « continuando il mio sospir trilustre ».
⁴⁴ È il famoso salotto milanese della contessa Clara Carrara Spinelli (1814-1886), moglie del poeta Andrea Maffei (1798-1885), che fu luogo di discussioni politiche e letterarie, improntate, quest'ultime, a un acceso romanticismo.
⁴⁵ Segnata da ferite (propriamente « stigmate », cioè le piaghe di Cristo nelle mani, nei piedi e nel costato) sanguinanti: cioè, con striature rossovivo. L'aggettivo è stato identificato come d'origine baudelairiana, *Femmes damnées*, *Delphine et Hyppolite* (nelle *Fleurs du Mal*), v.'72: « tu me rapporteras tes seins stigmatisés ».

si spenge infine, ma lento. I monti s'abbrunano in
[coro:⁴⁶
il Sole si sveste dell'oro, la Luna si veste d'argento.

85 Romantica Luna fra un nimbo⁴⁷ leggiero, che baci le
[chiome
dei pioppi, arcata siccome un sopracciglio di bimbo,⁴⁸

il sogno di tutto un passato nella tua curva s'accampa: ⁴⁹
non sorta sei da una stampa del *Novelliere Illustrato*?⁵⁰

Vedesti le case deserte di Parisina la bella?⁵¹
90 Non forse non forse sei quella amata dal giovine
[Werther?⁵²

« ... mah! Sogni di là da venire! » – « Il Lago s'è fatto
[piú denso⁵³
di stelle » – « ... che pensi? » – « Non penso. » – « ... Ti
[piacerebbe morire? »

« Sí! » – « Pare che il cielo riveli piú stelle nell'acqua e
[piú lustri.⁵⁴
Inchínati sui balaustri: sogniamo cosí, tra due cieli... »

95 « Son come sospesa! Mi libro nell'alto... » – « Conosce
[Mazzini... »
– « E l'ami?... » – « Che versi divini! » – « Fu lui a
[donarmi quel libro,

---

⁴⁶ Tutti insieme.
⁴⁷ Aureola.
⁴⁸ È una similitudine di gusto dannunziano, *Lungo l'Affrico* (in *Alcyone*), vv. 11-12: « Nascente Luna, in cielo esigua come / il sopracciglio de la giovinetta ». « Arcata »: a forma d'arco (perché è all'inizio della fase).
⁴⁹ Non senza la memoria del *Canto Novo* dannunziano: *O falce di luna calante*. (« O falce d'argento, qual messe di sogni / ondeggia al tuo mite chiarore qua giú! »).
⁵⁰ Rivista di narrativa popolare.
⁵¹ Allusione al poemetto *Parisina* (1816) di Byron, ricordato, del resto, dal Gozzano, insieme col *Don Giovanni*, ne *Il viale delle statue*, vv. 105-106. Parisina fu la giovane moglie di Niccolò III d'Este, fatta decapitare per incesto con il figliastro Ugo nel 1425. Anche D'Annunzio le dedicò una tragedia.
⁵² Allusione alla protagonista Carlotta del romanzo di Goethe *I dolori del giovane Werther* (1774).
⁵³ Fitto: perché le stelle vi si specchiano.
⁵⁴ Luci, splendori.

ricordi? che narra siccome, amando senza fortuna,
un tale si uccida per una, per una che aveva il mio
[nome ».⁵⁵

V

Carlotta! nome non fine, ma dolce che come l'essenze⁵⁶
100 resusciti le diligenze, lo scialle, la crinoline...

Amica di Nonna, conosco le aiole per ove leggesti
i casi di Jacopo mesti nel tenero libro del Foscolo.⁵⁷

Ti fisso nell'albo con tanta tristezza, ov'è di tuo pugno
la data: *ventotto di giugno del mille ottocentocinquanta.*

105 Stai come rapita in un cantico:⁵⁸ lo sguardo al cielo
[profondo
e l'indice al labbro, secondo l'atteggiamento romantico.

Quel giorno – malinconia – vestivi un abito rosa,
per farti – novissima cosa! – ritrarre in *fotografia*...⁵⁹

Ma te non rivedo nel fiore,⁶⁰ amica di Nonna! Ove sei
110 o sola che, forse, potrei amare, amare d'amore?

⁵⁵ Il romanzo, appunto, di Goethe (la cui protagonista, come già ha allusivamente significato nel v. 90, ha lo stesso nome dell'amica di nonna Speranza).
⁵⁶ I profumi.
⁵⁷ Il Gozzano confonde volutamente il romanzo goethiano con quello del Foscolo (*Le ultime lettere di Jacopo Ortis*), che hanno in comune l'amore infelice e il suicidio del protagonista (ma la donna amata da Jacopo si chiama Teresa, non Carlotta). L'aggettivo « tenero » (cioè: patetico, sentimentale) per il romanzo foscoliano appartiene all'intenzione gozzaniana di creare l'atmosfera romantica del 1850.
⁵⁸ Che sarà del Prati, come si può ricavare dal v 46 e da *Signorina Felicita*, vv. 429-430.
⁵⁹ In corsivo, poiché nel 1850, si trattava di una novità e di un neologismo.
⁶⁰ Della giovinezza.

Cocotte[1]

I

Ho rivisto il giardino, il giardinetto
contiguo, le palme del viale,
la cancellata rozza dalla quale
mi protese la mano ed il confetto...[2]

II

5 « Piccolino, che fai solo soletto? »
« Sto giocando al Diluvio Universale ».

Accennai gli stromenti,[3] le bizzarre
cose che modellavo nella sabbia,
ed ella si chinò come chi abbia
10 fretta d'un bacio e fretta di ritrarre
la bocca, e mi baciò di tra le sbarre
come si bacia un uccellino in gabbia.

---

[1] Fu pubblicata su « La Lettura » del giugno 1909 con il titolo *Il richiamo*. Il primo abbozzo è contenuto nella lettera alla Guglielminetti da San Giuliano d'Albaro del 23 dicembre 1907: « Ho abbozzato una poesia, in endecasillabi e sestine; la poesia è bella, i versi sono brutti. È un richiamo d'una *cocotte* che conobbi a Cornigliano Ligure, quasi vent'anni fa (del 1889: avevo cinque anni!). Era nostra vicina di casa, perché affittava pei bagni la metà della villa che si affittava a noi. Ma il giardino nostro e il suo erano divisi da una cancellata: e fu attraverso le sbarre che mi abbracciò qualche volta, dicendomi: *"Mon petit chéri!"* con un sorriso che ricordo ancora, un sorriso dove piangeva tutta la nostalgia della sua maternità insoddisfatta. Poi i miei se ne avvidero, ne parlarono a tavola, sentii da mia madre la parola *cocotte*... Da quell'anno non ho più rivista la mia amica francese, la cattiva Signorina. Ho rivisto Cornigliano invece, la settimana scorsa, e il giardino di vent'anni prima e ho sentito un gran bisogno di lei ».
[2] Questi primi versi, nella prima stampa, sono posposti ai vv. 25-27.
[3] Nella prima stampa: « la secchietta ».

Sempre ch'io viva rivedrò l'incanto
di quel suo volto tra le sbarre quadre!
15 La nuca mi serrò con mani ladre;[4]
ed io stupivo di vedermi accanto,
al viso, quella bocca tanto, tanto
diversa dalla bocca di mia Madre!

« Piccolino, ti piaccio che mi guardi?
20 Sei qui pei bagni? Ed affittate là? »
« Sí... vedi la mia Mamma e il mio Papà? »
Subito mi lasciò, con negli sguardi
un vano sogno (ricordai piú tardi)
un vano sogno di maternità...

25 « Una cocotte!... »[5]
         « Che vuol dire, mammina? »
« Vuol dire una cattiva signorina:[6]
non bisogna parlare alla vicina! »
Co-co-tte... La strana voce parigina
dava alla mia fantasia bambina
30 un senso buffo d'ovo e di gallina...[7]

Pensavo deità favoleggiate:
i naviganti e l'Isole Felici...
Co-co-tte... le fate intese a malefici
con cibi e con bevande affatturate...[8]
35 Fate saranno, chi sa quali fate,
e in chi sa quali tenebrosi offici![9]

---

[4] Perché afferrano il bambino come se volessero rubarlo ai veri genitori.
[5] Nella prima stesura della lettera alla Guglielminetti, la poesia ha inizio con i vv. 25-30 (e, nella prima stampa, i vv. 25-27 formano la prima sezione). Il Gozzano considera, metricamente, bisillaba la parola « cocotte », secondo la pronuncia francese.
[6] La « cattiva signorina » è l'antitesi della Signorina Felicita, in apparenza: in realtà, le due figure finiscono a identificarsi, come quelle di Carlotta e di Graziella, nel « sogno » (cfr. vv. 63-78).
[7] L'associazione di « cocotte » con « cocco », « coccodè », è, del resto, giustificata dal significato proprio della parola francese: « gallina » (soprattutto nel linguaggio infantile).
[8] Si può pensare ad associazioni con Circe, con Calipso, dato l'accenno ai « naviganti » (Ulisse?) e ai « malefici » compiuti con cibi e con bevande in cui sono state poste sostanze magiche (« affatturate »). Ma è piú probabile che si tratti di confuse impressioni fiabesche, non identificabili.
[9] Occupazioni.

III

Un giorno – giorni dopo – mi chiamò[10]
tra le sbarre fiorite di verbene:
« O piccolino, non mi vuoi piú bene!... »
40 « È vero che tu sei una cocotte? »
Perdutamente rise... E mi baciò
con le pupille di tristezza piene.[11]

IV

Tra le gioie defunte e i disinganni,[12]
dopo vent'anni, oggi si ravviva
45 il tuo sorriso... Dove sei, cattiva
Signorina? Sei viva? Come inganni
(meglio per te non essere piú viva!)
la discesa terribile degli anni?

Oimè! Da che non giova il tuo belletto[13]
50 e il cosmetico già fa mala prova[14]
l'ultimo amante disertò l'alcova...
Uno, sol uno: il piccolo folletto
che donasti d'un bacio e d'un confetto,
dopo vent'anni, oggi, ti ritrova[15]

55 in sogno, e t'ama, in sogno, e dice: T'amo!
Da quel mattino dell'infanzia pura
forse ho amato te sola, o creatura!
Forse ho amato te sola! E ti richiamo!
Se leggi questi versi di richiamo
60 ritorna a chi t'aspetta, o creatura!

[10] Nella prima stesura: « m'abbracciò / fra ».
[11] Nella prima stesura: « Le petit gamin! Mon Dieu! C'est rigolo! ».
[12] Nella prima stesura: « Dopo vent'anni, dove sei, cattiva / Signorina? Sei viva? E se sei viva / come inganni il tramonto, come inganni / la mortale tristezza dell'attesa, / o cortigiana sulla quale pesa / già l'arco inesorabile degli anni? ».
[13] Nella prima stesura: « Poi che il veleno già fé mala prova / né rese al capo il bel color di miele ».
[14] Cfr. Dante, *Par.*, VIII, 141: « Sempre natura, se fortuna trova / discorde a sé, com'ogni altra semente / fuor di sua region, fa mala prova ».
[15] Nella prima stesura: « ti restò fedele » (e manca la sestina seguente).

Vieni.[16] Che importa se non sei piú quella
che mi baciò quattrenne? Oggi t'agogno,
o vestita di tempo![17] Oggi ho bisogno
del tuo passato! Ti rifarò bella
65 come Carlotta, come Graziella,[18]
come tutte le donne del mio sogno!

Il mio sogno[19] è nutrito d'abbandono,
di rimpianto. Non amo che le rose
che non colsi. Non amo che le cose
70 che potevano essere e non sono
state...[20] Vedo la casa, ecco le rose
del bel giardino di vent'anni or sono!

Oltre le sbarre il tuo giardino intatto[21]
fra gli eucalipti liguri si spazia...
75 Vieni! T'accoglierà l'anima sazia.[22]
Fa' ch'io riveda il tuo volto disfatto;
ti bacierò; rifiorirà, nell'atto,
sulla tua bocca l'ultima tua grazia.[23]

---

[16] Nella prima stesura: « Dovunque ora tu sia, o creatura / pellegrina, ritorna! Oggi ho bisogno / di te! Che importa se non sei piú bella? / Ti vedrò bella, ti rifarò pura ».

[17] Come la Morte è « vestita di nulla », cosí Cocotte, che appartiene al passato, è « vestita di tempo », cioè ha addosso tutti gli anni trascorsi, la vecchiaia ormai sopraggiunta.

[18] L'« amica di nonna Speranza » e la ragazza sportiva de *Le due strade*.

[19] Nella prima stesura: « Il mio sogno non ama che le rose / che non raccolsi, non ama che le cose / che non potevano essere e non sono / state: l'Inganno che somiglia al Vero... / O velata di tempo e di mistero / questa è l'ora dell'ultimo abbandono » (e manca la sestina seguente).

[20] L'espressione è ricavata da due versi del poeta fiammingo Georges Raymond Costantin Rodenbach, *Du silence*, ne *Le Règne du Silence* (1891), XI, vv. 6-7: « Ames à qui le bruit fait mal, dont l'amour n'aime / que ce qui pouvait être et n'aura pas été », che il Gozzano ricopia nell'*Albo dell'officina*, significativamente mutandoli: « Mon amour n'aime que ce qui pouvait être et n'aura pas été ».

[21] Immutato (come il Gozzano dice nella lettera alla Guglielminetti citata all'inizio).

[22] Stanca di piaceri, di avventure.

[23] Bellezza.

Vieni! Sarà come se a me, per mano,
80 tu riportassi[24] me stesso d'allora.
Il bimbo parlerà con la Signora.
Risorgeremo dal tempo lontano.
Vieni! Sarà come se a te, per mano,
io riportassi te, giovine ancora.

---

[24] Nella prima stesura: « tu riportassi il piccolo folletto / che donasti d'un bacio e d'un confetto! / Vieni! Sarà come se a te, per mano, / io riportassi la bella signora, / la giovinezza, te stessa d'allora. // Risorgeremo dal tempo lontano! / Non apporre alle guancie il tuo belletto! / Per quel pallore stanco oggi ti chiamo, / per quel pallore stanco io t'amo, t'amo. / Ti raggiunga il mio canto di richiamo / e ti conduca! Sono qui... T'aspetto! ».

III
Il reduce

Totò Merùmeni[1]

I

Col suo giardino incolto,[2] le sale vaste, i bei
balconi secentisti[3] guarniti di verzura,
la villa sembra tolta da certi versi miei,[4]
sembra la villa-tipo,[5] del Libro di Lettura...[6]

5 Pensa migliori giorni la villa triste, pensa
gaie brigate sotto gli alberi centenari,
banchetti illustri nella sala da pranzo immensa
e danze nel salone spoglio[7] da gli antiquari.
Ma dove in altri tempi giungeva Casa Ansaldo,
10 Casa Rattazzi, Casa d'Azeglio, Casa Oddone,[8]

---

[1] Fu stampato per la prima volta ne «La Tribuna Romana» del 22 febbraio 1911 e ristampato sulla «Riviera ligure» dell'aprile 1911. Il titolo è quello, ironicamente deformato, di una commedia del poeta latino Terenzio, *Heautontimorumenos*, che è trascrizione del greco Ἐαυτοντιμωρούμενος, e significa «punitore di se stesso»; ma il riferimento piú vicino è a una poesia di Baudelaire, *L'Héautontimorouménos*, delle *Fleurs du mal*.

[2] Il giardino è «incolto», ma non degradato, come quello imborghesito di Villa Amarena, dalla presenza dei «legumi produttivi».

[3] Come quelli del I dei *Sonetti del ritorno* e di Villa Amarena.

[4] Cfr. le note precedenti.

[5] È il primo uso letterario di questa forma appositiva, tipica dei cataloghi pubblicitari.

[6] A indicare il carattere stereotipo.

[7] Spogliato (è la forma senza desinenza del participio passato, tipica del toscano).

[8] Sono le famiglie che frequentavano la villa del nonno di Gozzano (cfr. i *Sonetti del ritorno*). *Casa Ansaldo*: la famiglia genovese a cui appartiene Giovanni, fondatore dell'industria che da lui prese il nome; *Casa Rattazzi*: la famiglia di Urbano (1808-1872), primo ministro nel 1862 e nel 1868; *Casa d'Azeglio*: la famiglia di Massimo (1798-1866), pittore scrittore e uomo politico, primo ministro nel 1849-1852; *Casa Oddone*: famiglia nobile torinese a cui appartiene Giovanni (1825-1911), avvocato, deputato, infine senatore, autore anche di poesie giocose e di schizzi umoristici.

s'arresta un'automobile fremendo e sobbalzando,
villosi[9] forestieri picchiano la gorgòne.[10]

S'ode un latrato e un passo, si schiude cautamente
la porta... In quel silenzio di chiostro e di caserma
15 vive[11] Totò Merùmeni con una madre inferma,
una prozia canuta ed uno zio demente.

II

Totò ha venticinque anni, tempra sdegnosa,
molta cultura e gusto in opere d'inchiostro,[12]
scarso cervello, scarsa morale, spaventosa
20 chiaroveggenza: è il vero figlio del tempo nostro.[13]

Non ricco, giunta l'ora di « vender parolette »[14]
(il suo Petrarca!...) e farsi baratto[15] o gazzettiere,[16]
Totò scelse l'esilio. E in libertà riflette
ai suoi trascorsi che sarà bello tacere,[17]

---

[9] Piú che alla pelliccia che, sportivamente, in quanto guidatori dell'automobile, portino i forestieri, l'aggettivo fa pensare ad antiquari o, comunque, a commercianti dall'aspetto fisico volgare.
[10] Il battaglio della porta, che riproduce il volto di Medusa (la « Gorgone » per antonomasia).
[11] Cfr. Un'altra risorta, vv. 23-24. Il poeta vive fuori della normalità borghese, in compagnia della malattia, della vecchiaia e della follia.
[12] È sintagma ariostesco, da Orl. fur., I, 3 (in rima con « secol nostro »).
[13] Pare il tipico ritratto dell'uomo secondo il modello che ne elabora Nietzsche: ma è un ritratto che, subito dopo, si rivolta nell'opposto, in quanto il rifiuto della ragione e della morale tradizionale e la lucidità intellettuale sono, per Totò Merùmeni, la parte distruttiva necessaria a che sorga la « fiorita d'esili versi consolatori », cioè la poesia nuova.
[14] È, come denuncia questa volta apertamente la parentesi del verso successivo, una citazione dal Petrarca, Rime, CCCLX, 81: « Questi in sua prima età fu dato a l'arte / di vender parolette, anzi menzogne ». Il Petrarca allude all'avvocatura: e si ricordi, allora, che il Gozzano studiò da avvocato (e avvocato è chiamato sia ne Le due strade sia nella Signorina Felicita).
[15] Barattiere (cioè, chi trae illeciti profitti dai pubblici uffici).
[16] Giornalista (con intenzione spregiativa).
[17] Cfr. Dante, Inf., IV, 104: « parlando cose che 'l tacere è bello » (ma anche Rime, CIV, 28: « la vide in parte che il tacere è bello »). La scelta dell'esilio e della libertà dal mondo borghese e dalle esigenze economiche che esso impone sono il segno della protesta solitaria di Totò.

25 Non è cattivo. Manda soccorso di danaro
   al povero, all'amico un cesto di primizie;
   non è cattivo. A lui ricorre lo scolaro
   pel tema, l'emigrante per le commendatizie.[18]

   Gelido,[19] consapevole di sé e dei suoi torti,
30 non è cattivo. È il *buono* che derideva[20] il Nietzsche
   « ... in verità derido l'inetto che si dice
   buono, perché non ha l'ugne abbastanza forti... »[21]

   Dopo lo studio grave,[22] scende in giardino, gioca
   coi suoi dolci compagni sull'erba che l'invita;
35 i suoi compagni sono: una ghiandaia rôca,
   un micio, una bertuccia[23] che ha nome Makakita...

III

   La Vita si ritolse tutte le sue promesse.
   Egli sognò per anni l'Amore che non venne,
   sognò pel suo martirio[24] attrici e principesse
40 ed oggi ha per amante la cuoca diciottenne.[25]

   Quando la casa dorme, la giovinetta scalza,
   fresca come una prugna al gelo mattutino,[26]

---

[18] Lettere di presentazione e di raccomandazione.
[19] Cfr. *Signorina Felicita*, v." 321: « l'esteta gelido ».
[20] È questa la lezione esatta, secondo il testo della « Riviera ligure », come ha dimostrato Antonicelli, correggendo l'erroneo « desidera », passato in tutte le stampe successive.
[21] La citazione deriva dal capitolo *Intorno ai sublimi* di *Cosí parlò Zarathustra*.
[22] Serio.
[23] Scimmietta grigio-giallognola, con testa tondeggiante. I soli compagni dell'« esilio » di Totò sono un uccello, un gatto e una scimmia, con un rifiuto radicale di ogni contatto con una società che si è degradata ormai in modo irrimediabile (cfr. vv. 1-8). Makakita ritorna nella poesia *In casa del sopravvissuto*, vv. 19-20.
[24] Per il suo tormento, perché non le ebbe mai.
[25] Anche nei suoi amori Totò si pone fuori di tutte le convenzioni: la cuoca minorenne, che per di piú, egli possiede in una posizione « irregolare », non canonica (cfr. vv. 43-44).
[26] È un'immagine ripresa da Jammes, *Prière pour avoir une femme simple* (ne *Le Deuil des Primevères*), vv. 6-7: « que sa chair soit plus lisse et plus tiède et dorée / que la prune qui dort au déclin de l'été ».

giunge nella sua stanza, lo bacia in bocca, balza
su lui che la possiede, beato e resupino...

IV

45 Totò non può sentire.[27] Un lento male indomo[28]
inaridí le fonti prime[29] del sentimento;
l'analisi e il sofisma[30] fecero di quest'uomo
ciò che le fiamme fanno d'un edificio al vento.

Ma come le ruine che già seppero[31] il fuoco
50 esprimono i giaggioli[32] dai bei vividi fiori,
quell'anima riarsa esprime a poco a poco
una fiorita d'esili versi consolatori...[33]

V

Cosí Totò Merùmeni, dopo tristi vicende,
quasi è felice. Alterna l'indagine[34] e la rima.
55 Chiuso in se stesso, medita, s'accresce, esplora, intende
la vita dello Spirito[35] che non intese prima.

---

[27] Provare sentimenti.
[28] Incurabile.
[29] Primigenie, originarie (cioè, il cuore).
[30] Cfr. *Signorina Felicita*, v. 321.
[31] Conobbero.
[32] I fiori dell'Iris, azzurro-violacei.
[33] Il tema dei « fiori del deserto » è tipicamente leopardiano (*La Ginestra*): e verrà, poi, ripreso esemplarmente da Montale (cfr. *Iride*, ne *La bufera*); e, come qui, è strettamente connesso con l'idea della poesia che non nasce dalla piena del sentimento, ma piuttosto dall'aridità sentimentale, dall'« anima riarsa » (cfr. ancora Montale, *L'anguilla*, sempre ne *La bufera*).
[34] Filosofica: cfr. *I colloqui*, v. 35.
[35] Cfr. *Una risorta*, v. 72, e *Pioggia d'agosto*. Ma si veda anche la lettera del 22 ottobre 1910 da Agliè al direttore del « Momento »: « Oggi credo nello spirito, sento, intendo in me la vita dello spirito. Da quella troppo bene accolta *Via del rifugio*, peccante qua e là di ingenuo materialismo, la mia fede si è elevata in questi *Colloqui* a speculazioni piú pure e piú consolanti. Non so se sia questa la mia via di Damasco, né se mi porti in avvenire ad una fede dogmatica, ma sento che è questa la via della salute ».

>   Perché la voce è poca, e l'arte prediletta
>   immensa,[36] perché il Tempo – mentre ch'io parlo! – va,[37]
>   Totò opra in disparte, sorride, e meglio aspetta.
> 60 E vive. Un giorno è nato. Un giorno morirà.[38]

---

[36] È il proverbio, di origine ippocratea, «ars longa, vita brevis».
[37] Adattamento del petrarchesco «ora, mentre ch'io parlo, il tempo fugge» (*Rime*, LVI, 3).
[38] È immagine ripresa da Jammes, *Il s'occupe* (in *De l'Angélus de l'aube à l'Angélus du soir*), v. 33: «Il est né un jour. Un autre jour il mourra». Nella stessa poesia, che è pure una sorta di autoritratto, si legge inoltre: «Parfois on lui porte un acte notarié, / un paysan, pour savoir comment être payé. / Il nettoie son fusil et couche avec sa bonne» (vv. 7-9).

Una risorta[1]

I

« Chiesi di voi: nessuno
sa l'eremo profondo[2]
di questo morto al[3] mondo.
Son giunta! V'importuno? »

5 « No!... Sono un po' smarrito
per vanità: non oso
dirvi: Son vergognoso
del mio rude[4] vestito.

Trovate il buon compagno[5]
10 molto mutato, molto
rozzo, barbuto, incolto,
in giubba di fustagno!... »

« Oh! Guido! Tra di noi!
Pel mio dolce passato,

[1] Fu pubblicata per la prima volta su « La Lettura » del giugno 1910 con il titolo *Visitatrice*.
[2] Lontanissimo, remotissimo.
[3] Rispetto al. Per tutte queste espressioni, cfr. la lettera alla Guglielminetti da Bertesseno, Viú, del 13 luglio 1909: « Basta, sai che ho lasciato per una settimana il mio eremo e ho bighellonato nella valle fino a Balme? Forse trasporterò le tende in qualche paese della vallata; perché, inerpicato in questa solitudine, mi sento troppo spaventosamente morto al consorzio umano ».
[4] Rozzo. Nella lettera alla Guglielminetti del 9 dicembre 1907 da San Giuliano d'Albaro il Gozzano scrive: « Rabbrividisco al pensiero che voi potreste vedermi cosí. Voi che soffrite tanto delle cose volgari! Sono spettinato, barbuto, vestito d'una maglia rozza e di una giubba logora ».
[5] È ripreso intenzionalmente il titolo del sonetto dedicato, appunto, alla Guglielminetti.

15 in giubba o in isparato[6]
Voi siete sempre Voi... »

Muta, come chi pensa
casi remoti e vani,
mi strinse le due mani
20 con tenerezza immensa.

E in quella famigliare
mitezza di sorella[7]
forse intravidi quella
che avrei potuto amare.

II

25 « È come[8] un sonno blando,
un ben senza tripudio;[9]
leggo lavoro studio
ozio filosofando...

La mia vita è soave
30 oggi, senza perché;
levata s'è da me
non so qual cosa grave... »[10]

« Il Desiderio! Amico,
il Desiderio ucciso
35 vi dà questo sorriso
calmo di saggio antico...

Ah! Voi beato! Io
nel mio sogno errabondo[11]

---

[6] Lo sparato è la parte anteriore inamidata delle camicie maschili che si accompagnano con gli abiti da sera.
[7] È un termine che ricorre spesso nell'epistolario fra Gozzano e la Guglielminetti, soprattutto da parte di Guido nei confronti di Amalia (ma Amalia lo accetta: si veda la lettera del 24 marzo 1908: « Io ti sono compagna ora senza tremori e senza fremiti, sorella della tua anima »).
[8] Nella prima stampa mancano le prime cinque quartine della II sezione.
[9] Gioia rumorosa, eccesso di gioia.
[10] Cfr. Dante, *Purg.*, XII, 118-119: « Maestro, di', qual cosa greve / levata s'è da me...? ».
[11] Inquieto.

soffro di tutto il mondo
40 vasto che non è mio!

Ancor sogno un'aurora[12]
che gli occhi miei non videro;
desidero, desidero
terribilmente ancora!...»

45 Guardava i libri, i fiori,
la mia stanza modesta:
« È la tua stanza questa?
Dov'è che tu lavori? »

« Là, nel laboratorio
50 delle mie poche fedi... »
Passammo tra gli arredi
di quel mondo illusorio.[13]

Frusciò nella cornice[14]
severa la sottana,
55 passò quella mondana
grazia profanatrice...

« E questi sali gialli
in questo vetro nero? »
« Medito un gran mistero:
60 l'amore dei cristalli ».

« Amano?!... » – « A certi segni
pare. Già i saggi chini[15]
cancellano i confini,
uniscono i Tre Regni.[16]

65 Nel disco della lente
s'apre l'ignoto abisso,[17]

---

[12] Letteraria, ma anche filosofica e scientifica, come apparirà dai versi seguenti.
[13] Perché sono lontani la vita, il desiderio, l'amore.
[14] Della porta.
[15] Chini nello studio della natura: ma l'immagine evoca gli scienziati che studiano i fenomeni con il microscopio (cfr. i vv. 65-66).
[16] Animale, vegetale e minerale.
[17] Quello dell'infinitamente piccolo.

già sotto l'occhio fisso
la pietra vive, sente...

Cadono i dogmi e l'uso[18]
70 della Materia. In tutto
regna l'Essenza, in tutto
lo Spirito è diffuso... »

Mi stava ad ascoltare
con le due mani al mento
75 maschio, lo sguardo intento
tra il vasto arco cigliare,[19]

cosí svelta di forme
nella guaina rosa,[20]
la nera chioma ondosa[21]
80 chiusa nel casco[22] enorme.

« Ed in quell'urna appesa
con quella fitta rete? »
« Dormono cento quete
crisalidi in attesa... »

85 « Fammi vedere... Oh! Strane!
Son d'oro come bei

---

[18] I princìpi e la concezione usuale, comune. Tutta la quartina riprende motivi e sentenze antimaterialistiche e spiritualistiche (cfr. *Totò Merùmeni*, vv. 55-56).

[19] Si veda la lettera alla Guglielminetti dell'11 marzo 1909: « Resta rivolta verso la finestra, di profilo, con quel suo profilo *assiro*..., quel profilo dalla fronte breve, dal naso perfettamente arcuato, dal vasto arco cigliare, dal mento forte volontario! ».

[20] Lo stretto abito rosa, che fascia la donna come una guaina. Nella stessa lettera precedentemente citata: « Appare lo stelo della persona sottile nella nera guaina altocinta ».

[21] Il Sanguineti ricorda due modelli dannunziani: *Godoleva* (nell'*Intermezzo*), vv. 9-10: « Si torceva su l'ondosa / chioma ferina »; e *Il Fuoco*, I (*Prose di romanzi*, pag. 600): « Un giovane dalla bella chioma ondosa ».

[22] Cappello aderente, detto « enorme » perché ornato con piume, come appare da quanto il Gozzano scrive nella lettera alla Guglielminetti da San Giuliano d'Albaro del 10 giugno 1907: « Vi ho studiata molto. Non ho mai potuto capire, ad esempio, se, sotto i grandi caschi piumati, alla Rembrandt, che voi prediligete, i vostri capelli siano spartiti alla foggia antica o no; ma ho benissimo impresse le ondulature che hanno alla tempia e la mollezza con che si raccolgono in nodo, dietro la nuca ».

pendenti...[23] Ed io vorrei
foggiarmene collane!

Gemme di stile egizio
sembrano... » – « O gnomi od anche
mute regine stanche
sopite in malefizio... »[24]

« Le segui per vedere
lor fasi e lor costume? »
« Sí, medito un volume[25]
su queste prigioniere.

Le seguo d'ora in ora
con pazienza estrema;
dirò su questo tema
cose non dette ancora ».[26]

Chini su quelle vite
misteriose e belle,
ragionavamo delle
crisalidi sopite.

Ma come una sua ciocca
mi vellicò sul viso,
mi volsi d'improvviso
e le baciai la bocca.

Sentii l'urtare sordo
del cuore, e nei capelli
le gemme degli anelli,
l'ebbrezza del ricordo...

[23] Gioiello che si porta al collo, appeso a un nastro o a una catenella.
[24] Addormentate per una maledizione, per un sortilegio.
[25] Sono le « epistole entomologiche » *Le farfalle*, rimaste incompiute.
[26] Cfr. Ariosto, *Orl. fur.*, 1, 2: « Dirò... / cosa non detta in prosa mai né in rima ». Ma si ricordi anche la conclusione della dantesca *Vita nuova*: « Se piacere sarà di colui a cui tutte le cose vivono, che la mia vita duri per alquanti anni, io spero di dicer di lei quello che mai non fu detto d'alcuno ».

Vidi le nari fini
riseppi le sagaci[27]
115 labbra e commista ai baci
l'asprezza dei canini,[28]

e quel s'abbandonare,[29]
quel sogguardare blando,
simile a chi sognando
120 desidera sognare...[30]

---

[27] Esperte nel bacio.
[28] Nella lettera del Gozzano alla Guglielminetti da San Giuliano d'Albaro del 9 dicembre 1907 si legge: « E nel ritorno (orribile!) verso la mia casa, sentivo il sangue irrompermi nelle vene e percuotermi alla nuca come un maglio, e, col ritmo fragoroso dei vetri, risentivo sulla mia bocca la crudeltà dei vostri canini ».
[29] Abbandonarsi, concedersi.
[30] Reminiscenza di Dante, *Inf.*, XXX, 137: « Qual è colui che suo dannaggio sogna, / che, sognando, desidera sognare, / sí che quel ch'è, come non fosse, agogna ».

Un'altra risorta[1]

Solo, errando cosí come chi erra
senza meta, un po' triste, a passi stanchi,
udivo un passo frettoloso ai fianchi;
poi l'ombra apparve, e la conobbi in terra...
5 Tremante a guisa d'uom ch'aspetta guerra,[2]
mi volsi e vidi i suoi capelli: bianchi.[3]

Ma fu l'incontro mesto, e non amaro.
Proseguimmo tra l'oro delle acace
del Valentino,[4] camminando a paro.[5]
10 Ella parlava, tenera, loquace,
del passato, di sé, della sua pace,
del futuro, di me, del giorno chiaro.

« Che bel Novembre![6] È come una menzogna
primaverile! E lei, compagno inerte,[7]
15 se ne va solo per le vie deserte,

---

[1] Fu pubblicata sulla « Riviera ligure » del febbraio 1910 con il titolo *Novembre* e con la data: Torino, novembre 1909.
[2] Il Gozzano unisce qui la piú palese reminiscenza petrarchesca di *Rime*, CX, 6 (« Persequendomi Amor al luogo usato, / ristretto in guisa d'uom ch'aspetta guerra, / che si provede, e i passi intorno serra, / de' miei antichi pensier mi stava armato. // Volsimi, e vidi un'ombra che da lato / stampava il sole, e riconobbi in terra... ») con quella piú segreta di XXXV, 1-2: « Solo e pensoso i piú deserti campi / vo mesurando a passi tardi e lenti ».
[3] Cfr. D'Annunzio, *Aprile* (in *Poema paradisiaco*), v. 32: « Son quasi / bianchi i capelli su la tempia »; e *Sopra un'aria antica* (sempre in *Poema paradisiaco*), v. 24: « su la tempia / baciata i capelli son bianchi ».
[4] Il parco di Torino, lungo il Po.
[5] A fianco a fianco.
[6] Cfr. Pascoli, *Novembre* (in *Myricae*).
[7] Inattivo, ozioso (cfr. vv. 17-18).

col trasognato[8] viso di chi sogna...
Fare bisogna. Vivere bisogna
la bella vita dalle mille offerte ».

« Le mille offerte...[9] Oh! vana fantasia!
20 Solo in disparte dalla molta gente,
ritrovo i sogni e le mie fedi spente,
solo in disparte l'anima s'oblía...
Vivo in campagna, con una prozia,
la madre inferma ed uno zio demente.[10]

25 Sono felice. La mia vita è tanto
pari[11] al mio sogno: il sogno che non varia:
vivere in una villa solitaria,
senza passato piú, senza rimpianto:
appartenersi,[12] meditare... Canto
30 l'esilio[13] e la rinuncia volontaria ».

« Ah! lasci la rinuncia che non dico,[14]
lasci l'esilio a me, lasci l'oblío
a me che rassegnata già m'avvio
prigioniera del Tempo, del nemico...[15]
35 Dove Lei sale c'è la luce, amico!
Dov'io scendo c'è l'ombra, amico mio!...

Ed era lei[16] che mi parlava, quella
che risorgeva dal passato eterno[17]
sulle tepide soglie dell'inverno?...
40 La quarantina la faceva bella,
diversamente bella: una sorella
buona, dall'occhio tenero materno.

---

[8] Cfr. *Signorina Felicita*, v. 107.
[9] Nella prima stampa mancano i vv. 19-30.
[10] È riproposta qui la situazione di Totò Merùmeni.
[11] Simile.
[12] Appartenere a se stessi, non alla « molta gente » (cfr. v. 22).
[13] Ritorna il termine « esilio » che è anche di Totò Merùmeni.
[14] All'amore, evidentemente.
[15] Che ha distrutto la bellezza della donna (per questo è detto « nemico ».
[16] Nella prima stampa, manca l'interrogativo (e la frase ha quindi, come osserva finemente l'Antonicelli, un andamento di stupita esclamatività).
[17] Perché sottratto all'opera distruttiva del tempo.

Tacevo, preso dalla grazia immensa
di quel profilo forte[18] che m'adesca;
45 tra il cupo argento della chioma densa
ella appariva giovenile e fresca
come una deità settecentesca...[19]
« Amico neghittoso,[20] a che mai pensa? »

« Penso al Petrarca che raggiunto fu
50 per via, da Laura, com'io son da Lei... »
Sorrise, rise discoprendo i bei
denti... « Che Laura in fior di gioventú!...
Irriverente!... Pensi invece ai miei
capelli grigi... Non mi tingo piú ».

---

[18] In questo, come in altri particolari successivi, si può riconoscere ancora una voita la figura della Guglielminetti, quale già è apparsa in *Una risorta* (una « sorella », « profilo forte », « chioma densa », « i bei / denti »).
[19] Con riferimento, soprattutto, all'Arcadia.
[20] Non operoso.

L'onesto rifiuto[1]

Un mio gioco di sillabe[2] t'illuse.
Tu verrai nella mia casa deserta:
lo stuolo accrescerai delle deluse.
So che sei bella e folle[3] nell'offerta
5 di te. Te stessa, bella preda certa,
già quasi m'offri nelle palme schiuse.[4]

Ma prima di conoscerti,[5] con gesto
franco[6] t'arresto sulle soglie, amica,
e ti rifiuto come una mendica.[7]
10 Non sono lui, non sono lui! Sí, questo
voglio gridarti nel rifiuto onesto,
perché piú tardi tu non maledica.

Non sono lui! Non quello che t'appaio,
quello che sogni spirito fraterno![8]
15 Sotto il verso che sai, tenero e gaio,
arido è il cuore,[9] stridulo di scherno

---

[1] Fu stampata su « Il Viandante » del 13 giugno 1909; ristampata su « La Donna » del 20 agosto 1910.
[2] La poesia, il fare versi.
[3] Che non ha esitazioni.
[4] Semiaperte, appunto nel gesto dell'offerta. Nella seconda stampa: « con le ».
[5] Possederti.
[6] Schietto, un po' rude.
[7] Mendicante.
[8] Si ricordi la lettera della Guglielminetti a Guido dell'8 agosto 1907: « Vo... vicino un'anima fraterna come voi ».
[9] Paolo e Virginia, vv. 165-169.

come siliqua[10] stridula d'inverno,
vôta di semi, pendula al rovaio...

Per te serbare immune[11] da pensieri
20 bassi, la coscienza ti congeda
onestamente, in versi piú sinceri...
Ma (tu sei bella) fa ch'io non ti veda:
il desiderio della bella preda
mentirebbe[12] l'amore che tu speri.

25 Non posso amare, Illusa! Non ho amato
mai! Questa è la sciagura che nascondo.
Triste cercai l'amore per il mondo,
triste pellegrinai pel mio passato,[13]
vizioso fanciullo viziato,
30 sull'orme del piacere vagabondo...[14]

Ah! Non volgere i tuoi piccoli piedi[15]
verso l'anima buia di chi tace![16]
Non mi tentare, pallida seguace!...[17]
Pel tuo sogno, pel sogno che ti diedi,
35 non son colui, non son colui che credi![18]
Curiosa di me,[19] lasciami in pace!

---

[10] Come il baccello (la « siliqua » è il frutto di forma allungata, tipico dei legumi, che si apre, a maturità, lungo due linee longitudinali): che è secco e vuoto (« vôta di semi »), quindi emette un suono « stridulo » (acuto e sgradevole) quando è mossa dal vento invernale di tramontana (« rovaio »: che è parola cara al Pascoli: cfr. *Il piccolo bucato* in *Myricae*, v. 7: « Ad ogni soffio del rovaio »), sulla pianta a cui ancora è rimasto attaccato, da cui ancora pende (« pendulo »).
[11] Pura, incontaminata.
[12] Fingerebbe, mentendo.
[13] Il « passato » di Paolo e Virginia, dell'« amica di nonna Speranza ».
[14] Perché privo di un oggetto fisso, sicuro.
[15] Nelle prime due stampe: « Vuoi tu volgere i tuoi piccoli piedi ».
[16] Nella seconda stampa: « verso la cupa casa di chi tace? ».
[17] Ammiratrice.
[18] È citazione letterale di Dante, *Inf.*, XIX, 62: « Non son colui, non son colui che credi ».
[19] Tu che, in quanto « illusa » dai miei versi, ti interessi di me, sei infatuata di me.

Torino

I

Quante volte tra i fiori, in terre gaie,[1]
sul mare, tra il cordame dei velieri,
sognavo le tue nevi, i tigli neri,[2]
le dritte vie corrusche di rotaie,[3]
5 l'arguta grazia delle tue crestaie,[4]
o città favorevole ai piaceri!

E quante volte già, nelle mie notti
d'esilio,[5] resupino a cielo aperto,[6]
sognavo sere torinesi, certo
10 ambiente caro a me, certi salotti
beoti[7] assai, pettegoli, bigotti
come ai tempi del buon Re Carlo Alberto...

---

[1] Si può pensare alla Liguria, dove il Gozzano soggiornò spesso, per ragioni di salute.
[2] Dal fogliame di un verde scuro (nei viali torinesi).
[3] Balenanti delle rotaie del tram. Il Gozzano, come indica il Sanguineti, congiunge qui due versi della *Laus vitae* dannunziana, 5536 («Splende la selce / sotto il Cane vorace / nelle vie diritte ove passa / il carro che non ha timone / né giogo, e non corsieri / splendenti di sangue e di schiume / cui protesa l'onta soggiace, / ma rapidità senz'acume / che bassa scivola, immune / tra la ferrea fune sospesa / e il duplice ferro seguace»: esempio significativo poiché proprio al tram allude D'Annunzio) e v. 3684 («Venivano dalle / città di lucro ove la vita / cupida senza schiuma / e senza sudore s'affretta / su le rotaie corusche, / stride su la gemina lama / che non ha guaina né punta»).
[4] Cfr. *Il gioco del silenzio*, v. 10.
[5] Cfr. *Totò Merùmeni*, v. 23, e *Un'altra risorta*, v. 30.
[6] Cfr. *Le due strade*, v. 41.
[7] Frequentati da persone di corte vedute, di intelligenza limitata.

«... se 'l Cônt ai ciapa[8] ai rangia për le rime...»
«Ch'a staga ciutô...» » – « 'L caso a l'è stupendô!...»
15 « E la Duse[9] ci piace? » – « Oh! Mi m'antendô
pà vaire... I negô pà, sarà sublime,
ma mi a teatrô i vad për divertime...»
« Ch'a staga ciutô!... A jntra 'l Reverendô!...»

S'avanza un Barnabita,[10] lentamente...
20 stringe la mano alla Contessa amica[11]
siede col gesto di chi benedica...
Ed il poeta, tacito ed assente
si gode quell'accolita[12] di gente
ch'à la tristezza d'una stampa antica...

25 Non soffre. Ama quel mondo senza raggio
di bellezza, ove cosa di trastullo
è l'Arte. Ama quei modi e quel linguaggio
e quell'ambiente sconsolato e brullo.
Non soffre. Pensa Giacomo fanciullo
30 e la « siepe » e il « natío borgo selvaggio ».[13]

---

[8] Traduzione: "Se il Conte li sorprende, li aggiusta per le rime" "Stia zitto" "Il caso è stupendo" "E la Duse Le piace?" "Oh! io non me ne intendo molto... Io non nego, sarà sublime, ma io a teatro vado per divertirmi" "Stia zitto!... Entra il Reverendo (Padre)". È dialetto piemontese (torinese) che riproduce i caratteri prima elencati dei salotti torinesi: la chiusura intellettuale (si veda l'accenno alla Duse), il gusto del pettegolezzo, la bigotteria (l'arrivo del Padre Barnabita).
[9] Eleonora Duse (1858-1924), la grande attrice tragica, interprete, in particolare, del teatro dannunziano.
[10] Cioè, religioso appartenente all'ordine fondato a Milano nel 1533 da s. Antonio Maria Zaccaria.
[11] La moglie (adultera) del Conte del dialogo in dialetto.
[12] Gruppo.
[13] Versi confessatamente contesti di reminiscenze e di allusioni leopardiane: la « siepe » è quella dell'*Infinito*, il « natio borgo selvaggio » è citazione delle *Ricordanze*, v. 30, da cui dipendono pure i vv. 24-25: « Nomi strani, e spesso / argomento di riso e di trastullo, / son dottrina e saper »: *Ricordanze*, vv. 31-33.

II

Come una stampa antica bavarese[14]
vedo al tramonto il cielo subalpino...
Da Palazzo Madama al Valentino
ardono l'Alpi tra le nubi accese...[15]
35 È questa l'ora *antica* torinese,[16]
è questa l'ora *vera* di Torino...

L'ora ch'io dissi del Risorgimento,
l'ora in cui penso a Massimo d'Azeglio
adolescente, a *I miei ricordi*,[17] e sento
40 d'essere nato troppo tardi...[18] Meglio
vivere al tempo sacro del risveglio,
che al tempo nostro mite e sonnolento![19]

III

Un po' vecchiotta, provinciale, fresca
tuttavia d'un tal garbo parigino,
45 in te ritrovo me stesso bambino,
ritrovo la mia grazia fanciullesca
e mi sei cara come la fantesca
che m'ha veduto nascere, o Torino!

[14] È forse allusione alle stampe del Dürer. Il Sanguineti cita a conforto D'Annunzio, *Trionfo della Morte*, VI, 1: « La vecchia città grigia di Bayreuth solinga al conspetto delle montagne bávare in un paesaggio mistico ov'era diffusa la stessa anima che Albrecht Dürer imprigionò in intrichi di segni al fondo delle sue stampe e delle sue tele ».
[15] Dal sole che sta per tramontare.
[16] Antica e vera, come spiega subito dopo, perché è quella del passato e del risorgimento.
[17] *I miei ricordi* (1867) sono l'opera letteraria (di tipo memoralistico) piú significativa e famosa del d'Azeglio.
[18] Imitazione di de Musset, *Rolla*, I, 55 (secondo Sanguineti, con il tramite di Jammes, *J'écris dans un vieux kiosque* in *De l'Angélus*, vv. 9-10.
[19] Il « risorgimento », appunto: detto « sacro » perché ha segnato la formazione dello stato unitario e perché animato dal fervore eroico dell'azione. La contrapposizione fra il passato risorgimentale e il presente « mite e sonnolento » (dal quale, cioè, è assente ogni componente eroica) è comune nella letteratura del tardo ottocento e del primo novecento, dal Carducci al De Roberto, dal Fogazzaro al Pascoli, al D'Annunzio.

Tu m'hai veduto nascere, indulgesti[20]
50 ai sogni del fanciullo trasognato:[21]
tutto me stesso, tutto il mio passato,
i miei ricordi piú teneri e mesti
dormono in te, sepolti come vesti
sepolte in un armadio canforato.[22]

55 L'infanzia remotissima... la scuola...
la pubertà... la giovinezza accesa...[23]
i pochi amori pallidi...[24] l'attesa
delusa...[25] il tedio che non ha parola...
la Morte e la mia Musa con sé sola,
60 sdegnosa, taciturna ed incompresa.

IV

Ch'io perseguendo[26] mie chimere[27] vane
pur t'abbandoni e cerchi altro soggiorno,
ch'io pellegrini verso il Mezzogiorno
a belle terre tepide lontane,
65 la metà di me stesso in te rimane
e mi ritrovo ad ogni mio ritorno.

A te ritorno quando si rabbuia
il cuor deluso da mondani fasti.[28]
Tu mi consoli, tu che mi foggiasti
70 quest'anima borghese e chiara e buia
dove ride e singhiozza il tuo Gianduia[29]
che teme gli orizzonti troppo vasti...

---

[20] Mostrarsi indulgente, condiscendente.
[21] Cfr. *Signorina Felicita*, v. 107.
[22] Che odora di canfora, postavi dentro per conservare gli abiti dalle tarme.
[23] Appassionata, sensuale.
[24] Scialbi, senza passione.
[25] Dell'Amore, qui.
[26] Inseguendo.
[27] Sogni, illusioni.
[28] Da una vita mondana falsa e fastosa e, insieme, dagli « orizzonti troppo vasti » del mondo.
[29] Gianduia è la tipica maschera piemontese, originariamente Gironi (Girolamo), poi ribattezzato Giôan d'la dôja (Giovanni del boccale) nel 1808 dal burattinaio Gianbattista Sales.

Eviva i bôgianen...[30] Sí, dici bene,
o mio savio Gianduia ridarello![31]
75 Buona è la vita senza foga, bello
goder di cose piccole e serene...
A l'è questiôn d' nen piessla...[32] Dici bene
o mio savio Gianduia ridarello!...

---

[30] È l'appellativo polemico con cui sono chiamati i torinesi: quelli che non si muovono (*bôgianen* è parola composta dall'imperativo di *bôgè*: muoversi, e da *nen*: non, e vale quindi « non muoverti »), a causa del loro conservatorismo e della diffidenza per ogni novità, che il Gozzano qui capovolge in caratteristica positiva.
[31] Che ride facilmente, facile al riso.
[32] In torinese: « è questione di non prendersela ».

In casa del sopravissuto

I

Dalle profondità dei cieli tetri
scende la bella neve sonnolenta,
tutte le cose ammanta come spetri;
scende, risale, impetuosa, lenta,
di su, di giú, di qua, di là, s'avventa[1]
alle finestre, tamburella i vetri...

Turbina densa in fiocchi di bambagia,
imbianca i tetti ed i selciati lordi,[2]
piomba dai rami curvi, in blocchi sordi...
Nel caminetto crepita la bragia
e l'anima del reduce s'adagia
nella bianca[3] tristezza dei ricordi.

Reduce dall'Amore e dalla Morte
gli hanno mentito le due cose belle!
Gli hanno mentito le due cose belle:[4]
Amore non lo volle in sua coorte,[5]
Morte l'illuse fino alle sue porte,[6]
ma ne respinse l'anima ribelle.[7]

---

[1] È sequenza avverbiale di derivazione dantesca, *Inf.*, v, 43: «di qua, di là, di giú, di su li mena».
[2] Fangosi.
[3] Funebre, come il paesaggio di neve (che «tutte le cose ammanta come spetri»).
[4] I vv. 13-14 sono impiegati dal Gozzano come epigrafe di *Colloqui* I. Cfr. *Il responso*, v. 67.
[5] Nella sua schiera.
[6] Si ricordi il titolo *Alle soglie* della seconda sezione dei *Colloqui*.
[7] È l'autodefinizione di D'Annunzio, *Erotica-Heroica*, in *Intermezzo* I, v. 14.

In braccio ha la compagna: Makakita;[8]
20 e Makakita trema freddolosa,
stringe il poeta e guarda quella cosa[9]
di là dai vetri, guarda sbigottita
quella cosa monotona infinita
che tutto avvolge di bianchezza ondosa.[10]

25 Forse essa pensa i boschi dove nacque,
i tamarindi, i cocchi ed i banani,[11]
il fiume e le sorelle quadrumani,[12]
e il gioco favorito che le piacque,
quando in catena pendula sull'acque[13]
30 stuzzicava le nari dei caimani.[14]

II

Con la Mamma vicina e il cuore in pace,
s'aggira, canticchiando un melodramma;
sospira un po'... Ravviva dalla brace
il guizzo allegro della buona fiamma...
35 Canticchia. E tace con la cara Mamma;
la cara Mamma sa quel che si tace.[15]

Egli s'aggira. Toglie di sul piano-
forte un ritratto: « Quest'effigie!... Mia?... »
E fissa a lungo la fotografia
40 di quel sé stesso già cosí lontano:
« Sí, mi ricordo... Frivolo... mondano...
vent'anni appena... Che malinconia!...

---

[8] È la bertuccia che già è comparsa come compagna di Totò Merùmeni.
[9] La neve.
[10] Ondeggiante è il biancore della neve in quanto « turbina » sotto il vento.
[11] Il paesaggio è quello di *Paolo e Virginia*.
[12] Le altre scimmie del branco.
[13] Tenendosi incatenate l'una all'altra per mezzo delle mani, mentre la prima si tiene all'albero (e per questo la catena « pende » sul fiume).
[14] Il caimano è, propriamente, una specie di coccodrillo, che vive in America, ma qui vale, genericamente, per "coccodrillo".
[15] Cfr. Dante, *Inf.*, XIX, 39: « Tanto m'è bel quanto a te piace: / tu sei signore, e sai ch'i' non mi parto / dal tuo volere, e sai quel che si tace ». Il personaggio a cui Dante si rivolge è Virgilio.

Mah! Come l'*io* trascorso è buffo e pazzo!
Mah... » – « Che sospiri amari! Che rammenti? »
45 « Penso, mammina, che avrò tosto venticinqu'anni! Invecchio! E ancora mi sollazzo[16]
coi versi! È tempo d'essere il ragazzo
piú serio, che vagheggiano i parenti.

Dilegua il sogno d'arte[17] che m'accese;[18]
50 risano a poco a poco, anche di questo![19]
Lungi dai letterati che detesto,
tra saggie cure[20] e temperate spese,[21]
sia la mia vita piccola e borghese:
c'è in me la stoffa del borghese onesto... »

55 Sogghigna un po'. Ricolloca sul piano-
forte il ritratto « ... Quest'effigie! Mia?... »
E fissa a lungo la fotografia
di quel sé stesso già cosí lontano.
« Un po' malato... frivolo... mondano...
60 Sí, mi ricordo... Che malinconia!... »

---

[16] Mi diverto sventatamente.
[17] Cfr. *Il responso*, v. 8.
[18] Mi appassionò.
[19] È la « guarigione » dalla letteratura già vagheggiata in *Signorina Felicita* e qui rappresentata da un punto di vista, per cosí dire, postumo, di guarito anche dalla malattia.
[20] Occupazioni.
[21] È clausola dantesca, *Inf.*, XXIX, 126: « Stricca / che seppe far le temperate spese ».

Pioggia d'agosto[1]

Nel mio giardino triste ulula il vento,
cade l'acquata[2] a rade goccie, poscia
piú precipite[3] giú crepita scroscia
a fili interminabili d'argento...
5 Guardo la Terra abbeverata[4] e sento
ad ora ad ora un fremito d'angoscia...

Soffro la pena di colui che sa
la sua tristezza vana e senza mete;[5]
l'acqua tessuta dall'immensità
10 chiude il mio sogno come in una rete,[6]
e non so quali voci esili inquete
sorgano dalla mia perplessità.[7]

---

[1] Fu stampata sulla « Riviera ligure » del novembre 1910 con il titolo *Verso la fede*, e ripubblicata su « La Tribuna romana » del 22 febbraio 1911. La fede, come precisa il Calcaterra, è quella della Natura.
[2] È parola cara al Pascoli: cfr. *Il giorno dei morti* (in *Myricae*), v. 69: « sotto le nere sibilanti acquate »; *La morte del papa* (in *Nuovi poemetti*), x, vv. 3-4: « Terminato il tuono, / inviò l'acqua a gocce rade e grosse. // Ed un'acquata venne giú col suono / d'un gran passaggio con un grande struscio ».
[3] Piú violenta.
[4] È reminiscenza dannunziana: « Ti miri ne la terra abbeverata » (*Lungo l'Affrico*, in *Alcyone*, v. 2).
[5] Senza scopo, senza ragione.
[6] I « fili interminabili d'argento » della pioggia occupano tutto lo spazio fisico, e sembrano, quindi, tessuti « dall'immensità », dall'infinito. L'astratto rende il senso di uno spazio infinito che si rinserra intorno all'anima del poeta.
[7] L'indecisione, la mancanza di fedi precise, o, meglio, l'incertezza in che cosa credere.

« La tua perplessità mediti l'ale[8]
verso meta piú vasta e piú remota!
15 È tempo che una fede alta ti scuota,
ti levi sopra te, nell'Ideale![9]
Guarda gli amici. Ognun palpita[10] quale
demagogo, credente, patriota...

Guarda gli amici. Ognuno già ripose
20 la varia fede nelle varie scuole.[11]
Tu non credi e sogghigni.[12] Or quali cose
darai per meta all'anima che duole?[13]
La Patria? Dio? l'Umanità?[14] Parole
che i retori[15] t'han fatto nauseose!...

25 Lotte brutali d'appetiti avversi[16]
dove l'anima putre[17] e non s'appaga...
Chiedi al responso dell'antica maga[18]
la sola verità buona a sapersi;
la Natura![19] Poter chiudere in versi[20]
30 i misteri che svela a chi l'indaga! »

---

[8] Pensi di rivolgersi.
[9] È un'esortazione che si contrappone all'assenza di mete e di fedi prima denunciata (e già dichiarata in *Una risorta* e in *Un'altra risorta*).
[10] Si appassiona, si impegna. Fede politica (nei due opposti aspetti dell'impegno sociale – « demagogo » – e nazionalistico – « patriota » –) e fede religiosa sono i termini positivi contrapposti alla « perplessità » ideologica del poeta.
[11] Di pensiero e di azione.
[12] Cfr. *Paolo e Virginia*, vv. 165-166.
[13] Che è piena di pena, di dolore.
[14] Sono le mete del « patriota, del credente e del demagogo » (ma non senza la memoria degli imperativi mazziniani).
[15] I « retori » saranno i poeti e gli scrittori (ma anche i politici e i moralisti) dell'ottocento: non soltanto, quindi, il Carducci e il Pascoli politico e il D'Annunzio e il Fogazzaro, ma anche il Mazzini, il de Amicis, ecc.
[16] Gli « Ideali » non sono, in realtà, che « lotte brutali » di brame e di aspirazioni economiche.
[17] Imputridisce, si corrompe.
[18] È clausola dannunziana, *Al poeta Andrea Sperelli* (nella *Chimera*), v. 15: « La tremenda angoscia / durata in braccio de l'antica Maga ».
[19] È un'affermazione di evidente impronta positivista.
[20] È reminiscenza del Petrarca, *Rime*, XXIX, 50: « So io ben ch'a voler chiuder in versi / suo' laudi... » e XCV, 1-2: « Così potess'io ben chiudere in versi / i miei pensier'... ».

Ah! La Natura non è sorda e muta;
se interrogo il lichène ed il macigno
essa parla del suo fine benigno...
Nata di sé medesima, assoluta,[21]
35 unica verità non convenuta,[22]
dinnanzi a lei s'arresta il mio sogghigno.

Essa conforta di speranze buone[23]
la giovinezza mia squallida e sola;
e l'achenio[24] del cardo che s'invola,
40 la selce,[25] l'orbettino,[26] il macaone,[27]
sono tutti per me come *personæ*,[28]
hanno tutti per me qualche parola...

Il cuore che ascoltò,[29] piú non s'acqueta
in visioni pallide fugaci,[30]
45 per altre fonti va, per altra meta...[31]
O mia Musa dolcissima che taci
allo stridío dei facili seguaci,[32]
con altra voce tornerò poeta![33]

---

[21] Ripresa di versi dannunziani, *Laus vitae*, vv. 8317-21: « Natura, mia Madre immortale / che anche tu mi dài vita breve / e immensi disegni mi poni / nel cuore, tu nata la prima, / di te medesima nata... ».

[22] Non convenzionale, non nata dalle convenzioni fra gli uomini.

[23] Reminiscenza dantesca, *Inf.*, VIII, 107: « conforta e ciba di speranza bona ».

[24] Propriamente, è frutto secco, indeiscente, con pericarpo sottile che racchiude un solo seme. Qui indica il seme del cardo (detto soffione), che, appunto, è disseminato dal vento (« s'invola »). Ma si confermano ancora una volta la provvisorietà e l'imprecisione del linguaggio scientifico di Gozzano.

[25] La pietra.

[26] Piccolo rettile terrestre, con corpo serpentiforme, innocuo.

[27] Bellissima farfalla diurna, con ali gialle striate e macchiate di nero e un occhio rosso sulle ali inferiori.

[28] In latino: "personaggi" (in quanto rappresentano i tre regni della Natura: cfr. *Una risorta*).

[29] Che ascoltò le parole della Natura, dei suoi personaggi.

[30] Sono quelle della poesia fin qui perseguita: e il Gozzano preannuncia cosí il poema sulle farfalle, di ispirazione naturalistica.

[31] Reminiscenza dantesca, *Inf.*, III, 91: « per altra via, per altri porti ».

[32] È clausola dantesca, *Inf.*, XIX, 1: « O Simon mago, o miseri seguaci ». « Seguaci » vale: imitatori.

[33] Altra reminiscenza dantesca, *Par.*, XXV, 7-8: « Con altra voce omai, con altro vello / ritornerò poeta ».

I colloqui[1]

I

« I colloqui »... Rifatto agile e sano[2]
aduna i versi, rimaneggia, lima,[3]
bilancia il manoscritto nella mano.

– Pochi giochi di sillaba[4] e di rima:
5 questo rimane dell'età fugace?
È tutta qui la giovinezza prima?[5]

Meglio tacere,[6] dileguare in pace
or che fiorito ancora è il mio giardino,
or che non punta ancora invidia tace.[7]

10 Meglio sostare a mezzo del cammino,[8]

---

[1] Fu pubblicata su « La rivista di Roma » del 10 luglio 1910.
[2] È clausola pascoliana. *Digitale purpurea* (in *Primi poemetti*), II, v. 22: « In disparte da loro agili e sane ».
[3] Nella lettera alla Guglielminetti da Bertesseno del 13 luglio 1909 il Gozzano scrive: « Ah! Il lavoro paziente e lentissimo, la rinunzia e il raccoglimento intesi a quell'unica meta, il coscienzioso *labor limae* che solo ci dà l'opera bella e duratura ». E subito prima, polemicamente, aveva scritto: « Una genia, questa, di maschi e di femmine, con la quale io sono implacabile. Malfattori che sbrodolano in due mesi un volume di 300 pagine e hanno la tracotanza di farsi chiamare poeti! ».
[4] Cfr. *L'onesto rifiuto*, v. 1.
[5] Cfr. *Colloqui I*, v. 2.
[6] Il Sanguineti indica l'ascendenza pascoliana dell'inizio anaforico di questa e della terzina successiva: *L'Aquilone* (in *Primi poemetti*), vv. 58 e 61.
[7] Reminiscenza del Leopardi, *Ricordanze*, vv. 124-125: « O primo entrar di giovinezza, quando / ...invidia tace, / non desta ancora ovver benigna ». « Punta »: eccitata, provocata.
[8] È divulgata formula dantesca, *Inf.*, I, 1: « Nel mezzo del cammin di nostra vita ».

or che il mondo alla mia Musa maldestra,
quasi a mima[9] che canta il suo mattino,

soccorrevole ancor porge la destra.[10]

II

Ma la mia Musa non sarà l'attrice
15   annosa[11] che si trucca e pargoleggia,[12]
e la folla deride l'infelice;

giovine tacerà nella sua reggia,
come quella Contessa Castiglione[13]
bellissima, di cui si favoleggia.

20   Allo sfiorire della sua stagione,[14]
disparve al mondo, sigillò le porte
della dimora, e ne restò prigione.[15]

---

[9] Nella prima stampa: «bimba». «Quasi...»: come ad attrice che canta la sua giovinezza. La Musa come «mima» è di molto probabile ascendenza pariniana, *La caduta*, vv. 73-74: «pari a vile / mima, il pudore insulti».
[10] Reminiscenza del Leopardi, *Ricordanze*, vv. 126-127: «Il mondo / soccorrevole ancor porge la destra».
[11] Anziana, invecchiata.
[12] Reminiscenza dantesca, *Purg.*, XVI, 87: «a guisa di fanciulla / che piangendo e ridendo pargoleggia».
[13] Virginia Oldoini Versais (1835-1899), che sposò il conte Francesco di Castiglione. Donna brillante, di grande fascino e bellezza, ebbe molte avventure amorose nonché politiche, la più celebre delle quali fu con il Nigra, ambasciatore piemontese a Parigi, il che le valse, da parte del Cavour, l'invio a Parigi con l'incarico di influire sull'imperatore Napoleone III perché si decidesse per l'alleanza antiaustriaca con il Piemonte (1856). Divenuta la favorita dell'imperatore, fu al centro della società mondana del secondo impero fino alla caduta di esso. Allora, si ritirò nella sua casa, nel centro di Parigi, dove visse in assoluta solitudine. Ma la vicenda storica della contessa di Castiglione è ricostruita dal Gozzano sullo schema usato dal D'Annunzio nel *Fuoco*, II (*Prose di romanzi*, I pagg. 687-689) per la storia della contessa di Glanegg: «Quando in un mattino troppo chiaro si accorse che era venuto per lei il tempo di sfiorire, risolse di accomiatarsi dal mondo perché gli uomini non assistessero al deperimento e allo sfacelo della sua bellezza illustre... Poi si ritirò per sempre in questa casa che vedete, dentro quest'orto murato, con i suoi servitori, aspettando la fine. È divenuta una figura di leggenda. Si dice che nella casa non vi sia uno specchio e ch'ella abbia dimenticato il suo volto».
[14] La giovinezza.
[15] Prigioniera.

Sola col Tempo, tra le stoffe smorte,[16]
attese gli anni, senz'amici, senza
25 specchi, celando al Popolo, alla Corte[17]

l'onta suprema della decadenza.[18]

III

L'immagine di me voglio che sia
sempre ventenne, come in un ritratto;[19]
amici miei, non mi vedrete in via,

30 curvo dagli anni, tremulo e disfatto!
Col mio silenzio resterò l'amico
che vi fu caro,[20] un poco mentecatto;

il fanciullo sarò tenero e antico[21]
che sospirava al raggio delle stelle,
35 che meditava[22] Arturo e Federico,[23]

ma lasciava la pagina ribelle[24]
per seppellir le rondini insepolte,
per dare un'erba alle zampine delle

disperate cetonie[25] capovolte...

---

[16] Sbiadite.
[17] Che, in realtà, non esisteva piú, essendo diventata la Francia, dopo la caduta di Napoleone III, una repubblica.
[18] Il Gozzano dichiara qui, sotto la metafora della contessa di Castiglione, l'opposizione fra la propria «Musa» e ogni forma di «decadentismo», quel gusto per le età «au but de la decadence» celebrato, oltre che dal D'Annunzio, anche da Verlaine e da Huysmans.
[19] Il ritratto di In casa del sopravissuto, v. 38.
[20] Nella prima stampa: «conoscete».
[21] Nella prima stampa: «sarò il fanciullo tenero ed antico». È ricomposizione di alcuni versi (4-6) di Jammes, Elégie seconde (ne Le Deuil des Primevères): «Et, dans ce vieux jardin, / je suis bien le jeune homme un peu antique et tendre / qui lisait, au soleil du réveil, dans sa chambre, / la vieille botanique où brûlaient des dessins».
[22] Nella prima stampa: «e che leggendo».
[23] Arturo Schopenhauer e Federico Nietzsche.
[24] In quanto i due filosofi rappresentano la ribellione contro l'ottimismo borghese e positivista.
[25] Cfr. Ora di grazia, v. 3.

LE FARFALLE

Epistole entomologiche

Ad Alba Nigra

Avvertenza: Il disegno che compare alla pagina precedente è riprodotto dalla « Grande Illustrazione » di Pescara (febbraio 1914), nella quale furono per la prima volta pubblicate le epistole *Dei bruchi* e *Delle crisalidi*.

I

Storia di cinquecento Vanesse[1]

[*Come dal germe*]

Come dal germe ai suoi perfetti[2] giorni
giunga una schiera di Vanesse; quali

---

[1] Nella lettera del 3 settembre 1908 da Ronco alla Guglielminetti il Gozzano scrive: « Io non penso, da vario tempo, ai miei sogni letterari, alterno lo studio alle cure entomologiche: allevo una straordinaria colonia di bruchi. Voglio ritrarne alcune osservazioni e molte belle fotografie a commento di un libro di storia naturale che sogno da tempo: *Le farfalle*. Vi attenderò dopo il volume di versi: ma comincio ad adunare materiale di testo e d'illustrazioni. Vedrete che cosa nuovissima e bella. Immaginatevi che in una cassetta ho circa trecento crisalidi di tutte le specie, ottenute da bruchi allevati con infinita pazienza, per settimane e settimane: ora si sono quasi tutti appesi al coperchio graticolato e hanno presa la forma strana di crostacei stilizzati pel monile d'una signora. Fra pochi giorni saranno farfalle »; e nella lettera del 17 settembre 1908, sempre alla Guglielminetti: « Le mie crisalidi sono tutte farfalle!... Sono cento, piú di cento: e tutte Vanesse; Vanesse Atalanta e Vanesse Io... E non sorridete del compagno fanatico: voglio iniziarvi a queste cose; e farò questo nel libro che v'ho detto: un volume epistolare: lettere a voi un po' arcaiche come quelle che scrivevano gli abati alle dame settecentesche per iniziare ai misteri della Fisica, dell'Astronomia, della Meccanica; ma modernissime nel contenuto, fatte di osservazioni filosofiche nuove e di fantasie curiose e fanciullesche »; e ancora, nella lettera a Marino Moretti da Torino, del 13 gennaio 1914[2]: « Il poema sarà pubblicato a primavera con illustrazioni che sto ultimando. Arieggia i didascalici settecenteschi: il Mascheroni e il Rucellai, ma ho tentato di togliere l'amido accademico e la polvere arcadica per trasfondervi il nostro inquieto spirito moderno, rispettando tuttavia i modelli e il rituale. Cosí il poema è dedicato ad un'Alba Nigra – una favoleggiata Lesbia Cidonia dei nostri giorni – e si divide in libri due, composto di diciotto epistole. Nel primo libro seguo le metamorfosi di una famiglia di Vanesse Io: seme bruco crisalide farfalla, finché apro le finestre della mia stanza alla moltitudine volante delle prigioniere. Nel secondo libro considero in quattordici monografie scientifico-sentimentali le varie specie di farfalle nostrane ed esotiche ». In realtà, Alba Nigra è la Guglielminetti, come appare dalle lettere indirizzatele sull'argomento dal Gozzano; il poema non fu mai concluso; e il modello « moderno » del Gozzano, innestato su quello settecentesco, fu quello di Maeterlinck (*Vie des fourmies* e *Vie des abeilles*).

[2] Adulti, cioè i giorni in cui gli insetti, compiuta la metamorfosi, hanno raggiunto lo stadio del perfetto sviluppo.

speranze buone[3] e quali fantasie
la creatura per volar su nata[4]
5 susciti in cuore di colui che sogna[5]
col suo lento mutare e trasmutare,
la meraviglia delle opposte maschere,[6]
la varia grazia delle varie specie,
in versi canterò... Non vi par egli,
10 non vi par egli d'essere in Arcadia?[7]

Dolce Parrasio![8] Dileguati giorni
dell'Accademia, quando il Mascheroni[9]
con sottile argomento di metalli[10]
le risentite[11] rane interrogava.
15 Le querule presaghe della pioggia
(altro presagio al secolo vicino!)
stavano tronche il collo.[12] Con sagace
man le immolava vittime a Minerva[13]
su l'ara del saper l'abate illustre,[14]

---

[3] Cfr. Dante, *Inf.*, VIII, 107, già utilizzato in *Pioggia d'agosto*, v. 37.
[4] Citazione dantesca, *Purg.*, XII, 95: « o gente umana, per volar su nata ».
[5] Cioè, del poeta.
[6] Delle diverse forme che l'insetto assume nelle varie fasi della metamorfosi.
[7] Si ricordi quanto il Gozzano scrive dei modelli arcadici e settecenteschi che eglì si è proposto.
[8] Il Bosco Parrasio, cioè il giardino dell'Accademia dell'Arcadia, sul Gianicolo, a Roma.
[9] Lorenzo Mascheroni (1750-1800), poeta e matematico, autore del poemetto *Invito a Lesbia Cidonia*, in cui descrive giardini, musei, gabinetti scientifici dell'università di Pavia, dedicato alla contessa Paolina Grismondi Secco-Suardi, in Arcadia Lesbia Cidonia.
[10] È una ricostruzione di alcuni versi dell'*Invito a Lesbia Cidonia* (vv. 337-348), in cui sono descritti i celebri esperimenti per mezzo delle rane sull'elettricità animale del Galvani e del Volta: « Suscita or dubbio non leggier sul vero / Felsina antica, di saper maestra, / con sottil argomento di metalli / le risentite rane interrogando. / Tu le vedesti su l'orobia sponda / le garrule presaghe de la pioggia, / tolte ai guadi del Brembo, altro presagio / aprir di luce al secolo vicino. / Stavano tronche il collo: con sagace / man le immolava vittime a Minerva, / cinte d'argentea benda i nudi fianchi, / su l'ara del saper giovin ministro ».
[11] Perché, al contatto dell'arco metallico, le membra delle rane si muovevano convulsamente.
[12] Con il collo troncato.
[13] Alla scienza.
[14] Il Mascheroni.

20 e se all'argentea benda[15] altra di stagno[16]
    dalle vicine carni al lembo estremo
    appressava, le vittime risorte
    vibravan tutte con tremor frequente.
    L'orobia pastorella[17] impallidiva
25 sotto le fresche rose del belletto
    meravigliando alla virtú che cieca[18]
    passa per interposti umidi tratti
    dal vile stagno al ricco argento e torna
    da questo a quello con perenne giro.
30 Di sua perplessità – dubito forte –
    si giovava l'abate bergamasco[19]
    per cingere lo snello guardinfante[20]
    e baciare furtivo (auspice Volta!)[21]
    tra l'orecchio e la vasta chioma nivea[22]
35 la dotta pastorella[23] sbigottita.
    Ma voi, sorella,[24] non temete agguati

---

[15] Ancora rielaborazione dei vv. 352-358 dell'*Invito a Lesbia Cidonia*: « Ma se l'argentea benda / altra di mal distinto ignobil stagno / da le vicine carni al lembo estremo / venne a toccar, la misera vedevi, / quasi risorta ad improvvisa vita, / rattrarre i nervi, e con tremor frequente / per incognito duol divincolarsi ».

[16] È l'arco bimetallico (argento e stagno) con cui si compie l'esperimento.

[17] È il modo con cui il Mascheroni indica (v. 264) Lesbia Cidonia, cioè la contessa Paolina Grismondi, nativa di Bergamo (detta « orobia » perché anticamente abitata dal popolo celta degli Orobi).

[18] Cfr. *Invito a Lesbia Cidonia*, vv. 362-366: « In preda allo stupor ti parve / chiaro veder quella virtú che cieca / passa per interposti umidi tratti / dal vile stagno al ricco argento, e torna / da questo a quello con perenne giro ». È un'allusione all'elettricità, come si manifesta nella pila del Volta.

[19] Il Mascheroni, nativo di Castagneta, nel Bergamasco.

[20] Intelaiatura circolare di filo di ferro o di vimini, a forma di campana, che si portava sotto la gonna per tenerla gonfia (e originariamente doveva servire per proteggere il ventre delle donne incinte; poi divenne un elemento della moda femminile, fra seicento e settecento).

[21] Perché il Mascheroni sta mostrando e descrivendo a Lesbia Cidonia la pila e gli esperimenti del Volta.

[22] Candida come la neve, secondo la moda settecentesca che comportava l'uso della parrucca bianca per di piú cosparsa di cipria.

[23] In quanto appartenente all'accademia dell'Arcadia, nella cui finzione uomini e donne compaiono come pastori e pastorelle.

[24] È il termine tante volte usato dal Gozzano per la Guglielminetti, così da confermare l'identificazione di Alba Nigra con Amalia.

            dal fratello salvatico[25] in odore
            di santità! Con certo rituale
            arcadico (per gioco!) e bello stile[26]
40   (per gioco!) altosonante, come s'offre
            nova un'essenza[27] in un cristallo arcaico,[28]
            queste pagine v'offro, ove s'aduna
            non la galanteria settecentesca,
            ma il superstite amore adolescente
45   per l'animato fiore senza stelo;[29]
            offro al vostro tormento il mio tormento,
            vano spasimo oscuro d'esser vivi,[30]
            a voi di me piú tormentata, a voi
            che la sete d'esistere conduce
50   per sempre false imagini di bene.[31]
            Forse lo stanco spirito moderno
            altro bene non ha che rifugiarsi
            in poche forme prime,[32] interrogando,
            meditando,[33] adorando,[34] altra salute[35]
55   non ha che nella cerchia[36] disegnata
            intorno dall'assenza volontaria,[37]
            come la cerchia disegnata in terra
            dal ramuscello dell'incantatore:
            magico segno che respinge tutte
60   e le lusinghe e le insensate cure;[38]

---

[25] Cfr. *Una risorta*.
[26] Cfr. Dante, *Inf.*, I, 87: « lo bello stile che m'ha fatto onore ».
[27] Un liquore nuovo.
[28] Antico
[29] Cioè, la farfalla; cfr. *Dell'aurora*, v. 65.
[30] È citazione del verso conclusivo di un sonetto della Guglielminetti, *Dentro le vene la malinconia* (ne *Le vergini folli*): « ci s'addormenta indolenzite / dallo spasimo oscuro d'esser vive ».
[31] Reminiscenza dantesca, *Purg.*, XXX, 131: « imagini di ben seguendo false ».
[32] Primitive, originarie.
[33] Nella ricerca e nell'osservazione scientifica.
[34] È la manifestazione della « fede » nella Natura e nella Scienza.
[35] Salvezza.
[36] Cerchio.
[37] Quella del poeta (cfr. *Una risorta*), che sceglie di esiliarsi dalle preoccupazioni (« le insensate cure ») e dalle illusioni (« le lusinghe ») del mondo e della vita, per dedicarsi all'indagine scientifica.
[38] Cfr. Dante, *Par.*, XI, 1: « o insensata cura de' mortali ».

        solo rifugio dove il cuore spento[39]
        vibri fraterno e riconosca l'Uomo,
        ché piú non vede l'esemplare astratto,
        ma la specie universa[40] eletta al regno
65   del mondo.[41] E come il Dio d'antichi tempi
        appariva all'asceta d'altri tempi,
        cosí l'asceta d'oggi senza Dio
        sente nel cuor pacificato un bene
        sommo, una grazia nova illuminante,
70   lo Spirito immanente, l'acqua viva,
        e si disseta piú che alle sorgenti[42]
        che mai non troverete, o sitibonda...

        Queste, che dico, dissi a voi parole
        or è già molto, camminando a paro[43]
75   per una landa sconsolata[44] e voi,
        mal soffrendo il velen dell'argomento,[45]
        con la mano inguantata il ciuffo a sommo[46]
        coglieste d'un'ortica e mi premeste
        sulla gota la fronda folgorante,[47]
80   tortuosamente.[48] Non mi punse quella[49]
        che piú forte s'accosta e men ci punge;
        e nel gesto passare vidi un cumulo[50]
        minuscolo di germi di Vanesse
        sulla villosa nervatura[51] e forse

---

[39] Inaridito, vuoto di sentimenti.
[40] Universale, comune.
[41] Reminiscenza dannunziana, *Laus vitae*, XVI, vv. 314-315: «oh Alba, oh risveglio dell'Uomo / eletto al dominio del Mondo».
[42] Quelle del desiderio, della vita, del mondo.
[43] Cfr. Dante, *Purg.*, XXIV, 93: «Venendo teco sì a paro a paro».
[44] Regione squallida, deserta.
[45] Citazione dantesca, *Purg.*, XXXI, 75: «Ben conobbi il velen dell'argomento». Qui significa che l'interlocutrice del poeta non sopporta l'intenzione polemica che è nell'argomentare di lui.
[46] Alla cima.
[47] Molto pungente, urticante.
[48] Facendola girare sul volto, per ferire di piú.
[49] Il ciuffo dell'ortica.
[50] Una grande quantità.
[51] Delle foglie d'ortica.

85 dal vostro gesto, ancor agropungente,[52]
    nato è il poema, poi che sul mistero
    del piccolo tesoro accumulato,[53]
    già in quell'istante, con parole sciolte[54]
    taluna esposi delle maraviglie
90 che piú tardi nel mio silenzio attento[55]
    passo passo tentai chiudere in versi.

---

[52] Crudele, cattivo (« agropungente » anche perché compiuto con la « fronda folgorante »).
[53] Quello dei « germi di Vanesse ».
[54] Citazione dantesca, *Inf.*, XXVIII, 1: « Chi poria mai pur con parole sciolte ». Cioè, in prosa, non in verso.
[55] Quello descritto in *Una risorta* (« attento » perché vigile sia ai fenomeni della natura, sia al lavoro della poesia).

Dei bruchi[1]

Redimita[2] di fronde agropungenti[3] –
ahi! non d'alloro – la mia Musa canta.
Alti cespi d'ortica alzano intorno
alle mie carte un cerchio folgorante,[4]
5   mensa[5] ed albergo ai numerosi alunni.[6]
Dalle schiuse finestre entra l'Estate;
brilla sui campi,[7] sul tripudio verde,
puro l'abisso cerulo del cielo.
A me dintorno un crepitío di pioggia
10 fanno le lime[8] assidue[9] infinite
degli alunni famelici. Da tempo
convivo solo, con la mia brigata.

---

[1] Fu stampata, insieme con *Delle crisalidi*, sulla « Grande Illustrazione » di Pescara, nel numero del febbraio 1914, con il titolo *Le farfalle. Epistole entomologiche. Epistola VI* .

[2] Cinto, incoronato. È latinismo dantesco (*Par.*, XI, 97: « di seconda corona redimita »), rinnovato dal Carducci (*Nell'annuale della fondazione di Roma*, in *Odi barbare*, v. 1: « Te redimito di fior purpurei »).

[3] È lo stesso aggettivo (sempre riferito alle ortiche) già usato in *Storia di cinquecento Vanesse*, v. 85.

[4] Lo stesso aggettivo, sempre per le ortiche, in *Storia di cinquecento Vanesse*, v. 79.

[5] È la lezione della prima stampa, giustamente restaurata dal Sanguineti contro le edizioni successive, che portano l'erronea « musa ».

[6] È un altro latinismo: chi è allevato, i piccoli che vengono allevati e nutriti; cfr. Pascoli, *I filugelli* (in *Nuovi poemetti*), II, VIII, v. 5: « Ma tu gli alunni muterai dal primo / letto, piú volte ».

[7] È una ricostruzione leopardiana, *Il passero solitario*, vv. 5-6: « Primavera dintorno / brilla nell'aria, e per li campi esulta ».

[8] Cioè, le mandibole.

[9] Che non si interrompono mai. È aggettivo caro al Pascoli (cfr. *La baia tranquilla*, in *Myricae*, v. 3: « quale assiduo sciacquio »; *Il vischio*, in *Primi poemetti*, II, v. 6: « un assiduo sibilo di fusi »).

Animarsi dal cumulo dei semi
li vidi quasi miglio germinante,
15 piccoli, inermi, sotto tende[10] lievi,
in groppo[11] avvinti, trarre[12] i giorni primi.
Volsero[13] i giorni, crebbero gli alunni;
per ben tre volte usciti di se stessi[14]
tre volte tanto apparvero voraci.
20 Or fatti pesi,[15] flettono[16] le cime
della mia selva,[17] ammantano le foglie
con loro mole fosca,[18] irta di punte.[19]

Inorridite? Nulla v'ha d'orrendo
per chi fissa le linee le tinte
25 con occhi nuovi, sempre bene aperti.
Meditiamo[20] i villosi prigionieri
senza ribrezzo, con pietà fors'anco,
se pietà di lor vita oscura e prona[21]
non dileguasse la speranza certa:[22]
30 il guiderdone[23] del risveglio alato.
Tratto ad inganno un bruco, ecco, abbandona
l'ospiti foglie, segue la mia mano:
considerate senza abbrividire
quanta pose Natura intorno a lui,
35 dotta nei suoi lavori, intima[24] cura!
E quanti occhi gli diede a che d'intorno
scorger potesse in ogni dove e quante

---

[10] È il leggero velo di sostanza sericea che avvolge i semi delle farfalle.
[11] Viluppo.
[12] Trascorrere.
[13] Passarono.
[14] Allusione alle tre mute dei bruchi (cfr. Pascoli, *I filugelli*, II, VII, v. 7: « di se stessi escono puri e bianchi »; II, IV, v. 4: « tre volte tanto mangiano »; II, VI, vv. 1-2: « Tre volte tanto brucano foraggio / cosí cresciuti »).
[15] Pesanti, grossi.
[16] Piegano.
[17] Di ortiche.
[18] Scura.
[19] Sono i peli di cui sono dotati i bruchi (cfr. v. 26: « i villosi prigionieri »).
[20] Consideriamo.
[21] China verso terra, in quanto strisciano.
[22] Il soggetto è « la speranza certa ».
[23] Il premio, la ricompensa.
[24] Profonda, segreta.

>   ha per moversi zampe e varie: alcune
>   squammose[25] adunche forti, zampe vere
> 40   della farfalla apparitura:[26] alcune
>   brevi aderenti flaccide[27] contrattili:
>   atte al passo del bruco sulle foglie,
>   come ginnasta bene assicurato.[28]
>
>   Mirabile è la bocca, ordigno armato
> 45   d'acute lime in gemina[29] ordinanza.
>   Concavo un labbro chiude nell'incavo
>   il margine fogliare[30] che due salde
>   mandibole con moto orizzontale
>   tagliano a scatto, in guisa di cesoja.
> 50   Sotto queste maggiori altre minori
>   mandibole triturano le fibre,
>   quattro palpi[31] n'adunano il tritume;
>   tra quelli e queste un foro sericíparo[32]
>   svolge all'aria un sottil filo di seta.
> 55   Ma piaccia[33] a voi questo cristallo terso
>   all'occhio intento sottoporre, mentre
>   con lama breve, dentro chiara coppa,
>   la necessaria[34] vittima divido.
>   Come in un bosco[35] l'intrecciata massa

---

[25] Coperte di squame.

[26] Che dovrà apparire (ed è voce dotta formata sul modello del participio futuro latino).

[27] Il Sanguineti restaura qui il testo della prima stampa, mentre le stampe successive hanno un improbabile « facili ».

[28] Ben equilibrato.

[29] Doppia.

[30] Delle foglie.

[31] Propriamente, è l'appendice articolata dell'apparato boccale degli Artropodi.

[32] Che secerne seta.

[33] Cfr. Mascheroni, *Invito a Lesbia Cidonia*, vv. 418-419: « Piaccia ora a te quest'anglico cristallo / a' leggiadri occhi sottoporre ». Il « terso cristallo » è quello di una lente d'ingrandimento o di un microscopio.

[34] Necessaria all'esperimento, all'osservazione scientifica.

[35] Il Gozzano si rifà alla descrizione del baco da seta, nell'*Invito a Lesbia Cidonia* del Mascheroni, vv. 421-427: « Come in antico bosco d'alte querce / denso e di pini, le cognate piante / i rami intreccian, la confusa massa / irta di ramuscei fende le nubi: / così, ma con più bello ordin, tu vedi / quale pel lungo de l'aperto dorso / va di tremila muscoli la selva ».

60 di rami e ramuscei[36] fende le nubi,
   cosí, ma con piú bello ordin, vedete
   quale per lungo[37] dell'aperto dorso
   va di tremila muscoli la selva:
   ecco il sangue che scorre[38] i molti vasi
65 di rete in guisa da Natura orditi[39]
   e le vie mirabili dell'aria
   ad ogni nodo[40] rinnovate e il cuore
   come collana multipla che pulsa
   del corpo in ogni dove[41] e i molti ventri
70 e del dorso la spina in tanti nodi
   divisa e l'ammirabile del capo
   figura[42] interior eccovi aperta.
   Questo – benché piú delicato ordigno
   offra il bombice[43] industre – è il laberinto
75 misterioso della seta fusa.[44]
   Discende il vaso dall'estrema bocca,[45]
   come fiume che va, poi si biparte;
   dall'una e l'altra banda i rami pari
   s'avvolgono ai precordi intimi e dove
80 l'uno si fa maggior pur l'altro è tale;
   poi, quasi giunti al fin, piegano e al capo
   ascendono e giú tornano ed ascendono,
   elaborato alfin recano al labbro
   l'umor tenace[46] che diventa seta;
85 non altrimenti il sangue dei vulcani
   s'addensa all'aria in rivoli di lava.

[36] Ramoscelli, rametti.
[37] Per il lungo, per il senso della lunghezza.
[38] Percorre.
[39] Fabbricati dalla Natura a modo di rete.
[40] A ogni segmento in cui è diviso il corpo del bruco. In ogni segmento l'apparato della respirazione si presenta completo.
[41] Parte.
[42] Struttura.
[43] Il baco da seta, detto « industre » (industrioso, operoso) perché produce la seta.
[44] In quanto ancora allo stato di bava.
[45] La parte piú interna.
[46] Vischioso.

Ma, oimè, che vedo? Addormentata quasi,
esanimi[47] gli sguardi, con la mano
un mal frenate languido sbadiglio!
90 Che piú? Si tace il crepitío di pioggia:
i bruchi alunni in vario atteggiamento
mi stanno intorno addormentati tutti
mirabilmente! Vince Anatomia
le droghe oppiate dell'Arabia estrema.[48]
95 Amica sonnacchiosa e[49] perdonate,
voi nata al sogno libero e alla grazia,
perdonate la Musa paziente
osservatrice. Ben s'addice al lento
trasmutare dei bruchi prigionieri;
100 piú tardi, al tempo del risveglio alato,[50]
anch'essa certo spiegherà nei cieli
l'ali del sogno per seguirli a volo.
Eccoli intanto, bruchi tuttavia,[51]
stinto il velluto,[52] tumefatti[53] i nodi,[54]
105 eretto il capo immobile, le zampe
fisse alle foglie da sottili bave,
giacersi infermi nella sesta muta.
Per tutto un giorno in torpida quiete
uno spasimo ignoto li tormenta:
110 essere un altro, uscire di se stessi!
Uscire di se stessi! E li vedete
or gonfiarsi, or contrarsi, ora dibattersi,
or delle membra tremule far arco,
fin che sul terzo nodo ecco si fende

---

[47] Che sembrano senza vita, vuoti d'espressione.
[48] Cioè, lo studio dell'anatomia è più potente nel provocare il sonno delle droghe a base di oppio che vengono dal lontano Oriente (« Arabia estrema »).
[49] Ha valore rafforzativo.
[50] Sotto forma di farfalla.
[51] Ancora.
[52] È l'epidermide che copre il corpo dei bruchi, e ha aspetto vellutato.
[53] Gonfi.
[54] I segmenti in cui è diviso il corpo.

115 l'antica spoglia[55] e sul velluto stinto
vivida splende la divisa nuova.
Ed uno appare in due e due in uno,[56]
ma già l'infermo tutto si distorce,[57]
come da un casco liberando il capo
120 dal capo antico, dalle antiche zampe
le nuove zampe liberando, lento
muovendo già, lasciandosi alle spalle
quegli che fu, come guaina floscia.

---

[55] L'uniforme, l'abito.
[56] Cfr. Dante, *Inf.*, XXV, 69 (« vedi che già non se' né due né uno »), incrociato con *Inf.*, XXVIII, 125: « ed eran due in uno e uno in due ».
[57] Calco di una formula dantesca, *Inf.*, XXIII, 112: « Quando mi vide, tutto si distorse ».

Delle crisalidi

Ma il sesto dí la mia famiglia trovo
dispersa tutta lungo[1] le pareti.
Come le sacre vittime d'un tempo
s'apprestavano degne[2] col digiuno,
5   i bruchi alunni mondano i precordi,[3]
ricusano la fronda. È giunta l'ora.
Consapevoli quasi del mistero
imminente, s'ammusano l'un l'altro,[4]
lenti volgendo ad ora ad or la testa,[5]
10 esplorano[6] gli arredi gli scaffali
le cimase gli spigoli, un rifugio
cercando eccelso come gli stiliti.[7]
Cercano in vero il luogo ove celarsi
dai nemici del cielo e della terra;
15 quale vigilia torpida[8] li attenda

---

[1] Il Sanguineti restaura qui il testo della prima stampa, che nelle successive edizioni ha « lungo tutte ».

[2] Si preparavano a farsi degne del sacrificio.

[3] Purificano la parte interna del corpo.

[4] Riminiscenza dantesca, *Purg.*, XXVI, 35: « s'ammusa l'una l'altra la formica ». Il Sanguineti segnala le riprese carducciane (*Davanti San Guido*) e dannunziane (*Le Madri*, in *Alcyone*) dell'immagine.

[5] Ripresa di Dante, *Purg.*, VIII, 101: « Volgendo ad ora ad ora la testa e 'l dosso ».

[6] Nella prima stampa « esplorano », nelle edizioni successive « esplorando ». Qui la scelta per « esplorano », che il Sanguineti compie, non si basa altro che sulla fiducia nella prima stampa, non su evidenti motivazioni di senso, come negli altri casi segnalati.

[7] Anacoreta che si stabiliva, per penitenza, sulla cima di una colonna.

[8] Periodo di preparazione e di attesa (« torpida », perché sarà trascorsa in uno stato di torpore).

ben sanno e sotto quale spoglia[9] inerte[10]
pendula ignuda,[11] senza la custodia
del bombice di sua seta fasciato;[12]
ché le Diurne[13] mutansi in crisalidi
20 non difese che dalla forma subdola,[14]
dalla tinta sfuggente, non armate
che di silenzio immobile e d'attesa.

Dato è perciò seguire nel mistero
i pellegrini della forma.[15] Eletto
25 un rifugio sicuro, il bruco intreccia
poche fila in un cumulo, a sostegno,
v'infigge i ganci delle zampe estreme
e s'abbandona capovolto come
l'acrobata al trapezio. Un giorno intero
30 resta pendulo immoto, in doglia grande,
fin che si fende a sommo[16] e la crisalide
convulsa vibra, si sguaina lenta
dalla spoglia villosa che risale,
s'aggrinza, cade all'ultimo sussulto.

35 Ogni forma di bruco è dileguata:
la crisalide splende, il novo mostro
inquietante ambiguo[17] diverso
da ciò che fu da ciò che dovrà essere!
Pendula, immota, senza membra, fusa
40 nel bronzo verde maculato d'oro,
cosa rimorta[18] la direste, cosa
d'arte, monile antico dissepolto;

---

[9] Forma, aspetto.
[10] Immobile.
[11] Senza difese.
[12] Reminiscenza dantesca, *Par.*, VIII, 54: « quasi animal di sua seta fasciato ». Le crisalidi della Vanessa sono protette dal bozzolo, come quelle del baco da seta.
[13] Le farfalle diurne.
[14] Ingannevole, in quanto si mimetizza con l'ambiente circostante.
[15] Così sono chiamati i bruchi, in quanto stanno cercando, nella metamorfosi, la forma di insetti adulti.
[16] Si apre a partire dall'alto.
[17] In quanto ha una forma che, come il Gozzano dice subito dopo, non richiama né quella del bruco, né quella della farfalla.
[18] Formula dantesca, *Purg.*, XXIV, 4: « L'ombre, che parean cose rimorte ».

  un minuscolo drago vi ricorda
  il dorso formidabile[19] di punte,
45 la maschera d'un satiro v'appare
  nel profilo gibboso e bicornuto.[20]
  Dove il bruco defunto, la farfalla
  apparitura?[21] La Natura, scaltra
  nasconditrice, deviò lo sguardo
50 dell'uomo del ramarro della passera.
  Ma la farfalla tutta, se badate
  ben sottilmente,[22] appare a parte a parte
  in rilievo leggiero: il capo chino
  tra l'ali ripiegate come bende,
55 l'antenne la proboscide[23] le zampe
  giustacongiunte[24] al petto. La crisalide
  ritrae la farfalla mascherata
  come il coperchio egizio ritraeva
  le membra della vergine defunta.

60 Ma già – mentre ch'io parlo – i bruchi tutti
  sono vòlti[25] in crisalidi. Al soffitto
  agli scaffali al dorso dei volumi
  famosi, alle cornici delle stampe,
  financo – irriverenza – al naso adunco,
65 alla mascella scarna del Poeta,[26]
  ovunque la mia stanza è un scintillare
  di pendule crisalidi sopite.[27]
  Guardo e sorrido. E un velo di tristezza
  mi tiene già gli alunni ripensando
70 che piú non sono e loro schiera bruna[28]

---

[19] Irto.
[20] Con due corna.
[21] Cfr. *Dei bruchi*, v. 40.
[22] Cfr. Dante, *Par.*, VII, 88-89: « se tu badi / ben sottilmente ».
[23] L'appendice boccale delle farfalle, che ha funzione succhiante.
[24] Congiunte strettamente. È una composizione dotta del Gozzano, con il lat. *iuxta*: presso, e « congiunto ».
[25] Trasformati.
[26] Evidentemente, un busto di Dante.
[27] Addormentate.
[28] Clausola dantesca, *Purg.*, XXVI, 34: « Così per entro loro schiera bruna ».

raccolta intorno alle mie carte quando
rinnovavo la selva agropungente[29]
e m'era caro il crepitío di lime
dei compagni famelici e seguirne
75 i moti e l'attitudini e ritrarne
col pennello e col verso il divenire.
Oggi tutto è silenzio[30] di clausura,
digiuno, attesa immobile, sgomento
di necropoli tetra. Alle pareti
80 ogni defunto è un pendulo monile,
ogni monile un'anima che attende
l'ora certa del volo. Ed io mi sono
quel negromante che nel suo palagio
senza fine, in clessidre[31] senza fine,
85 custodisce gli spiriti captivi[32]
dei trapassati, degli apparituri.
Veramente la mia stanza modesta
è la reggia del non essere piú,
del non essere ancora. E qui la vita
90 sorride alla sorella inconciliabile[33]
e i loro volti fanno un volto solo.

Un volto solo. Mai la Morte s'ebbe
piú delicato simbolo di Psiche:
psiche[34] ad un tempo anima e farfalla
95 sculpita sulle stele funerarie
da gli antichi pensosi[35] del prodigio.
Un volto solo...

---

[29] Cfr. *Dei bruchi*, v. 1.
[30] Reminiscenza leopardiana, *La sera del dí di festa*, v. 38: «Tutto è pace e silenzio».
[31] L'immagine della clessidra è dettata dalla forma delle crisalidi. «Senza fine»: infinite di numero.
[32] Prigionieri.
[33] La morte. L'immagine è derivata da Maeterlinck, *La Vie des Abeilles*, IV, 17: «La vie et la mort... deux sœurs irréconciliables». La segnalazione è del Porcelli.
[34] Secondo il doppio significato del termine greco Ψυχη.
[35] Consapevoli, che hanno meditato, che hanno pensato sul «prodigio» dell'unico volto della Vita e della Morte.

II

Monografie di varie specie

Del parnasso[1]

Parnassus Apollo

Non sente la montagna chi non sente
questa farfalla, simbolo dell'Alpi...
Segantini[2] pittore fu compagno
intimo del Parnasso. Tutta l'arte
5 del maestro non è che la montagna
intravista dall'ala[3] trasparente...
Voi sorridete, incredula, scorrendo[4]
l'ali chiare. Passate sui Papili,[5]
le Pieridi,[6] le Coliadi,[7] l'Antocari,[8]
10 cercate invano, sorridendo muta.
Ma il vostro riso incredulo s'arresta,
sostate appena sopra una farfalla
ignota e dite risoluta: – È questa! –
Questa e non altra. Tolgo l'esemplare:
15 osservate la grazia! Col Papilio
e la Vanessa,[9] è certo la farfalla
dei nostri climi piú maravigliosa.

---

[1] Fu pubblicata per la prima volta sulla «Stampa» di Torino del 4 marzo 1914. Il nome latino di questa farfalla è, propriamente, Parnassius Apollo (come segnala il Calcaterra).
[2] Giovanni Segantini (1859-1899), il celebre pittore di paesaggi alpestri.
[3] Attraverso l'ala.
[4] Percorrendo rapidamente con l'occhio.
[5] Cfr. *L'assenza*, v. 8.
[6] Cfr. *Signorina Felicita*, v. 249.
[7] Farfalla diurna, con ali gialle bordate di bruno. Piú propriamente il nome entomologico è *colias*, ma il Gozzano ricorre alla forma greca originaria, che era un attributo di Afrodite (dal promontorio di Kolias, nell'Attica, dove la dea aveva un tempio).
[8] All'Antocari è dedicata la sezione *Dell'aurora*.
[9] Cfr. *La via del rifugio*, v. 89.

Ma pure al vostro sguardo di novizia[10]
non è questa bellezza singolare?
20 Mentre pensate il volo del Papilio
sul trifoglio fiorito e la Vanessa
in larghe rote lente[11] sulle ajole,
non tollerate il volo del Parnasso
in un campo, in un orto, in un giardino:
25 evocate un pendio di rododendri,
coronato d'abeti e di nevai,
e la bella farfalla ecco s'adagia
sullo scenario, in armonia perfetta.
È giusto. Meditate l'ali tonde
30 (frastagli e dentature le sarebbero
d'impaccio contro i venti delle alture),
meditate quest'ali trasparenti,
lastre di ghiaccio lucide all'esterno,
nell'interno soffuse di nevischio,
35 gelide in vista tanto che vi sembra
di vederle squagliare a poco a poco;
spiccano sul candore alcune chiazze
vermiglie come fior di rododendro,
come stille di sangue sulla neve,
40 cerchiano l'ali zone bigio-nere
che tengono del musco e del macigno:[12]
il corsaletto è fitto di pelurie
bianca, d'argento come il leontopodi[13]
e l'antenne le zampe la proboscide
45 n'escono brevi come dalla giubba
folta d'un alpigiano freddoloso.
La Natura, l'esteta insuperabile,
la mima senza pari, volle esprimere
la montagna in un essere dell'aria;

---

[10] Cioè, di inesperta d'entomologia.
[11] Cfr. *Invernale*, v. 16.
[12] Adattamento di Dante, *Inf.*, xv, 63: « E tiene ancor del monte e del macigno ».
[13] È il nome scientifico della stella alpina (*Leontopodium alpinum*), che, come segnala il Calcaterra, il Gozzano sostituì a « edelweiss », come aveva scritto nella prima stesura.

50 si giovò della gamma circostante,[14]
diede l'ali alla neve ed al ghiacciaio,
al macigno al lichene al rododendro;
ma da quanti millenni, ma da quali
misteri giunse il genietto alato?[15]
55 In altra età, per certo, quando l'Alpi
erano miti come Taprobane,[16]
la farfalla avea l'abito conforme
con le felci i palmizi l'orchidee
dei nostri monti in quell'età remote.
60 Com'era allora il genietto? Certo
non trasparente, candido, villoso...

Voi contemplate, amica, la farfalla
infissa[17] da molt'anni. Ben piú dolce
è meditarla[18] viva nel suo regno.
65 La rivedo con gioia ad ogni estate;
sfuggito all'afa cittadina, appena
giunto al rifugio sospirato, indago
con occhi inqueti lo scenario alpestre:
senza l'ospite candida le nevi
70 sarebbero per me senza commento.[19]

Ma rade volte scende a valle. Giova[20]
attenderla sull'orlo degli abissi,
fra gli alti cardi i tassi[21] i rododendri.
In quel silenzio primo,[22] intatto come
75 quando non era l'uomo ed il dolore,
ecco la bella principessa alpestre!

---

[14] Cioè, delle forme e dei colori del paesaggio alpino.
[15] Cioè, la farfalla, il parnasso.
[16] Il nome antico dell'isola di Ceylon. « Miti »: di clima.
[17] Con lo spillo, come si usa nelle raccolte entomologiche.
[18] Pensarla.
[19] Cioè, priva di senso.
[20] È opportuno, è necessario.
[21] È una conifera sempreverde, con foglie lineari colore verdescuro e bacche rosse (e appartiene alla flora dell'alta montagna).
[22] Primigenio, primitivo.

Giunge dall'alto scende con un volo
solenne e stanco, noto all'entomologo,
s'arresta sulle cuspidi[23] dei cardi,
80 s'adonta di un erebia,[24] d'un virgaurea,[25]
suoi commensali sullo stesso fiore;
s'avvia, s'innalza, saggia il vento, scende,
vibra, si libra, s'equilibra, esplora
l'abisso, cade lungo le pareti
85 vertiginose ad ali tese: morta.
Dispare, appare sui macigni opposti,
dispare sul candore delle spume,[26]
appare sopra il verde degli abeti,
dispare sul candore dei nevai,
90 appare, spare, minima... Si perde...
Parnasso Apollo!... Il genietto lascia
un solco di mistero al suo passaggio.
Il volo stanco, ritmico, diverso
dall'aliar[27] plebeo delle pieridi,
95 ha un che di malinconico e s'accorda
mirabilmente con la gamma[28] chiara
dell'alte solitudini montane.
E il poeta disteso sull'abisso,
col mento chiuso tra le palme, oblia
100 la pagina crudele[29] di sofismi,
segue con occhi estatici il Parnasso
e bene intende il sorgere dei miti
nei primi giorni dell'umanità;
pensa una principessa delle nevi
105 volta in farfalla per un malefizio...[30]

---

[23] Sulle cime delle infiorescenze.
[24] Farfalla propria delle regioni montagnose, con ali brune o rossicce a macchie scure.
[25] Altra farfalla delle regioni montuose, di colore giallo dorato.
[26] Le nevi.
[27] Dal muovere le ali, dal volo.
[28] L'insieme dei colori e delle forme.
[29] Tormentosa. Si ricordi, per i « sofismi », *Signorina Felicita*, v. 321.
[30] Maledizione, incantesimo malefico.

Della cavolaia

Pieris brassicae

Se la Vanessa ed il Papilio[1] sono
nobili forme alate e dànno immagine
d'un cavaliere e d'una principessa,
la Pieride comune fa pensare
5 una fantesca od una contadina.
È volgare, dal nome alla divisa
scialba, dal volo vagabondo al bruco
nero-verde, flagello delle ortaglie.[2]

Ridotte queste a nuda nervatura,
10 i bruchi vanno su pei muri a mille,[3]
fissano le crisalidi alle mensole
ai capitelli, ai pepli delle statue,
curiose crisalidi, sorrette
alla vita da un filo e non appese,
15 angolari, sfuggevoli, aderenti,
concolori[4] cosí col marmo e il muro
che lo sguardo le fissa e non le vede.

Se tutte si schiudessero, la Terra
sarebbe invasa d'ali senza fine.
20 Ma gran parte ha con sé, già nello stato
di bruco, i germi della morte certa.
Chi s'aggiri in un orto vede all'opra
il Microgastro, piccolo imenottero

---

[1] Cfr. *Dei bruchi*, v. 116.
[2] In quanto se ne ciba, distruggendole.
[3] Cfr. Dante, *Inf.*, XII, 73: « Dintorno al fosso vanno a mille a mille ».
[4] È aggettivo dantesco, *Par.*, XII, 11: « Due archi paralleli e concolori ».

  dall'ali e dall'antenne rivibranti,[5]
25 smilzo, cornuto, negro come un démone.
  Vola, scorre sui bruchi delle Pieridi,
  inarca, infigge l'ovopositore,[6]
  immerge nei segmenti della vittima
  il germe della morte[7] ad ogni assalto.
30 Ad ogni assalto il bruco si contorce,
  ma quando il Microgastro l'abbandona
  non sembra risentirsi dell'offesa:
  cresce, vive coi germi della morte...

  Vive e i germi si schiudono, le larve
35 del parassita invadono la vittima
  ignara; ne divorano i tessuti,
  ma, rette dall'istinto prodigioso,
  non intaccano gli organi vitali.
  Il bruco vive ancora, si tramuta
40 sognando il giorno del risveglio alato;
  ma gli ospiti hanno uccisa la crisalide,
  la fendono sul dorso e dalla spoglia
  non la Pieride bianca, ma s'invola
  uno sciame ronzante d'imenotteri.[8]

45 Come in questa vicenda e in altre molte,
  la Natura,[9] che i retori vantarono
  perfetta ed infallibile, si svela
  stretta parente col pensiero umano!
  Non divina e perfetta, ma potenza
50 maldestra, spesso incerta, esita, inventa,
  tenta ritenta elimina corregge.
  Popola il campo semplice del Tutto
  d'opposte leggi e d'infiniti errori.
  Madre cieca e veggente, avara e prodiga,

---

[5] Che vibrano intensamente (il prefisso *ri-* ha qui valore rafforzativo).
[6] Organo situato all'estremità dell'addome delle femmine di numerosi insetti, a forma di appendice appuntita, più o meno lunga, che serve a deporre le uova.
[7] Cioè, le proprie uova.
[8] Più propriamente, di insetti adulti del microgastro, simili a mosche.
[9] Di questi versi, come ha segnalato il Porcelli, la fonte è Maeterlinck, *L'Intelligence des Fleurs* e *La Vie des Abeilles*.

55 grande meschina, tenera e crudele,
per non perder pietà si fa spietata.[10]

E quando vede rotta l'armonia
riconosce l'errore, vi rimedia
con nascite novelle ed ecatombi.
60 Essa accenna[11] alla Vita ed alla Morte;
e le custodi appaiono, cancellano,
ritracciano la strada ed i confini.[12]

La Cavolaia predilige gli orti,
l'attira il bianco delle case umane;
65 se scorge un muro, subito s'innalza,
lo valica, discende alla ricerca
di compagne festevoli e d'ortaglie.
E l'istinto sovente la sospinge
nel cuor della città. Da primavera
70 a tardo autunno, giunge nelle vie.
E nulla è strano, come l'apparire,
dell'inviata candida degli orti
tra il rombo turbinoso cittadino.
Allora s'interrompe il ragionare
75 dell'amico loquace: – Una farfalla! –

Com'è giunta nel cuor della città?
Aveva la crisalide sui colli
oltre il fiume, nell'orto d'una villa.
L'istinto delle razze numerose
80 sospinge la farfalla ad emigrare;
discese al piano, trasvolò sul fiume,
valicò gli edifici, immaginando
orti propizi e si trovò perduta,
prigioniera nel grande laberinto
85 di pietra che costrussero[13] gli uomini.
Da ore ed ore, forse dal mattino,

---

[10] Ripresa di un verso dantesco, *Par.*, IV, 105: « Per non perder pietà si fé spietato ».
[11] Fa un cenno di richiamo.
[12] La strada dell'evoluzione e i confini delle varie specie, onde non esorbitino sulle altre.
[13] Costruirono.

s'aggira stanca per le vie diritte[14]
dove non cresce un filo d'erba o un fiore.
Come si specchia nei diciottomila
90 occhi stupiti il turbinío dell'uomo?
Forse a quei sensi minimi, la folla,
le case, i carri, questi corpi grandi[15]
sono come la frana, il fuoco, l'acqua,
fenomeni malvagi da fuggirsi.
95 Fugge. L'attira un cespo semovente
di fiori finti, un cencio verde, azzurro,
si libra sulla folla, sull'intrico
metallico, tra il rombo e le faville,
e va senza riposo,[16] un carro passa
100 e la travolge nella scia ventosa...[17]
Con volo ravvivato dal terrore
cerca uno scampo in alto, sale obliqua
contro le case, attinge[18] i tetti, il sole;
si ristora ad un cespo di geranii,
105 fugge lasciando un lembo d'ala a un mostro
tentacolare e candido: una mano;
vola sopra il deserto delle tegole
né piú discende nelle vie profonde,
va tra la selva di colmigni[19] spessi,
110 da tetto a tetto, va senza riposo.
Ed ecco aprirsi sotto la randagia
l'abisso verde di un giardino; scende
scende verso il colore che l'attira.
Il giardino è degli uomini: ingannevole.
115 Vi trova l'erba tenera, le fronde,
i fiori, una brigata di sorelle
sbandite,[20] riparate in quell'oàsi.

---

[14] Con allusione a Torino: cfr. *Torino*, v. 4.
[15] Cfr. Dante, *Par.*, VIII, 99: «Sua provedenza in questi corpi grandi».
[16] Cfr. Dante, *Purg.*, XI, 124: «Ito è cosí e va sanza riposo».
[17] Che provoca un risucchio d'aria.
[18] Raggiunge.
[19] Comignoli. Cfr. Dante, *Inf.*, IV, 66: «La selva... di spiriti spessi».
Il Sanguineti segnala l'autorizzazione dannunziana del termine «colmigni» (*Laus vitae*, vv. 668-669; *Per i marinai d'Italia morti in Cina*, in *Elettra*, v. 35; *La Figlia di Iorio*, I, 3).
[20] Sperdute.

Ma l'erba cittadina non ha steli;
gli alberi, mostri ignoti d'oltremare,
non hanno nella fronda coriacea
un fiore. E l'uomo meditò nel fiore
l'ultima frode: suggellò il nettario,[21]
con arte maga[22] trasmutò gli stami
in multiple sorelle mostruose.[23]
Le Pieridi s'aggirano sui fiori
tentano[24] le azalee ed i giacinti,
ma le corolle suggellate al bacio
son come belle donne senza bocca.
Poche Pieridi trovano la via
dei campi. Grande parte è prigioniera
del chiuso laberinto cittadino;
e nel triste detrito[25] che raccoglie
la scopa mattinale delle vie
biancheggiano falangi d'ali morte...

---

[21] La parte ghiandolare che nel fiore secerne il nettare.
[22] L'« arte » magica è quella del floricoltore.
[23] Molteplici, numerose. « Sorelle mostruose », cioè petali che sono simili a farfalle mostruose. Il Gozzano allude ai fiori doppi o multipli ottenuti dai floricoltori.
[24] Toccano leggermente, per prova.
[25] Rifiuti, spazzatura.

Dell'aurora[1]

Anthocaris cardamines

Primavera per me non è la donna
botticelliana dell'Allegoria.[2]
Primavera è per me questa farfalla
fatta di grazia e di fragilità!

5 Oggi, lungo il sentiero solatio
dove sosta la lepre alle vedette,[3]
un orecchio diritto e l'altro floscio,
tra il grano verdazzurro, lungo il rivo
costellato di primule e d'anemoni,
10 tra il biancospino, che fiorisce appena,
ho rivista l'Antòcari volare
e il cuore mi sobbalza nell'attesa
senza nome che tutte in me resuscita
le primavere dell'adolescenza...

15 Ma primavera non è giunta ancora.

[1] Fu stampato sull'« Illustrazione italiana » del 23 marzo 1916 con il titolo *La messaggiera marzolina*.
[2] Allusione alla celebre allegoria della primavera dipinta dal Botticelli e conservata nella Galleria degli Uffizi di Firenze, ma con la mediazione dannunziana, *Due Beatrici* (ne *La Chimera*), I, vv. 45-46: « La donna de l'Allegoria / che apparve in sogno a Sandro Botticelli », e II, vv. 21-25: « Non vidi allor la Primavera iddia? / ... / Fiori parvero nascer da' capelli, / come ne la divina Allegoria / cui pinse in terra Sandro Botticelli ».
[3] All'erta, in osservazione del possibile pericolo.

È la quinta stagione.[4] Un chiaro Marzo
canavesano, inverno già non piú
non primavera ancora. È l'anno vecchio
tinto a verde d'Enrico l'amarissimo.
20 Se cantano le allodole perdute
nella profonda cavità dei cieli,
non s'odono le rondini garrire;
lasciano appena il Delta[5] o la Gran Sirte[6]
o riposano a Cipro ovver viaggiano
25 sul cordame d'un legno tunisino...
Ma l'Antòcari vola e il cuore esulta!
È la farfalla della novità,
la messaggiera della Primavera,
la grazia mite, l'anima del Marzo.
30 Essa avviva la linfa nelle scorze,
il brusio, il ronzio, lo stridio,
risuscita l'incognito indistinto.[7]

Oh! Messaggiera della Primavera!
La Terra attende. Il cielo che riempie
35 il frastaglio dei rami e delle roccie
sembra intagliato nel cristallo terso;
il profilo dell'Alpi è puro argento;
pallido è il verde primo,[8] il pioppo è brullo,
la quercia ancor non abbandona il fulvo

---

[4] Nella prosa *La quinta stagione*, contenuta nelle *Prose varie*, il Gozzano scrive: « È la quinta stagione, la stagione dell'attesa. Non più inverno, non primavera ancora. È la stagione bella fra tutte. Non parlo di giorni tetri comè questi, ma del marzo chiaro e ventoso... La quinta stagione, non so perché, mi fa rivivere e rimpiangere piú d'ogni altra i ricordi del remoto passato. Lungo i sentieri solitari e soleggiati osservo l'intrico arido dei luppoli, delle vitalbe, simili a funicelle corrose dalle intemperie, le gemme impazienti, una prima violetta, un primo boccio di pesco, che sta per diventar fiore sull'albero ancora nudo. La primavera non è giunta ancora. È la quinta stagione; l'inverno ritinto a verde, di Enrico Heine ». Il poeta tedesco Heinrich Heine (1797-1856) è detto « l'amarissimo » per la violenza polemica e la natura satirica di tanta parte della sua opera.
[5] Del Nilo.
[6] In Libia.
[7] La vita ancora non espressa, non manifesta. È reminiscenza dantesca, *Purg.*, VII, 81: « Non avea pur natura ivi dipinto, / ma di soavità di mille odori / vi facea uno incognito e indistinto ».
[8] La prima erba appena nata.

40 stridulo manto[9] che sfidò l'inverno;
    allieta lo squallore la pannocchia[10]
    pendula verdechiara del nocciòlo,
    la nubecola[11] timida del mandorlo;
    tepido è il sole, ma la neve intatta
45 sta nelle forre squallide, a bacío.[12]

    La Primavera non è giunta ancora,
    ma l'Antòcari vola e il cuore esulta!
    La messaggiera della Primavera
    è timida, sfuggevole alle dita,
50 cosciente di sua fragilità;
    quasi non vola, s'abbandona al vento
    e visita la primula e l'anemone,
    la pervinca, il galanto,[13] il bucaneve;
    il vento marzolino fa tremare
55 petali ed ali dello stesso tremito
    e l'occhio mal discerne la farfalla:
    l'ali minori, marezzate[14] in verde,
    chiudono come un calice l'insetto.
    Insetti e fiori; mimi scaltri,[15] come
60 v'accordaste nei tempi delle origini?
    Le pagine di pietra dissepolte
    attestano che i fiori precedettero
    gl'insetti sulla terra: fu l'anemone
    che alla farfalla ragionò cosí:
65 « Sorella senza stelo, come sei
    fragile d'ali e debole di volo!

---

[9] In quanto formato di foglie secche.
[10] Cioè, l'infiorescenza o amento.
[11] Diminutivo dotto di nube, a indicare l'effetto visivo dei primi fiori del mandorlo.
[12] Nella parte esposta a tramontana, dove non batte il sole. Il termine è pascoliano, *I gemelli* (in *Poemi conviviali*), vv. 11-12: « Era sui monti, era a bacío la neve / ancora », e vv. 102-103: « La neve / era sui monti, era a bacío tuttora ».
[13] Galanto e bucaneve sono sinonimi: ma il Gozzano dovette lasciarsi trarre in inganno da un passo non chiarissimo de *I gemelli* del Pascoli, vv. 93-94: « Ed egli fu il leucoio, ella il galantho, / il fior campanellino e il bucaneve ».
[14] Variegate, striate, venate.
[15] Attori astuti, che si imitano l'un l'altro.

>   Salvati dal ramarro e dalla passera:
>   rivestiti di me, tingiti in verde
>   ai lati, in bianco a mezzo, in fulvo[16] a sommo,
> 70 e con l'antenne simula i pistilli! »
>
>   E il fior primaverile alla farfalla
>   primaverile diede i suoi colori:
>   dolce alleato nella vita breve...
>
>   E la caduca musa marzolina
> 75 sa che deve sparire con l'anemone,
>   sparire prima della Primavera...
>
>   Visita i fiori, intepidisce il regno[17]
>   per le grandi farfalle che verranno,
>   poi, giunta al varco della vita breve,
> 80 congeda il Marzo, volgesi all'Aprile:
>
>   Aprile! Marzo andò: tu puoi venire!...

---

[16] Giallo rossiccio.
[17] Prepara, insieme con il tepore che cresce con l'avvicinarsi della primavera.

Dell'ornitottera[1]

Ornithoptera Pronomus

Sopra l'astuccio[2] nitido[3] di lacca
una fascia di seta giavanese
evoca un mare calmo che scintilla
tra i palmizi dai vertici svettanti.

5 Mi saluta[4] un mio pallido fratello
navigatore in quelle parti calde[5]
d'India, mi parla delle mie raccolte,
ricorda la mia grande tenerezza
per le cose che vivono, rimpiange
10 di non avermi seco nelle valli
favolose, mi manda una farfalla

---

[1] Esiste un abbozzo in prosa, pubblicato dal De Marchi, di questa «epistola», dedicato «a Carlo Ferrari medico navale per una farfalla della Nuova Guinea» e intitolato *Farfalle barbare*.
[2] Nell'abbozzo si legge: «Un mio amico, il medico di marina Carlo Quinteri, mi manda due farfalle dell'isola di Sumatra. Ho fra le mani la cassetta cubica, fasciata di carta giapponese, legata e suggellata di lacca, segnata di bolli sconosciuti. L'apro. Contiene una cassetta più piccola, di foglie tessute, ed una cartolina illustrata: un mare calmo con tre piroghe aguzze, una linea di terre lontane dove svettano centinaia di cocchi altissimi».
[3] Lucido.
[4] Sempre nell'abbozzo il Gozzano scrive: «La cartolina dice: "Mio caro Gozzano, siamo qui, ospiti dell'Ambasciata inglese. Che terra paradisiaca! Penso a te, così appassionato degli insetti, dei fiori, della vita delle piccole cose. Diventeresti pazzo. Abbiamo fatto una corsa nell'interno; che bellezza ubriacante, inverosimile! Ti mando due farfalle che trovai accoppiate sopra un'orchidea spaventosa. Ti mando l'orchidea. Ricordami. Ti abbraccio attraverso lo spessore della terra che ci divide"».
[5] Cfr. Dante, *Inf.*, xiv, 31-32: «Alessandro in quelle parti calde / d'India».

che mi porti il saluto d'oltremare
   attraverso la mole della Terra,
   dalle selve incantate degli antipodi.

15 Con un tremito lieve delle dita
   apro l'astuccio[6] d'erba contessuta[7]
   e in un bagliore d'oro e di smeraldo
   ecco m'appare la farfalla enorme
   che mi giunge di là, che riconosco.
20 L'Ornithoptera Pronomus, la specie
   simbolica dell'isole remote,
   la maraviglia che i naturalisti
   del tempo andato, reduci da Giava,
   dalle Molucche, dalla Polinesia,
25 ci descrissero in libri malinconici.[8]
   L'Ornithoptera Pronomus, la mole
   abbagliante che supera ed offusca
   le piú belle farfalle dei musei.

   Con un tremito[9] lieve nelle dita,
30 il tremito che forse l'entomologo
   comprende... estraggo delicatamente,
   esamino il magnifico esemplare.
   Mistero intraducibile ch'emana

---

[6] Nell'abbozzo: « Sollevo lentamente il coperchio di paglia tessuta; accanto all'orchidea disseccata come uno gnomo mummificato, stanno le due farfalle meravigliose con le ali enormi rigide, d'un verde nero, raccolte quali le compose il mio amico navigatore nell'arcipelago degli antipodi. Riconosco la specie, subito. L'*Ornithoptera Pronomus*, la farfalla tipica delle Indie Orientali, quella che i naturalisti d'altri tempi reduci dalla Sonda, dalle Molucche, dalle Filippine, ci descrissero nei loro libri di sogno ».
[7] Di paglia tessuta, intrecciata.
[8] Perché evocano luoghi lontani, irraggiungibili.
[9] Nell'abbozzo: « Delicatamente, con un tremito lieve delle dita, il tremito che solo l'appassionato di queste cose può comprendere, estraggo, esamino i due magnifici mostri. Solo il naturalista, nella sua sensibilità quasi morbosa, può comprendere il senso di mistero quasi intraducibile che emanano le forme esotiche. L'occhio, familiare alle farfalle dei nostri climi, resta abbagliato, disorientato, come da un'apparizione soprannaturale Miseria delle nostre Vanesse, dei nostri Papili, delle nostre Arginnidi, di tutte le nostre più belle forme, raffrontate a questi due superbi esemplari ».

>   dalle farfalle esotiche! Lo sguardo
> 35 si perde, si confonde sbigottito
>   come da forme soprannaturali;
>   misera veste delle nostre Arginnidi,[10]
>   delle nostre Vanesse, delle nostre
>   piú belle specie, comparate a questa
> 40 maravigliosa forma d'oltremare!
>   Medito a lungo e l'occhio indagatore
>   pur già discerne qualche analogia;[11]
>   anche questa bellezza che m'abbaglia[12]
>   come una forma non terrestre, come
> 45 una specie selenica,[13] fa parte
>   della grande catena armoniosa,
>   ha remoti parenti anche tra noi.
>   Le zampe lunghe speronate,[14] l'ali
>   angolari[15] dal margine ondulato,
> 50 l'addome snello pur nella sua mole,
>   un po' ricurvo, il corsaletto breve,
>   la breve testa dalle antenne a clava,
>   fanno dell'Ornithoptera il cugino
>   barbaro del Papilio Podalirio.[16]

---

[10] Sono farfalle diurne, con ali brune, maculate e striate di bruno sulla pagina superiore, madreperlacee nella pagina inferiore.

[11] Nell'abbozzo: « Enormi. La palma della mano distesa non raggiunge la loro apertura d'ali e pur squisitamente aggraziate nella loro mole gigantesca. La esamino a lungo e l'occhio esperto comincia a discernere qualche analogia. Sì, anche questi campioni che a prima vista sembrano stranieri, fuori della nostra natura, come creature selenitiche, hanno remoti parenti fra noi, fanno parte della grande catena armoniosa (*Papilio, Macaon, Podalirio, Alexanor*), cui il sole equatoriale ha dato moli gigantesche e colori abbaglianti. L'addome snello, pur nella sua mole, e un po' ricurvo, il torace breve, la testa piccola dalle antenne a clava, le zampe speronate, le ali anteriori oblunghe, le posteriori dal margine dentato, fanno dell'*Ornithoptera* il cugino barbaro del nostro Papilio ».

[12] Cfr. Petrarca, *Rime*, CCLXI, 12: « L'infinita bellezza ch'altrui abbaglia ».

[13] Lunare (per indicare la distanza fra le specie di farfalle comuni nei nostri climi e quelle esotiche).

[14] Fornite di speroni.

[15] Ad angolo retto.

[16] Grande farfalla gialla, striata di nero, con prolungamenti aguzzi, neri, nelle ali posteriori.

55   Ma come travestito![17] L'ali sono
      immense, di velluto nero, accese
      da larghe zone d'una brace verde,
      un verde inconciliabile col nostro
      pallido sole settentrionale,
60   l'addome è giallo, un giallo polinese[18]
      intollerando[19] sotto i nostri climi.

      La farfalla è brevissima, tutt'ala,
      stupendamente barbara, inquetante
      come un gioiello d'oro e di smeraldo
65   foggiato per la fronte tatuata
      d'un principe, da un orafo papuaso[20]
      ch'abbia tolto a modello il Podalirio
      nostrano, ingigantendolo, avvivandolo
      di colori terribili, secondo
70   l'arte dell'arcipelago selvaggio.
      E la farfalla,[21] che non so pensare
      sui nostri fiori, sotto il nostro cielo,

---

[17] Nell'abbozzo: « Ma quale travestimento! Le ali di velluto pesante nerissime, alternato a zone d'un verde malese, d'un verde setaceo, un verde che sotto i nostri climi non sarebbe tollerabile; l'addome è giallo, d'un giallo che da noi non sarebbe possibile. L'insieme delle farfalle è pesante e leggero ad un tempo; smalto e zolfo naturale inverosimile e stupendamente selvaggio come una farfalla di seta e di velluto composta dalle mani di una modista che abbia preso a modello un nostro Papilio e si sia abbandonata all'estro della sua fantasia equatoriale ».

[18] Della Polinesia: per indicare un giallo carico, brillante.

[19] Intollerabile.

[20] Della Papuasia, che è propriamente la parte occidentale della Nuova Guinea.

[21] Nell'abbozzo: « Meditando l'*Ornithoptera Pronomus* io vedo quelle terre favolose assai meglio che attraverso le descrizioni, come dal *Parnassus Apollo* si vede tutto il paesaggio alpino... Spiagge madreporiche, parchi vulcanici, moli di basalto, valli dense di verde smaltato nel quale svettano i cocchi, le araucarie eccelse... silenzio strano, luce di acquario che tremola dal frastaglio delle felci arborescenti, silenzio strano, odore ambrato. Paesaggio simile alla prima età del mondo; piante dal profilo miocenico sfuggite a periodi geologici... silenzio strano, luce di acquario. Una radura, l'approssimarsi dell'Oceano Pacifico, l'azzurro e il sole. "Diventeresti pazzo". Mi alzo con un po' di vertigine, sento il cuore pulsare forte, stringere con la violenza d'un maglio le mandibole chiuse, la gola asciutta... ».

       ben s'accorda coi mostri floreali:[22]
       gnomi panciuti dalle barbe pendule,
75   ampolle inusitate,[23] coni lividi
       evocanti la peste e il malefizio;
       s'accorda coi paesi della favola
       sopravvissuti al tempo delle origini:
       vulcani ardenti, moli di basalto,
80   foreste dal profilo miocenico[24]
       dall'aria dolce senza mutamento,[25]
       dove la luce tremola e scintilla
       tra il fasto delle felci arborescenti.[26]

---

[22] Le orchidee: si ricordi che, nell'abbozzo in prosa, il Gozzano racconta di aver ricevuto le due farfalle insieme con l'orchidea su cui erano posate.

[23] Strane, insolite per la forma.

[24] Appartenenti al miocene, che è il terzo periodo geologico dell'era cenozoica.

[25] Reminiscenza dantesca, *Purg.*, XXVIII, 7: « Un'aura dolce, sanza mutamento ». Il Sanguineti segnala le molte mediazioni dannunziane della reminiscenza di Gozzano.

[26] Cfr. *Paolo e Virginia*, v. 23.

Della testa di morto

Acherontia Atropos

D'estate, in un sentiero di campagna,
v'occorse[1] certo d'incontrare un bruco
enorme e glabro,[2] verde e giallo, ornato
di sette zone[3] oblique turchiniccie.
5   Il bruco errava in cerca della terra
dove affondare e trasmutarsi in ninfa;[4]
e dalla gaia[5] larva, a smalti[6] chiari,
nasceva nell'autunno la piú tetra
delle farfalle: l'Acherontia Atropos.

10   Certo vi è nota questa cupa sfinge[7]
favoleggiata,[8] dal massiccio addome,
dal corsaletto folto,[9] con impresso
in giallo d'ocra[10] il segno spaventoso.[11]

Natura, che dispensa alle Diurne[12]
15   i colori dei fiori e delle gemme,
Natura volle l'Acherontia Atropos
simbolo della Notte e della Morte,

[1] Vi capitò, vi accadde.
[2] Liscio, privo di peli.
[3] Strisce, fasce.
[4] Crisalide.
[5] Perché ha colori chiari, vivi.
[6] Cioè, di colori chiari, lucidi, come se fossero smalto.
[7] È il nome generico della maggior parte delle farfalle Lepidotteri.
[8] Di cui si « favoleggia », nel senso che è oggetto di dicerie e di superstizioni, come segno di malaugurio.
[9] Di peli.
[10] È l'argilla gialla, usata come colorante.
[11] Il teschio: cfr. *Signorina Felicita*, v. 213.
[12] Le farfalle diurne, nella divisione di Latreille (1809).

messaggiera del Buio e del Mistero,
e la segnò[13] con la divisa[14] fosca
20 e d'un sinistro canto.[15] L'entomologo
tuttora indaga come l'Acherontia
si lagni. Disse alcuno, col vibrare
dei tarsi.[16] Ma non è. Mozzato ho i tarsi
all'Acherontia e s'è lagnata ancora.
25 Parve ad altri col fremito dei palpi.[17]
Io cementai di mastice la bocca
all'Acherontia e s'è librata ancora
per la mia stanza, ha proseguito ancora
piú furibondo il grido d'oltretomba;
30 grido che pare giungere da un'anima
penante[18] che preceda la farfalla,
misterioso lagno che riempie
uomini e bestie d'un ignoto orrore:
ho veduto il mio cane temerario[19]
35 abbiosciarsi[20] tremando foglia a foglia,
rifiutarsi d'entrare nella stanza
dov'era l'Acherontia lamentosa.

L'apicultore[21] sa che questo lagno
imita il lagno dell'ape regina
40 quando è furente contro le rivali
e concede alla sfinge[22] d'aggirarsi
pei favi, saziandosi di miele.
L'operaie non pungono l'intrusa,
si dispongono in cerchio al suo passaggio,

---

[13] Contrassegnò.
[14] Cfr. *Dei bruchi*, v. 116.
[15] Il ronzio lugubre che la farfalla emette, volando.
[16] È la parte estrema della zampa, negli insetti.
[17] Cfr. *Dei bruchi*, v. 52.
[18] In pena, dannata.
[19] Coraggioso, audace.
[20] Accasciarsi. Il Sanguineti cita esempi dannunziani, ma il termine si incontra anche nel Pascoli, *Serenità*, in *Poesie varie*, v. 11: « il cuor che languido s'abbioscia ».
[21] Da questo punto numerose sono le reminiscenze e gli adattamenti da Maeterlinck, *La Vie des Abeilles*.
[22] L'Acherontia Atropos: cfr. v. 10.

45 con l'ali chine e con l'addome alzato,
l'atteggiamento mite e riverente
detto « la rosa » dall'apicultore.
E la nemica dell'apicultore
col triste canto incanta l'alveare.

50 All'alba solo, quando l'Acherontia
intorpidita e sazia tace e dorme,
l'operaie decretano la morte.
Depone ognuna sopra l'assopita
un granello di propoli,[23] il cemento
55 resinoso che tolgono alle gemme.
E la nemica è rivestita in breve
d'una guaina e non ha piú risveglio.
L'apicultore trova ad ogni autunno,
tra i favi, questi grandi mausolei.[24]

60 Farfalla strana, figlia della Notte,
sorella della nottola[25] e del gufo,
opra non di Natura, ma di démoni,
evocata con filtri e segni[26] e cabale[27]
dalle profondità d'una caverna![28]
65 Bimbo, ricordo, per le mie raccolte,
sempre immolai con trepidanza[29] questa
cupa farfalla, quasi nel terrore
di suscitare con la fosca vittima
l'ira d'una potenza tenebrosa.
70 E anche perché l'Atropo mi parla
di cose rare, dell'antiche ville.
Sul canterano dell'Impero, sotto
la campana di vetro che racchiude

---

[23] È la sostanza resinosa e vischiosa che le api prelevano da gemme o da cortecce e che usano per rivestire le celle dell'alveare.
[24] Tombe, in cui sono sepolte le Acherontie.
[25] Civetta.
[26] Segni magici.
[27] Sortilegi.
[28] In quanto le caverne erano reputate il luogo di passaggio per l'oltretomba.
[29] Tremore, trepidazione.

    le madrepore rare e le conchiglie,
75 sta quasi sempre l'Acherontia Atropos
    depostavi da un nonno giovinetto.
    L'Acherontia frequenta le campagne,
    i giardini degli uomini, le ville;
    di giorno giace contro i muri e i tronchi,
80 nei corridoi piú cupi, nei solai
    piú desolati, sotto le grondaie,
    dorme con l'ali ripiegate a tetto.
    E n'esce a sera. Nelle sere illuni[30]
    fredde stellate di settembre, quando
85 il crepuscolo già cede alla notte
    e le farfalle della luce sono
    scomparse, l'Acherontia lamentosa
    si libra solitaria nelle tenebre
    tra i camerops,[31] le tuje,[32] sulle ajole
90 dove dianzi[33] scherzavano i fanciulli,
    le Vanesse, le Arginnidi,[34] i Papilî.
    L'Acherontia s'aggira: il pipistrello
    l'evita con un guizzo repentino.
    L'Acherontia s'aggira. Alto[35] è il silenzio
95 comentato,[36] non rotto, dalle strigi,[37]
    dallo stridio monotono dei grilli.
    La villa è immersa nella notte. Solo
    spiccano le finestre della sala
    da pranzo dove la famiglia cena.
100 L'Acherontia s'appressa esita spia
    numera i commensali ad uno ad uno,
    sibila un nome, cozza contro i vetri
    tre quattro volte come nocca ossuta.
    La giovinetta piú pallida s'alza
105 con un sussulto, come ad un richiamo.

---

[30] Cfr. *L'analfabeta*, v. 150.
[31] Sono le palme nane (*chamaerops humilis*).
[32] La tuja è una conifera, simile al cipresso.
[33] Poco prima.
[34] Cfr. *Dell'ornitottera*, v. 37.
[35] Profondo, completo.
[36] Accompagnato.
[37] Cfr. *L'analfabeta*, v. 148.

« Chi c'è? » Socchiude la finestra, esplora[38]
il giardino invisibile, protende
il capo d'oro nella notte illune.
« Chi c'è? Chi c'è? » « Non c'è nessuno. Mamma! »
110 Richiude i vetri, con un primo brivido,
risiede a mensa, tra le sue sorelle.
Ma già s'ode il garrito dei fanciulli
giubilanti per l'ospite improvvisa,
per l'ospite guizzata non veduta.
115 Intorno al lume turbina ronzando
la cupa messaggiera funeraria.

[38] Con gli occhi.

Della passera dei santi[1]

Macroglossa Stellatarum

Non tenebrosa come l'Acherontia –
benché sfinge[2] e parente – ma latrice[3]
di pace, messaggiera di speranze:
portanovelle, passera dei Santi,
     col mattino chiarissimo di giugno
penetrò nella mia stanza tranquilla
la macroglossa rapida. L'illuse
questa banda[4] di sole, questa rosa
vermiglia che rallegra le mie carte,
10 turbinò prigioniera visitando
le dipinte ghirlande del soffitto,
rapida giú per le finestre aperte
si dileguò come da corda cocca.[5]
Certo in giardino la ritroveremo
15 sul caprifoglio che ricopre i muri
d'una cortina folta innebriante.[6]
Eccola in opra sui corimbi;[7] guizza
da fiore a fiore come una saetta,
sosta, si libra, immobile nell'aria,

[1] Più che nelle altre « epistole », in questa è decisiva e massiccia la presenza di Maeterlinck, *L'Intelligence des Fleurs*, documentata minuziosamente dal Porcelli e dal Sanguineti. Il Calcaterra pubblicò appunti, desunti da Maeterlinck, e preparatori del successivo testo in versi.
[2] Cioè, appartenente alla stessa famiglia Sfingidi dell'ordine Lepidotteri.
[3] Portatrice.
[4] Raggio.
[5] Citazione letterale di Dante, *Inf.*, XVII, 136.
[6] Per il forte profumo dei fiori di caprifoglio.
[7] Infiorescenze a forma di grappolo.

20 immerge la proboscide nel calice,
e il corpo appare immoto nell'aureola
dell'ali rivibranti:[8] spola aerea,
prodigio di sveltezza equilibrata!

Tutto – nel capo aguzzo, nelle antenne
25 reclini sotto i palpi,[9] nelle zampe
brevi aderenti al corsaletto[10] lustro,
nell'addome sfuggente affusolato,
munito d'una spata[11] di pelurie
mobile forte come cocca[12] espansa
30 atta a guidare e a mitigare[13] il volo –
tutto s'affina nella macroglossa
a fender l'aria, vincere lo spazio
visitare i giardini piú remoti
in brev'istante, messaggera arcana
35 da fiore a fiore. E i fiori si protendono
verso l'insetto, come ad un'offerta.

Amica, sotto il nostro sguardo ignaro
si celebra tra il fiore e la farfalla
il rito piú mirabile, il mistero
40 piú tenero: le nozze floreali.

« *Mariti uxores uno eodemque*[14] *thalamo
gaudent...* », Linneo meditabondo scrive.
Degli sposi gran parte[15] nasce vive
ama nel tabernacolo smagliante

---

[8] Che vibrano intensamente (il *ri-* ha valore rafforzativo).
[9] Cfr. *Dei bruchi*, v. 52.
[10] Cfr. *Signorina Felicita*, v. 215.
[11] Una specie di brattea, formata da peli.
[12] Propriamente, angolo o estremità di un fazzoletto o di un tovagliolo (*espansa*: allargata, aperta).
[13] Rendere meno veloce.
[14] Anche tenendo presenti gli appunti gozzaniani in prosa, preparatori del testo poetico, correggó « unoedemque » delle stampe, secondo la forma propria di Linneo e il modo con cui la citazione appare in Maeterlinck, da cui Gozzano la trae. La frase latina significa: mariti e mogli godono di un solo e medesimo talamo.
[15] Sono sempre i pollini.

della stessa corolla; sul pistillo
giunge dall'alto degli stami il bacio
desiderato, il polline fecondo.
Ma dopo esperienze millenarie
molti fiori s'avvidero che il bacio
nella stessa corolla, che lo stimma
fecondato dal polline fraterno,
conduceva la stirpe in decadenza,
e vollero l'amplesso dell'amante
lontano e meditarono le nozze
non possibili. Alcuni, gli anemofili,
affidarono i baci d'oro al vento;
gli entomofili vollero gli insetti
paraninfi[16] discreti e vigilanti.
Ma il fiore – che sa tutto – non ignora
che vano è al mondo attendere conforto[17]
se non da noi, che la farfalla esiste
pel suo bene soltanto e la sua specie;
ed ecco le scaltrezze del richiamo:
i colori magnifici, i profumi
ineffabili, il nettare che il fiore
distilla in fondo al calice, a compenso
del messaggio d'amore; per attingere
la coppa ambrosia[18] con la sua proboscide,
la macroglossa deve tutti compiere
i riti delle nozze floreali.

Dall'epoca dell'arco e della clava
ai giorni piú recenti del telaio,
del paranco,[19] del fuso, dell'ariete,[20]
quando – e fu ieri – nostre meraviglie
erano l'archibugio e l'orologio,
i piccoli inventori propagavano

---

[16] Propriamente, chi combina i matrimoni.
[17] Aiuto.
[18] L'ambrosia era il mitico cibo degli dei, che rendeva immortali. Qui indica il nettare; la « coppa » è il nettario. Ma « ambrosia » qui è aggettivo di « coppa », con un uso molto prezioso e dotto.
[19] Macchina costituita da due o piú carrucole e usata per sollevare grossi pesi, soprattutto nei porti.
[20] Macchina costituita da una trave munita all'estremità di un rinforzo metallico e usata per abbattere muri.

la specie con mirabili congegni:
l'elica rapidissima, il velivolo
dell'acero,[21] del tiglio, il vagabondo
80 paracadute argenteo del cardo,[22]
la capsula esplosiva dell'euforbia,[23]
l'arma della mormodica[24] potente,
il gioco delle valvole,[25] dei tubi
intercomunicanti d'Archimede
85 bene eseguito dalle piante acquatiche,
l'ampolla chiusa, i piani inclini della
ginestra,[26] i raffi che lo scantio[27] aggancia
al pelo od alla veste del passante,
tutti gli ordegni meditati, tutti
90 gli accorgimenti per coperte vie,[28]
adatti a propagare la semenza
schiusa dall'ombra torpida materna.

Questo popolo verde che ci appare
inerte e rassegnato, è il piú ribelle
95 alla fatalità che lo condanna
in terra, dalla nascita alla morte.
Un desiderio senza tregua, come
di trasformarsi, sale dalla tenebra

---

[21] L'acero ha frutti alati, che, mossi dal vento, presentano moto elicoidale; il tiglio ha pure frutti forniti di un'ampia ala che permette loro di sostenersi sul vento.

[22] I frutti del cardo hanno, come è noto, la forma di una palla argentea, leggerissima, che il vento facilmente dissemina (per questo è detto « paracadute », cioè per la forma sferica, e « vagabondo » per la facilità con cui avviene la disseminazione a opera del vento).

[23] Le euforbie (come il ricino) hanno come frutto una capsula che a maturità esplode, disseminando lontano i semi.

[24] « Mormodica », se non è errore di stampa, è cattiva trascrizione di Gozzano da Maeterlinck per « momordica », una cucurbitacea il cui frutto, simile al cocomero, a maturità, quando sia toccato, si stacca dal suo peduncolo, liberando dall'apertura prodottasi un violento getto mucillaginoso, che contiene i semi e ricade fino a 4 m di distanza.

[25] Allusione al principio di Archimede, per il quale, in un sistema di tubi comunicanti, un liquido si dispone in tutti allo stesso livello.

[26] Il frutto della ginestra è un legume, che contiene semi ovoidali: aprendosi, i semi scivolano sul piano inclinato (« inclini ») della buccia.

[27] Gli uncini. Lo « scantio » è probabilmente la lappola.

[28] Citazione dantesca, *Inf.*, XXVII, 76: « Li accorgimenti e le coperte vie / io seppi tutti ».

　　　　　delle radici, grida nella luce
100　　　delle corolle, cerca la sua legge:[29]
　　　　　liberarsi, fuggire, modulare[30]
　　　　　l'ali, imitare le farfalle al volo.

　　　　　A tante meraviglie il nostro vano
　　　　　orgoglio mal s'oppone col sofisma
105　　　che l'intesa tra il fiore e la farfalla
　　　　　è fissa, che il mirabile congegno
　　　　　non muta. Ma il convolvolo domestico
　　　　　abolisce il nettario,[31] piú non chiama
　　　　　la macroglossa da che sente l'uomo
110　　　paraninfo sicuro e vigilante;
　　　　　altri fiori depongono gli aculei,[32]
　　　　　il lattice,[33] i viticci,[34] da che l'uomo
　　　　　li difende li guida li sorregge.

　　　　　I fiori precedettero gli insetti
115　　　sulla terra nel tempo delle origini;
　　　　　questa sola certezza ci rivela
　　　　　un'intesa tra il fiore e la farfalla,
　　　　　ci rivela che i piccoli inventori
　　　　　sovvertono le leggi ed i modelli.
120　　　All'apparire della macroglossa
　　　　　il caprifoglio congegnò[35] se stesso
　　　　　all'indole dell'ospite imprevista.
　　　　　Altri dica: è Natura, e non il fiore,
　　　　　è Natura che fa tanto sottili
125　　　provvedimenti![36] Menoma per questo

---

[29] Cioè, un modo di vivere diverso da quello («legge») che costringe la pianta all'immobilità.
[30] Formare.
[31] Cfr. *Della cavolaia*, v. 122.
[32] Gli uncini, i «raffi» del v. 87.
[33] Il liquido biancastro contenuto in molte piante: ma qui il Gozzano fa riferimento al modo di disseminazione della «mormodica» (v. 82).
[34] Propriamente sono le appendici filiformi che servono come organo di sostegno alle piante rampicanti.
[35] Adattò.
[36] Cfr. Dante, *Purg.*, VI, 142-143: «che fai tanto sottili / provedimenti».

forse il fervore della nostra indagine?
Un enimma piú forte[37] ci tormenta:
penetrare lo spirito immanente,
l'anima sparsa, il genio della Terra,
130 la virtú somma[38] (poco importa il nome!),
leggere la sua meta ed il suo primo
perché[39] nel suo visibile parlare.

Per chi cerca il volume a foglio a foglio[40]
il genio della Terra – il genio certo
135 dell'Universo intero – si comporta
non come Dio ma come Uomo, attinge[41]
le stesse mete con gli stessi metodi:
tenta s'inganna elimina corregge
sosta dispera spera come noi;
140 scopre ed inventa lento come il fisico,
calcola incerto come il matematico,
orna la terra come il buono artista.
Come noi lotta con la massa oscura
pesante enorme della sua materia;
145 non sa meglio di noi dov'esso vada,[42]
agogna[43] verso un ideale solo:
elaborare tutto ciò che vive
in sostanza piú duttile e sottile,
trarre dalla materia il puro spirito.
150 Dispone d'alleanze innumerevoli,
ma le sue forze intellettive sono
pari alle nostre, nella nostra sfera.

---

[37] Cfr. Dante, *Purg.*, XXXIII, 50: « che solveranno questo enigma forte ».
[38] Cfr. Dante, *Inf.*, X, 4: « O virtù somma, che per li empi giri / mi volvi ».
[39] Cfr. Dante, *Purg.*, VIII, 69: (« lo suo primo perché »), e X, 95: « esto visibile parlare ». « Il suo primo perché »: la cagione prima del suo operare (« nel suo visibile parlare »: nella sua manifestazione nelle cose, nella natura).
[40] Cfr. Dante, *Par.*, XII, 121-122: « Chi cercasse a foglio a foglio / nostro volume ».
[41] Raggiunge.
[42] Quale sia il suo scopo, la sua meta lontana.
[43] Tende.

E se non sdegna gli argomenti umani,[44]
se tutto ciò che vibra in noi rivibra
155 in lui; se attende come noi quel Bene[45]
sommo che la speranza ci promette,
giusto è pensare che su questa Terra
la traccia nostra non è fuor di strada,[46]
giusto è pensare che un'intelligenza
160 sola, universa,[47] sparsa ed immanente
penetra in guisa varia i corpi buoni
men buoni conduttori dello spirito;
giusto è pensare che tra questi l'uomo
è lo stromento dove piú rivibra[48]
165 la grande volontà dell'Universo.

Se la Natura mai non s'ingannasse
e tutto conoscesse e ovunque e sempre
rivelasse un ingegno senza fine,
noi dovremmo temere dell'enigma,
170 vacillare tremanti e sbigottiti;
ma il genio della Terra e il nostro spirito
attingono fraterni a una sorgente
sola; noi siamo nello stesso mondo
ribelli alla materia, eguali, a fronte
175 non di numi tremendi inaccessibili
ma di fraterne volontà velate.

Amica, forse troppo a lungo e troppo
superbamente noi c'immaginammo
creature divine incomparabili
180 senza parenti sulla Terra. Meglio
ritrovarsi tra i fiori e le farfalle,
essere peregrin come son quelli,[49]

---

[44] Cfr. Dante, *Purg.*, II, 31: « Vedi che sdegna li argomenti umani ».
[45] Cfr. Dante, *Par.*, XIX, 50-51: « Quel bene / che non ha fine », incrociato con *Par.*, XXV, 87: « Quello che la speranza ti promette ».
[46] Cfr. Dante, *Par.*, VIII, 148: « Onde la traccia vostra è fuor di strada ».
[47] Universale.
[48] Freme, palpita.
[49] Cfr. Dante, *Purg.*, II, 63: « Noi siam peregrin come voi siete ».

       verso la meta sconosciuta e certa.
       Certa è la meta. Com'è dato leggere
185   tutto il destino della Macroglossa
       in ogni parte del suo corpo aereo[50]
       foggiato ad eternare la bellezza
       d'una fragile stirpe floreale,
       chiaro si legge il compito dell'uomo
190   nel suo cervello e nei suoi nervi acuti.
       Nessuno s'ebbe piú palese il dono
       d'elaborare la materia sorda
       in un'essenza non mortale: anelito
       di tutto ciò che vive sulla Terra
195   fluido strano ch'ebbe nome Spirito,
       Pensiero, Intelligenza, Anima, fluido
       dai mille nomi e dall'essenza unica.
       Tutto di noi gli è dato in sacrificio:
       la ricchezza del sangue, l'equilibrio
200   degli organi, la forza delle membra,
       l'agilità dei muscoli, la bella
       bestialità, l'istinto della vita.

---

[50] Leggero, adatto al volo.

POESIE SPARSE

Primavere romantiche[1]

> Tu parlavi, Mamma: la melodia
> della voce suscitàva alla mia mente
> la visione del tuo sogno perduto.
> Or ecco: ho imprigionato il sogno
> con una sottile malia di sillabe e di
> versi, e te lo rendo perché tu riviva
> le gioie della giovinezza.

Non turbate il silenzio. Tutto tace
verso la donna rivestita a lutto:
la campagna, lo stagno, il cielo, tutto
illude la dolente... O pace! pace!

5 O pace, pace! Poiché nulla spera
ormai la donna declinante.[2] Invano
fiorisce di viole il colle e il piano:
non ritorna per lei la primavera.

Oh antiche primavere! Oh i suoi vent'anni
10 oimè per sempre dileguati. Quanto,
oh quanto ella ha sofferto e come ha pianto!
Atroci sono stati i suoi affanni.

Nulla piú spera ormai: però la bella
timida primavera che sorride
15 dilegua la mestizia che la uccide,
e un sogno antico in lei si rinnovella.[3]

Non pure ieri il piede ella volgea
allo stagno che l'isola circonda?
Ella recava un libro ove la bionda
20 reina per il paggio si struggea:[4]

---

[1] Fu stampata nel 1924, con una breve presentazione di Piero Giacosa, pro monumento del poeta; l'anno della composizione è il 1901, ed è dedicato alla madre del Gozzano, nell'occasione della morte del padre del poeta.
[2] Sia per il dolore sia per l'età.
[3] Si rinnova.
[4] Allusione a *La partita a scacchi* (1873), la celeberrima commedia medievale di Giuseppe Giacosa. Il riferimento è reso esplicito nei vv. 49-52.

(avea il volume incisioni rare
   dove il bel paggio con la mano manca[5]
   alla donna offeria[6] la rosa bianca
   e s'inchinava in atto d'adorare).

25 O sogni d'altri tempi, o tanto buoni
   sogni d'ingenuità e di candore,
   non sapevate il vuoto e il vostro errore
   o innocenti d'allor decameroni![7]

   Ella col libro qui venia leggendo
30 e a quando a quando in terra s'inchinava
   la mammola, l'anemone, e la flava[8]
   primula prestamente raccogliendo.

   Oh tutto Ella ricorda: le turchine
   rose trapunte della bianca veste,
35 la veste bianca in seta, e la celeste
   fascia che le gonfiava il crinoline.[9]

   Poi apriva il cancello, e il ponte stesso
   dove or riposa la persona stanca
   allora trascorreva[10] agile e franca
40 né s'indugiava come indugia adesso.

   Poi entrava nell'isola, e furtiva
   in fra il tronco del tremulo[11] e del faggio
   guatava[12] se al boschivo romitaggio
   l'amico del suo sogno conveniva.

---

[5] Sinistra.
[6] Offriva.
[7] Cfr. *Elogio degli amori ancillari*, v. 11.
[8] Gialla. È termine caro al Carducci (*Idillio maremmano*, in *Rime nuove*) e al D'Annunzio (*Donna Francesca*, I, ne *La Chimera*; *Ditirambo* II, in *Alcyone*).
[9] Cfr. *La bella del re*, v. 16.
[10] Attraversava.
[11] Cfr. *L'intruso*, v. 14.
[12] Scrutava, guardava fissamente, con attenzione.

45 Oh tutto Ella ricorda! Ecco apparire
l'Amato: giunge al margine del vallo[13]
dell'acque, e raffrenando[14] il suo cavallo
il cancello la supplica d'aprire.

« Non dunque accetta è l'umile dimanda
50 del vostro paggio, o bella castellana?
Combattuto ha per voi; fatto gualdana[15]
egli ha per voi, magnifica Jolanda ».[16]

Egli disse per gioco. D'un soave
sorriso ella rispose: assai le piacque
55 il madrigale, ed al di là dell'acque,
sorridendo d'amor, getta la chiave.

Oh tutto Ella rammemora. Non fu
ieri? No, non fu ieri. Il lungo affanno
ella dunque già scorda? O atroce inganno
60 quel dolce aprile non verrà mai piú!...

Non turbate il silenzio. Tutto tace
verso la donna rivestita a lutto,
la campagna, lo stagno, il cielo, tutto
illude la dolente... O pace, pace!

---

[13] Cioè, al margine dell'acqua dello stagno (« vallo »: ostacolo).
[14] Trattenendo, frenando.
[15] Scorreria a cavallo in territorio nemico, per depredare o saccheggiare. È voce dantesca, *Inf.*, XXII, 5.
[16] Qui si fa esplicito il riferimento all'opera di Giacosa, che è, evidentemente, il libro che la protagonista sta leggendo. Jolanda è, appunto, il nome della protagonista de *La partita a scacchi*.

La preraffaellita[1]

Sopra lo sfondo scialbo e scolorito
surge il profilo della donna[2] intenta,[3]
esile il collo; la pupilla spenta
pare che attinga[4] il vuoto e l'infinito.

5 Avvolta d'ermesino e di sciamito[5]
quasi una pompa religiosa[6] ostenta;
niuna mollezza femminile allenta[7]
l'esilità del busto irrigidito.

---

[1] Fu stampato nel 1903 su « Il venerdì della contessa », con la data di Arona, l'estate del 1903, e con la dedica « Per la Signora Adele Testa, l'ospite bene-accetto ».

[2] Il titolo fa riferimento al tipo femminile, languido, etereo, freddo, distante, esile, quale appare nelle opere pittoriche dei preraffaelliti, gruppo di pittori e di poeti inglesi che alla metà del XIX secolo opposero l'arte « primitiva » degli artisti italiani del Trecento e del Quattrocento a quella troppo « accademica » dei pittori del Cinquecento. Ma la suggestione è dannunziana, e discende da « Viviana May de Penuele, / gelida virgo prerafaelita » (*Due Beatrici*, II, ne *La Chimera*).

[3] Che rivolge l'animo e i sensi verso qualcosa di indefinito.

[4] Raggiunga, contempli.

[5] Stoffa pregiatissima di seta cangiante, molto leggera; lo « sciamito » è un tessuto di seta pesante, per lo più di colore rosso amaranto. I due termini preziosi sono derivati dal D'Annunzio della *Francesca da Rimini*, III, 3: « Una vesta / di ermesino tessuto con le fila / di più colori, di cento colori »; « Ermesini, damaschi, / sciamiti, cambellotti »; « Questo / ermesino cangiante ».

[6] Perché le due stoffe furono spesso usate per paramenti sacri.

[7] Rende meno rigida, ammorbidisce.

Tien fra le dita de la manca un giglio[8]
10 d'antico stile, la sua destra posa
sopra il velluto d'un cuscin vermiglio.

Niuna dolcezza è ne l'aspetto fiero;
emana da la bocca lussuriosa[9]
l'essenza del Silenzio e del Mistero.

---

[8] D'Annunzio, sempre parlando di Viviana May de Penuele, dice: « O voi che compariste un dì, vestita / di fino argento, a Dante Gabriele, / tenendo un giglio ne le ceree dita ». I versi delle due terzine saranno utilizzate dal Gozzano per *L'antenata*, vv. 9-14.
[9] Sensuale.

Vas voluptatis[1]

A Voi, casta Penelope

Dal pavimento di musaico, snelli
colonnati surgevano a spirale,
s'attorcevano in forma vegetale
li acanti d'oro sotto i capitelli.

5 Quivi posava un vaso – trionfale
sculptura greca – e ai dí lontani e belli
di Venere accorrean schiave a drappelli
per colmarlo di mirra[2] e d'aromale.[3]

E le turbe obliavano l'orrore
10 aspirando l'aulir[4] dell'incensiere[5]
lenitore d'affanni e di dolore.

Simile a l'urna Voi amo vedere,
dolce Signora, che col vostro amore,
m'offerite la coppa del Piacere.

---

[1] È datato da « Savigliano, Idibus Semptembris, MCMIII ». Il modello del titolo è dato dal D'Annunzio, *Vas spiritualis* (ne *La Chimera*) e *Vas mysterii* (nel *Poema paradisiaco*). Il significato è dato nell'ultimo verso del sonetto: « la coppa del Piacere ».
[2] La resina aromatica, di colore rosso-bruno.
[3] Aroma, profumo (cfr. *Il commiato*, in *Alcyone*, del D'Annunzio, v. 22: « la sabbia delle tue selve aromali »: ma l'uso sostantivato del Gozzano è unico).
[4] Il profumo (*aulire* è, propriamente, verbo, e significa: profumare).
[5] Così è detto il vaso, perché pieno di « mirra e di aromale », cioè di profumi, come l'incensiere (che è voce cara a Baudelaire) di incenso profumato.

Il castello d'Agliè[1]

> ... Princesse, pardonnez, en lisant cet ouvrage
> Si vous y retrouvez, crayonnés par ma main,
> Les traits charmants de votre image:
> J'ai voulu de mes vers assurer le destin...
>
> (Le chevalier de Florian
> à la Sérénissime Princesse de Lamballe).

Poi che il romano Uccello[2] lo stendardo
latino impose su l'itale terre
surgesti minaccioso baluardo.

Surgesti minaccioso e nelle guerre
5 che devastaron la campagna opima[3]
gran nerbo di guerrieri entro rinserre.[4]

Allor Duca non v'era non Reina,
ma molti feditori[5] e balestrieri[6]
per il peggio dell'oste[7] e la ruina.

10 Rozzo surgevi allora, ma tra i neri
fianchi adunavi impavida coorte
d'uomini armati di coraggio e fieri.

Da i tuoi muri turriti da la forte
ossatura dei fianchi da i bastioni
15 le bertesche[8] gittavano la morte

---

[1] Fu stampato su « Il Ventesimo » di Genova del 20 marzo 1904, con la data di Agliè, tardo autunno 1903.
[2] L'aquila romana, con memoria di Dante, *Par.*, XVII, 72: « La cortesia del gran Lombardo / che 'n su la scala porta il santo uccello ».
[3] Ricca, feconda.
[4] Rinserrasti, racchiudesti.
[5] Cavaliere armato alla leggera.
[6] Tiratori con la balestra.
[7] Il nemico.
[8] Piccola torre di legno o di muratura, annessa alle fortificazioni maggiori per consentire un migliore riparo ai difensori (ma il Gozzano sembra considerarla un'arma o una macchina da guerra: forse, l'equivoco nasce da un passo dannunziano, *Francesca da Rimini*, II, 3).

su i signori feudali, su i baroni
vogliosi di posar la man predace
su nuove terre e aver nuovi blasoni.

L'Evo Medio passò, ma non si tace
20 per anco[9] il ferro: i Conti San Martino[10]
nell'antico manier non hanno pace.

Il Torresan,[11] secondo Attila, insino
questi colli per ordine di Francia
porta guerra con suo stuolo ferino.[12]

25 Ma il Bassignana sua coorte[13] slancia
e, mentre fra le braccia di Leonarda
meretrice quei dorme, ecco l'abbrancia.[14]

Nel diruto castello fino a tarda
etade vive Donna Caterina,
30 sposa esemplare in epoca beffarda.[15]

E contro il Cardinale[16] che Cristina
di Francia come sua suddita guarda[17]
Don Filippo difende la Regina.

---

[9] Ancora.
[10] Dal 1141 si nomina con certezza Agliè quale terra appartenente ai conti di San Martino di Rivarolo. I San Martino di Agliè divennero ben presto il ramo più importante e celebre della famiglia.
[11] Torresano di Cuneo, savoiardo, prima speziale, poi, dal 1526, colonnello dell'esercito francese, nel 1537 venne ad Agliè per incarico del comandante dell'armata francese in Italia, generale Humier.
[12] Bestialmente feroce.
[13] Schiera. Il principe di Bassignana e Cesare Maggi fecero prigioniero il Torresano mentre dormiva fra le braccia dell'amante Leonarda e lo condussero ad Arona. Liberato o riuscito a fuggire, il Torresano fu decapitato e squartato a Lione dai Francesi, che egli progettava di tradire.
[14] L'afferra, lo prende.
[15] In età di costumi licenziosi. Caterina di San Martino d'Agliè fu donna di vita esemplare, tanto da essere venerata come santa.
[16] Il conte Filippo di Agliè era consigliere di Cristina di Francia, figlia del re Enrico IV e sposa (nel 1619) di Vittorio Amedeo I, duca di Savoia, detta Madama Reale. Quando il Richelieu (il «Cardinale»), morto il duca, chiese alla vedova, reggente per il figlio Carlo Emanuele, la consegna delle principali fortezze del ducato, il conte di Agliè si oppose. Il Richelieu pretese allora l'allontanamento del conte di Agliè dalla corte, ma Cristina rifiutò. Il Cardinale si vendicò del San Martino facendolo arrestare e imprigionare a Vincennes, dove rimase due anni (fino al 1642).
[17] Considera.

Per alcun tempo qui, quando la tarda
35 baronia declinò,[18] ristette[19] l'urna
che d'Arduino il cenere riguarda.

Ma invidiosa poi ladra notturna
viene coi bravi antica Marchesana,[20]
l'urna si toglie[21] e fugge taciturna.

40 O quante larve[22] vivono d'arcana
vita in miei sogni! Parlano gli abeti
del grande parco, s'anima la piana

dei prati illustri. Appare fra i laureti
bella ospite del Re Carlo Felice[23]
45 Maria Luisa[24] da i grandi occhi inquieti

ed ecco il Re[25] che un'era nuova indice,[26]
ecco Maria Cristina[27] sua consorte,
ecco risorta l'epoca felice.

Cosí mentre m'aggiro e su le morte
50 foglie premo col piede lungo il viale
mille imagini son da me risorte.

[18] Decadde.
[19] Fu collocata, fu conservata.
[20] Il Gozzano allude all'episodio accaduto dopo che nel 1746 Carlo Emanuele di San Martino ebbe venduto Agliè al re. La marchesa Cristina di Saluzzo Miolans, donna bellissima e altera, per l'antichità della famiglia piena di disprezzo per i Savoia, organizzò, insieme con l'amante Carlo Valperga di Masino, che si vantava di discendere da Arduino, il feudatario canavesano che fu incoronato re d'Italia nel 1002, un'azione di forza, e di notte, penetrata con un gruppo di bravi e con il conte nel castello di Agliè, ne asportò la cassetta con le ceneri di Arduino, e la portò a Masino. Curiosamente, la marchesa non ebbe noie per la sua impresa.
[21] Sottrae, porta via con sé.
[22] Fantasmi.
[23] Carlo Felice, re di Sardegna dal 1821 al 1831.
[24] Nel 1828 Carlo Felice invitò Maria Luisa d'Austria, vedova di Napoleone I e duchessa di Parma dopo la Restaurazione, nel castello di Agliè. Per l'improvvisa malattia del conte di Neipperg, marito morganatico di Maria Luisa, che l'accompagnava, ella volle partire prima del tempo che si era prefissa per il soggiorno ad Agliè.
[25] Carlo Felice.
[26] Proclama, dichiara iniziata.
[27] Maria Cristina di Borbone, figlia di Francesco I, re di Napoli. Il Gozzano dichiara « risorta l'epoca felice » perché il castello di Agliè vede di nuovo, quali ospiti, personaggi così nobili e illustri.

E tutto tace.[28] Non il sepolcrale
silenzio rompe il suono delli squilli
non latrato di veltri. L'autunnale

55 luce è silente.[29] Non canto di grilli
estivo e roco.[30] Solo indefinito
fievole viene un suono di zampilli.

È il ferro di cavallo.[31] Quivi ardito
sul delfino cavalca ancor Nettuno
60 di verde-gialli licheni vestito.[32]

Le sirene lapidee[33] dal bruno
manto di musco accennano[34] al ferrigno[35]
Signor del luogo. E non risponde alcuno.

Però su l'acque in tempo eguale[36] il Cigno
65 muove le palme con ritmo silente
e volge attorno l'occhio fiero e arcigno.

[28] Sono qui presenti reminiscenze dannunziane, da *La statua* II (nel *Poema paradisiaco*), vv. 1-4: « Il bel parco, ove un dì correa la muta / de' veltri in caccia dietro il capriuolo, / ora tace. È deserto. Un fonte, solo, / ne l'ombra ride e piange a muta a muta ». Si ricordi anche il carducciano « Tutto ora tace » di *Alle fonti del Clitumno* (in *Odi barbare*), v. 77 e v. 105.
[29] Silenziosa.
[30] Cfr. D'Annunzio, *Climene* (nel *Poema paradisiaco*), vv. 5-8: « Tacciono le fontane un tempo vive, / che ridean tutte vive di zampilli. / Non altro s'ode che il cantar dei grilli / eguale e roco, ne le sere estive ».
[31] La fontana a forma di ferro di cavallo.
[32] Cfr. D'Annunzio, *Climene* (nel *Poema paradisiaco*), vv. 9-12: « Chiudon la tromba del Tritone arguto / i licheni ed i muschi verdegialli. / Nettuno, senza braccia, i suoi cavalli / marini guarda ne la vasca muto ».
[33] Di pietra. Cfr. D'Annunzio, *La statua* III (nel *Poema paradisiaco*) v. 2: « Le statue solinghe, nel cui volto / lapidee talora il mio pensiero / vidi pensando ».
[34] Fanno cenno.
[35] Perché coperto dall'armatura metallica. Cfr. D'Annunzio, *La statua* I (nel *Poema paradisiaco*), vv. 1-4: « Chi scenderà dall'alta scala ai cigni / aspettanti? Protendono silenti / i lunghi colli, ad ora ad ora; e intenti / riguatano dai neri occhi ferrigni » (e segue il riferimento al mito di Leda, amata da Zeus trasformatosi in cigno per poterla possedere).
[36] Con ritmo uguale, regolare.

    Sogna ancor forse Leda nelle intente
    pupille nere lungo la divina
    sponda d'Eurota?[37] Ahimè, la Dea è assente.

70   Ma fra i mirti, fra i lauri la Regina[38]
    del luogo appare cavalcante[39] e bionda
    come bianca matrona bizantina.[40]

    Avanza il baio fino su la sponda
    del bacino. Si specchia trepidante
75   la signora nell'acqua. E il sol la inonda.[41]

    E l'erme[42] antiche memori di tante
    Iddie pagane del bel mito assente[43]
    la rediviva Diana cavalcante

    guatano immote, misteriosamente.

---

[37] L'Eurota è il fiume che scorre presso Sparta, di cui Leda era regina (è detto « divino » perché caro ad Artemide, oltre che a Zeus).
[38] La padrona, la proprietaria del castello.
[39] A cavallo.
[40] Il riferimento è, molto probabilmente, alle figure biancovestite delle donne del corteggio di Teodora, nei mosaici di Sant'Apollinare Nuovo, a Ravenna.
[41] Cfr. Carducci, *Idillio maremmano* (in *Rime nuove*), v. 1: « Co'l raggio de l'april nuovo che inonda / roseo la stanza ».
[42] Statue appoggiate su pilastri e recanti il busto e il capo.
[43] Scomparso, perduto, finito per sempre.

Laus Matris[1]

Nel giorno del mio ventennio

> Laudato sii, mi Domine, cum tucte le criature
> (FRATE SERAFICO: *Cantico del sole*).

> O figlio, canta anche il tuo alloro!
> (*Laus vitae* - GABRIELE D'ANNUNZIO).

Laudata sii dal figlio
che, compiuti vent'anni,
oggi lascia li inganni
ritorna come giglio.
5 Oggi il candor riceve
sull'anima perduta
della bianca caduta
in terra prima neve,
se la tua mano fina
10 sí tenera e sí affranta
recando l'Ostia Santa
verso di lui s'inchina.
Egli che tu ben sai
per motivo nessuno
15 ai ginocchi d'alcuno
non si prostese[2] mai,

---

[1] È tratto da un album della madre del Gozzano e porta la data Torino, 19 dicembre 1903 (quando appunto Guido compiva vent'anni). L'epigrafe riunisce la citazione di San Francesco con i versi conclusivi (vv. 155-156) de *L'annunzio* (in *Maia*), dove compaiono cosí divisi: « O figlio, / canta anche il tuo alloro ». Per il « francescanesimo » del Gozzano, si veda la lettera a Fausto Graziani da Savigliano, del 5 giugno 1903: « Ho letto tante volte il Cantico del Sole, che ormai lo so a memoria, e l'armonico inno dell'Assisiano mi perseguita la mente, come perseguita l'orecchio il ricordo di una bella sinfonia: "... Laudatu sie, mi Signore, cum tucte le tue creature...". Oh Fausto, io credo che solamente Dante possa competere con questa poesia cosí spontaneamente sincera: poesia che al volgo sarà ininteiligibile e fors'anche ridicola, ma che tu comprenderai certamente ».
[2] Prosternò.

ai tuoi ginocchi indice
l'umilicordia[3] e attende
mentre i labbri protende
20 all'ostia redentrice.
Oggi, lasciati i gaudi
e i canti del Piacere,
solleva l'incensiere
di tutte le sue laudi.
25 Laudata per l'amore –
– il solo di sua vita –
per sua dolce infinita
pazienza nel dolore.
Eretta sullo stelo
30 o Rosa adamantina
invitta a la ruina,[4]
invitta a lo sfacelo,
la casa il gran valore
sorregge di sue vene,[5]
35 come i solchi trattiene
la radice di un fiore.
Piú che la laboriosa
femina dell'Ebreo,
Madre di Galileo,[6]
40 o madre mia dogliosa,[7]
voglio esaltarti: voglio
su le tempie che adoro
recingere l'alloro
del mio protervo[8] orgoglio.
45 Laudata sii. Il greve
peso dell'esser mio

---

[3] Dichiara l'umiltà del cuore.
[4] La decadenza della famiglia.
[5] Cioè, del suo animo.
[6] La Vergine. Per «Galileo», opera una memoria carducciana, *Alle fonti del Clitumno* (in *Odi barbare*), v. 113 (il «Galileo di rosse chiome»).
[7] Addolorata, provata dal dolore.
[8] Ribelle.

        nel mese[9] che un iddio
        nasceva su la neve
        tu desti in luce. Forse
50   venne l'Annunciatore
        e il bacio del Signore
        anche al tuo labbro porse?
        O sogno! Allora anch'io
        (il supremo che agogno
55   sogno è raggiunto. O sogno!)
        son figlio d'un iddio?

        Ho un biasimo solo dal quale
        saprai la mia gioia di vita.
        Perché non mi hai fatto immortale?

---

[9] Nel dicembre, cioè nel mese in cui nacque Gesú.

Parabola dei frutti[1]

> Ecce Ancilla Domini.
> Fiat mihi secundum verbum tuum.
> (Salmo dell'Immacolata Concezione).

Il volto un poco inchina
– né triste né giocondo –
sopra il seno infecondo
la Donna sibillina.[2]

5 Il piucheumano mesto
volto sacerdotale
l'assembra[3] una vestale
senza parola e gesto.

Da lunga data tiene
10 i frutti contro il seno,
né i polsi vengon meno
nella fatica lene.[4]

Ardon di pari ardore
i frutti della Terra
15 ch'Ella commisti[5] serra
con quelli dell'Amore.

---

[1] Fu pubblicata ne « Il venerdì della Contessa » di Torino, nel 1904, con la data « Torino, gennaio 1904 » e uno schizzo del poeta. L'epigrafe è tratta dal Vangelo di Luca, 1-38. Tutto il componimento mescola sesso e religione sul gusto dannunziano.
[2] Misteriosa.
[3] La fa rassomigliare.
[4] Lieve, leggera.
[5] Mescolati, uniti (i « frutti dell'Amore » sono, naturalmente, le mammelle).

E nel suo cuore ascoso[6]
un brivido la scuote:
pensa dolcezze ignote
20 in braccio dello Sposo.

Quando l'Annunciatore[7]
verrà nel suo conspetto
recando il bacio e il detto
del dolce suo Signore,

25 allor su l'origliere[8]
per Lui tutti disserra
e i frutti della Terra
e i frutti del Piacere.

---

[6] Nel profondo del suo cuore.
[7] L'allusione è all'angelo dell'Annunciazione, con la commistione, che è di tutto il componimento, fra erotismo e figurazione sacra.
[8] È termine caro al D'Annunzio (e significa: cuscino): con la stessa rima con « piacere » compare in *Donna Francesca* (ne *La Chimera*), IX, vv. 38-40, e ne *Il novilunio* (in *Alcyone*), vv. 12-13.

L'incrinatura[1]

Perché nel vetro di Boemia antica,
dopo un'ora, già langue l'aromale[2]
fior che m'offerse la mia dolce Amica?

Ché la verbena vi languisce, quale
5 la Donna amante il biondo Garcilaso[3]
già martoriata dal segreto male.

Io so quel male: il calice del vaso
la bella mano – o gran disavventura! –
col ventaglio d'avorio urtò per caso.

10 E pur bastò. La lieve incrinatura
è insanabile ormai; il morituro
fiore s'inchina,[4] stanco, nell'arsura,

ché la ferita del cristallo duro
tacitamente compie tutto il giro
15 per cammino invisibile e sicuro.

[1] Fu stampato sulla «Gazzetta del Popolo della domenica» del 1° maggio 1904. Il De Marchi lo indica come una libera amplificazione in modi dannunziani dell'odicina *Le vase brisé* di Sully-Prudhomme (in *Tendresses et solitudes*): «Le vase où meurt cette verveine / d'un coup d'éventail fut fêlé... / Mais la légère meurtrissure / mordant le cristal chaque jour / d'une marche invisible et sure / en a fait lentement le tour».
[2] Profumato. Cfr. *Vas voluptatis*, v. 8.
[3] Non si è riusciti a esplicitare l'allusione gozzaniana.
[4] Si piega.

Vanisce[5] l'acqua e muore il fiore. Io miro
il calice mortifero[6] che serba
quasi non traccia di ferita in giro,

e una assai trista simiglianza e acerba
20 sento fra il vetro e il calice d'un cuore
sfiorato a pena da una man superba.

La ferita da sé, senza romore,
il calice circonda nel rotondo[7]
e il fior d'amore a poco a poco muore.

25 Il cuor che sano e forte pare al mondo
sèrpere[8] sente la segreta pena
in cerchio inesorabile e profondo.

E pur la mano l'ha sfiorato a pena...
Perché nel vetro di Boemia antica,
30 dopo un'ora, già langue la verbena

che vi compose[9] la mia dolce Amica?

---

[5] Ne esce.
[6] Perché il fiore vi muore.
[7] Percorrendone la circonferenza.
[8] Serpeggiare.
[9] Vi sistemò, vi pose dentro con cura.

La falce[1]

I

Giugno. Per le finestre il sole inonda[2]
la bella stanza d'una luce aurina:[3]
freme la messe ai solchi della china,
la messe ormai matureggiante e bionda.

5 La bruna sposa sede alla vicina
cuna ancor vuota: pare ch'Ella asconda
un gran segreto quando l'occhio inchina
al seno stanco che l'amor feconda.

È la cuna ancor vuota, ma Ella sente
10 che l'ora dell'avvento[4] è assai vicina
che ben presto il Messia sarà presente.

E a quel pensiero il bruno capo inchina
al lavoro sottil, le mani adopra
su le fasce su i lini su la trina.

---

[1] I due sonetti furono pubblicati su «Il venerdì della Contessa» di Torino del 1904 con la dedica a Sofia Bisi Albini e la data «Genova, in un crepuscolo del 1904».

[2] Ritorna la reminiscenza carducciana dall'*Idillio maremmano* (in *Rime nuove*), vv. 1-3, de *Il castello d'Agliè*, v. 75.

[3] Dorata. È parola dannunziana: cfr. *Venere d'acqua dolce* (nell'*Intermezzo*): «Cui cingea di belle bande / aurine il Sole» (vv. 141-142); *Vergilia anceps* (in *Alcyone*), v. 3: «Nella pupilla tua, / nel disco / dell'occhio aurino».

[4] «Avvento» e «Messia» ripetono quella mistione di erotismo e di linguaggio sacro di *Parabola dei frutti*.

II

Ottobre. Per i vetri Autunno inonda
la bella stanza delle luci estreme:
vanno i bifolchi cospargendo il seme
su per la china con canzon gioconda.

5 La sposa agonizzante in su la sponda
del letto sta riversa e piú non geme
e accanto a lei e nato e morto insieme
è il bambino difforme.[1] Una profonda

quiete è d'intorno: sopra il lin vermiglio
10 tutto di sangue che un baglior rischiara
la sposa muore, bianca come il giglio.

La Morte, intanto, il feretro prepara:
a l'alba di diman la madre e il figlio
saran racchiusi nella stessa bara.

---

[1] Deforme.

Suprema quies[1]

Serrati i pugni bianchi come cera
giace supino in terra arrovesciato[2]
e la faccia pel[3] rivo insanguinato
    è quasi nera.

5 Con orrido rilievo l'apertura
della ferita tutto il sangue aduna
su la nuca, sul collo, su la bruna
    capellatura.[4]

Giace supino. E non sembra dolere
10 la bella bocca. Quasi ch'Egli avvinga
ancor la Donna e la sua bocca attinga[5]
    tutto il piacere.

Due lumi sopra un cofano. Quei lumi
rischiarano il silenzio sepolcrale:
15 allineati stan nello scaffale
    mille volumi

---

[1] La data del 1911, apposta a un autografo di questa poesia, è, secondo il De Marchi, erronea, poiché essa deve risalire ai primi anni dell'attività del Gozzano. Il Calcaterra indica in Graf il modello del titolo e anche del gusto macabro da cui nasce.
[2] Rovesciato.
[3] In mezzo al.
[4] Capigliatura.
[5] Prenda, tragga, riceva.

```
              che alluminava⁶ un mastro fiorentino
              d'orifiamme e d'armille⁷ in cento nodi.
              Aperti sul divano sono i « Modi »⁸
20                      dell'Aretino

              e sul divano è un guanto che rimosse⁹
              qui, nell'entrar, la Donna del Convito¹⁰
              ed un mazzo sfasciato ed avvizzito
                      di rose rosse.

25            Guata con gli occhi di mestizia pieni
              in capo al letto sull'arazzo infisso
              dolentemente immoto il crocifisso
                      di Guido Reni.¹¹

              Notte e silenzio intorno. Tutto tace.
30            Come in un sogno d'armonia perplessa¹²
              al Poeta ventenne è già concessa
                      l'ultima pace.
```

---

[6] Miniava. Il termine è di derivazione dantesca, *Purg.*, XI, 81: « quell'arte / ch'alluminar chiamata è in Parisi ».

[7] Propriamente, l'orifiamma è una bandiera con stelle e fiamme d'oro in campo rosso, insegna del re di Francia nel medioevo, mentre l'armilla è un tipo di braccialetto portato dai Romani, formato da cerchi disposti a spirale. Qui stanno a indicare i modi geometrici della miniatura.

[8] Nella lettera del 5 giugno 1903 a Fausto Graziani, il Gozzano scrive: « Sul mio scrittoio, accanto ai *Trecento modi* di messer Pietro Aretino, stanno le epistole di S. Chiara ». In realtà, l'Aretino non scrisse mai un'opera con questo titolo (a meno che non si tratti dei *Ragionamenti*, ovvero de *Le sei giornate*): suoi sono, invece, i sonetti che accompagnano le incisioni di Giulio Romano con le *Quaranta posizioni amorose*. Anche le « Epistole di S. Chiara » sono di improbabile identificazione del resto.

[9] Si tolse.

[10] La donna già ricordata nei vv. 10-12. Il « Convito » è l'incontro amoroso.

[11] La riproduzione, evidentemente, di un quadro di Guido Reni (1575-1642).

[12] Sospesa, strana (ed è aggettivo caro al Gozzano come la « perplessità crepuscolare » di *Signorina Felicita*, v. 238).

A Massimo Bontempelli[1]

> Il passato obliar, veder sagace
> in un dolce avvenir, forse non vero,
> ma che rinnova quanto è più fallace...
>
> BONTEMPELLI: *Egloghe* (*Le Compagne*).

I

Poeta, or che più lieto arride[2] Maggio
ritornerai al verde nido ombroso
« con Quella che d'Amor ti tiene ostaggio ».[3]

E lieto più che mai ti sia il riposo
però che al tuo fratello hai dato il bene
del libro salutifero e gioioso.

Il senso della Vita alle mie vene
ritorna ed alla mente il dolce lume[4]
e fuggonsi i fantasmi di mie pene

se vado rileggendo il tuo volume.

II

Ma tu non sai ch'io sia: io son la trista
ombra di un uomo che divenne fievole[5]
pel veleno dell'« altro evangelista ».[6]

---

[1] Fu stampato su « Il Piemonte » di Torino del 1° ottobre 1904, con la data di Torino, maggio 1904. L'epigrafe è tratta dalla II egloga di Massimo Bontempelli (*Le compagne*), vv. 73-75.
[2] Sorride.
[3] Adattamento di un verso di Bontempelli, derivato dall'egloga v, v. 1: « Con quella che d'Amor mi tiene ostaggio ».
[4] Incontro di varie reminiscenze dantesche: *Inf.*, X, 68: « Non fiere li occhi suoi lo dolce lome? »; *Inf.*, I, 84: « Che m'ha fatto cercar lo tuo volume » (in rima con *lume*).
[5] Debole, stanco.
[6] È il D'Annunzio, secondo un'espressione di Francesco Pastonchi.

Mia puerizia, illusa dal ridevole[7]
15 artificio dei suoni e dagli affanni
di un sogno esasperante e miserevole,

apprestò la cicuta ai miei vent'anni:
amai stolidamente, come il Fabro,[8]
le musiche composite e gl'inganni

20 di donne belle solo di cinabro.[9]

III

Or troppo il sole aperto mi commove
tanto fui uso alla penombra esigua
che avvolgon le cortine delle alcove.

Tu mi richiami alla campagna irrigua?
25 Troppo m'illuse il sogno di Sperelli,[10]
troppo mi piacque nostra vita ambigua.[11]

O benedetti siate voi, ribelli,[12]
che verso la salute e verso il vero
ritemprate le sorti dei fratelli.

30 Per me nulla tentar. Piú nulla spero.

[7] Ridicolo, degno di riso.
[8] Sempre D'Annunzio (cfr. il titolo dannunziano *Le faville del maglio*, ma anche Dante, *Purg.*, XXVI, 117: «il miglior fabro del parlar materno»).
[9] Di orpelli, di cosmetici: cioè, artificiosamente belle.
[10] Il Sanguineti indica la suggestione dannunziana dell'immagine in *Al poeta Andrea Sperelli* (citato nel v. successivo dal Gozzano: ma «il sogno di Sperelli» si riferisce al *Piacere*), ne *La Chimera*: «un bel paese irriguo» (in rima con «esiguo» e «ambiguo», come qui).
[11] Non sana, morbosa, malata (soprattutto spiritualmente).
[12] Con riferimento al libro di Bontempelli, inviato al Gozzano in omaggio dall'autore.

IV

Me non solleverai. Forse già sono
troppo malato e forse piú non vale
temprarmi alle terzine del tuo dono.

Però senti e rispondimi: già un tale
35 morbo tenne te pur? Tu pur malato
fosti e guaristi del mio stesso male?

Sorella Terra[13] dunque t'ha sanato?
Io pure ne andrò a lei, ma le mie smorte
membra distenderò, come il Beato,[14]

40 per aspettare la sorella Morte.

---

[13] L'espressione è in Bontempelli, egloga XII, *Invito alla campagna*, v. 81.
[14] Cioè, san Francesco. Il termine «sorella», derivato dal Cantico di San Francesco, ripropone il tipico francescanesimo decadente, che fu anche del D'Annunzio.

L'Antenata[1]

Nel fino cerchio[2] di chelonia[3] e d'oro –
ove un ignoto artefice costrinse[4]
il bel sembiante, poi che lo dipinse
sopra l'avorio, con sottil lavoro –

5 per qual virtú la dama antica avvinse
il pallido nipote? In qual tesoro
di sogni fu che il giovinetto attinse
la mestizia piú dolce dell'alloro?[5]

L'Ava mi guata. – Nella manca ha un giglio[6]
10 di stile antico; la sua destra posa
sopra il velluto d'un cuscin vermiglio.

Niuna dolcezza è nell'aspetto fiero:
emana dalla bocca disdegnosa
l'orgoglio, la tristezza ed il mistero.

[1] Fu stampato su « Il Piemonte » del 3 settembre 1904.
[2] Del cammeo.
[3] Tartaruga.
[4] Per le dimensioni ridotte del ritratto sul cammeo.
[5] Della gloria poetica.
[6] Adattamento delle terzine del sonetto *La preraffaelita*.

Il viale delle Statue[1]

... le bianche antiche statue[2]
acefale[3] camuse,[4]
di mistero soffuse
nelle pupille vacue:

5 Stagioni che le copie[5]
dei fiori e delle ariste[6]
arrecano commiste
entro le cornucopie,

Diane reggenti l'arco
10 e le braccia protese
e le pupille intese[7]
verso le prede al varco,

Leda[8] che si rimira
nell'acque con il reo

---

[1] Fu stampato sulla « Gazzetta del Popolo della domenica » del 23 ottobre 1904.
[2] Le prime cinque strofe sono, come indica il Sanguineti, dense di reminiscenze dannunziane (soprattutto della famosa pagina del *Fuoco*, già ricordata a proposito di *Signorina Felicita*, vv. 241-252).
[3] Senza testa.
[4] Cfr. *Signorina Felicita*, v. 244.
[5] L'abbondanza.
[6] Spighe.
[7] Rivolte.
[8] Secondo il mito, Leda fu amata da Zeus trasformatosi in cigno (che è detto « reo » perché si congiunse con la donna). Le acque sono quelle dell'Eurota, il fiume che scorre presso Sparta, in quanto il cigno sorprese Leda proprio mentre si bagnava in esso.

```
15          candido cigno, Orfeo[9]
            che accorda la sua lira,

            Giunone,[10] Ganimede,[11]
            Mercurio,[12] Deucalione[13]
            e tutta la legione
20          di un'altra morta fede:[14]

            erme tutelatrici
            di un bello antico mito,
            del mio tedio infinito
            sole consolatrici,

25          creature sublimi
            di marmo, care antiche
            compagne e sole amiche
            dei miei dolci anni primi;

            ecco: ritorno a Voi
30          dopo una lunga assenza
            senza piú vita, senza
            illusioni, poi

            che tutto m'ha tentato,
            tutto: anche l'immortale
35          Gloria, e il Bene ed il Male,
            e tutto m'ha tediato.

            La bisavola mia
            voi già consolavate
            ed ora consolate
40          pur la malinconia
```

---

[9] Orfeo è il mitico poeta e cantore, capace di ammansire le fiere con il canto.

[10] Giunone, la sposa di Giove, la dea principale dell'Olimpo pagano.

[11] È il figlio di Troo, re di Ilio, che Zeus, sotto forma di aquila, rapí, invaghito della sua bellezza, per farne il coppiere degli dèi.

[12] Mercurio, il dio dai piedi alati, messaggero degli dèi.

[13] Deucalione, insieme con la moglie Pirra, fu salvato dal diluvio ed ebbe il compito, dopo, di ripopolare la terra, gettandosi dietro le spalle sassi che, toccato il suolo, diventavano uomini (e donne quelli gettati da Pirra).

[14] Quella pagana.

del pallido nipote.[15]
Parlategli dell'Ava[16]
quando pellegrinava[17]
nell'epoche remote

45 recando i suoi affanni
per questi stessi viali
all'ombre sepolcrali,[18]
or è piú di cent'anni.

È certo che la stessa
50 mia pena la teneva
però che un senso aveva
fine di poetessa.

Soltanto a dolorare[19]
veniva a questa volta
55 oppure qualche volta
piacevale rimare

cantando il suo dolore
tra Voi, erme, lungh'essi
i bussi ed i cipressi,
60 e il suo lontano amore?

Era la sua figura
maravigliosa e fina,
la bocca piccolina[20]
qual nella miniatura?

65 Divisi i bei capelli
in due bande[21] ondulate

---

[15] Cfr. *L'antenata*, v. 6.
[16] Antenata.
[17] Passeggiava.
[18] Perché di bussi e di cipressi (v. 59), piante dei cimiteri.
[19] Piangere, lamentarsi.
[20] Reminiscenza di Carducci, *Ça ira*, VIII (in *Rime nuove*), v. 11: «Pare / garofano la bocca piccolina».
[21] Cfr. *La bella del re*, v. 54.

                    siccome le beate
                    di Sandro Botticelli?[22]

                    Aveva un peplo bianco[23]
70   di seta adamascata[24]
                    e che la grazia usata[25]
                    apriva un po' di fianco?

                    (In vano l'apertura
                    fermavan tre borchiati[26]
75   finissimi granati,
                    ché la camminatura[27]

                    lenta scopriva all'occhio
                    il polpaccio scultorio[28]
                    e la gamba d'avorio
80   fino quasi al ginocchio).

                    Portava un cinto a belle
                    Meduse in ciel sereno[29]
                    che costringeva il seno
                    fin sopra delle ascelle?

85   Ed ostentava i bei
                    piedini incipriati
                    da i diti constellati[30]
                    di gemme e di cammei?

---

[22] Il Gozzano, ne *Il misticismo moderno* (in *Prose varie*), scrive: « Le beate del Botticelli, dagli esili colli, dai capelli bipartiti sulla fronte, scendenti sulle tempie e sulle orecchie in due bande ondulate e constretti in un gran fascio di minute trecciuole dietro la nuca ».
[23] Cfr. *Signorina Felicita*, v. 152.
[24] Lavorata a damasco.
[25] Abile, sapiente, un poco maliziosa.
[26] Inseriti in una borchia o fermaglio. Il granato è una pietra preziosa di colore rosso scuro.
[27] Il passo.
[28] Robusto, ben delineato.
[29] Cintura alta, ornata da volti di Medusa su uno sfondo azzurro.
[30] Ornati.

Io rivedo cosí la solitaria
90 lenta innalzare ancora tra gli spessi
mirti e fra l'urne e l'erme ed i cipressi
la candida persona statuaria.

I fauni[31] si piegavano a guatarne
cupidi la bellezza; al suo passare
95 volgevansi le iddie a riguardare
la sorella magnifica di carne.

Ma non sempre fu sola. Un dí riscosso[32]
sembrò il ricordo delle antiche larve:[33]
la Poetessa in quel mattino apparve
100 tutta vestita di broccato rosso.

Anche recava, contro il suo costume,
due rose rosse nelle nere chiome:
lucevan le pupille azzurre come
rinnovellate da inconsueto lume.

105 Scende nel parco e pone sovra un coro[34]
due libri: *Don Giovanni* e *Parisina*.[35]
Poi trascolora:[36] un'ombra s'avvicina
fra i boschetti del mirto e dell'alloro.

Chi viene? Ecco nel folto delle verdi piante
110 un giovane bellissimo avanzare
(Anima, non tremare, non tremare)
ed il suo passo è un poco claudicante.[37]

---

[31] I fauni erano divinità romane minori, dei campi e delle greggi, tradizionalmente rappresentati con orecchie a punta e corna e piedi di capra, nonché come particolarmente maliziosi e dediti a giochi amorosi.

[32] Ridestato, risvegliato.

[33] Le divinità che popolano, in forma di statue, il parco, che sentono risvegliarsi il ricordo dei loro amori.

[34] È un sedile di pietra o di marmo, disposto in forma semicircolare.

[35] Sono due poemi di George Byron (1788-1824), « il Poeta ribelle dei Britanni » del v. 121: detto ribelle per l'anticonformismo a cui improntò tutta la sua vita (soprattutto amorosa).

[36] Impallidisce.

[37] Byron, notoriamente, era leggermente zoppo.

Chi viene dunque ai sogni ed all'oblio?
(Anima, non tremare, non tremare).
115 Ha l'iridi color di verde mare;
nelle sembianze è simile ad un dio.

È Lui, è Lui che vien per la maestra
strada dei lauri.[38] Or ecco, è già da presso
(ed era questo il luogo? questo stesso?)
120 Vedo già l'Ava porgergli la destra

e il Poeta ribelle dei Britanni
la bianca mano inchinasi a baciare
(Anima, non tremare, non tremare)[39]
fra questi bussi... Or è quasi cent'anni.

---

[38] Allori (cfr. v. 108).
[39] Come in *Paolo e Virginia*, Guido si identifica con il poeta e l'amatore del passato romantico, poiché soltanto nel passato, e non nell'arido presente, dominato per di più dalla malattia e dalla morte, è possibile amare veramente.

Il frutteto[1]

Anche né malinconico né lieto
(e forse la consuetudine assecondo
cara d'un tempo al bel fanciullo biondo)
oggi varco la soglia del frutteto.

5 Ah! Vedo, vedo! Come lo ravviso![2]
È bene[3] questo il luogo; in questa calma
conchiusa,[4] certo l'intangibil[5] salma
giacque per sempre dell'amore ucciso,

del vero antico Amore ch'io cercai
10 malinconicamente per l'inqueta
mia giovinezza, la raggiante mèta
sí perseguíta e non raggiunta mai.

Or mi soffermo con pupille intente:[6]
le cose mi ritornano lontano
15 nel Tempo – irrevocabile richiamo! –
mi rivedo fanciullo, adolescente.

O belle, belle come i belli nomi,
Simona e Gasparina, le gemelle![7]

[1] Fu stampato su « Il Piemonte » del 20 agosto 1905, con la data
« Agliè, Il Parco, Ottobre 1904 ».
[2] Riconosco.
[3] Proprio, davvero.
[4] Chiusa, raccolta in sé.
[5] Inviolabile, che si deve lasciare intatta.
[6] Cfr. *La via del rifugio*, v. 113.
[7] Cfr. *La via del rifugio*, v. 97.

Pur vi rivedo in vesta d'angelelle[8]
20 dolce-ridenti[9] in mezzo a questi pomi.

Ed anche qui le statue e le siepi
ed il busso ribelle alle cesoie.
(Natali dell'infanzia, o buone gioie,
quando n'ornavo i colli dei presepi!)

25 Ma sull'erme, sui cori,[10] sopra il busso
simmetrico,[11] sui lauri, sugli spessi
carpini,[12] sulle rose, sui cipressi,
sulle vestigia dell'antico lusso[13]

da cento anni un folto si compose
30 di pomi e peri; il regno statuario[14]
ricoperse; nel florido sudario[15]
sfiorirono le siepi delle rose;

nell'ombre il musco ricoperse i cori
curvi di marmo intatto[16] (l'Antenata[17]
35 non vede lo sfacelo, contristata?)
e nell'ombre languirono li allori.

---

[8] È termine caro, per intento arcaicizzante, al Carducci, (*Rime nuove*, LXXI, v. 28: «Un'alata figura d'angelella») e al D'Annunzio (*Il Piacere*, in *Prose di romanzi*, I, 158: «Tante rose portò ne la sua veste / ... / quante mai n'ebbe il Ciel per avventura, / bianche angelelle, a cingervi le teste»).
[9] Cfr. *Le due strade*, v. 34.
[10] Cfr. *Il viale delle statue*, v. 105.
[11] Perché forma le siepi lungo le strade del parco ed è tagliato in forme regolari, geometriche.
[12] È un albero di alto fusto, con corteccia liscia e grigia e foglie ovali, seghettate. Bussi e carpini e statue sono accomunati anche da D'Annunzio ne *Il fuoco*, II (in *Prose di romanzi*, II, pagg. 772-773 e 775).
[13] Reminiscenza di D'Annunzio, *Climene* (nel *Poema paradisiaco*), vv. 19-20: «Quell'erma che gli amori / antichi vide ne l'antico lusso» (in rima con «busso»), incrociata con un emistichio de *I pastori* (in *Alcyone*), v. 13: «su le vestigia degli antichi padri».
[14] Delle statue.
[15] Ricco di frutti («sudario», perché fra le piante produttive muoiono le siepi delle rose). Per una situazione analoga, cfr. *Signorina Felicita*, vv. 244-250.
[16] Reminiscenza di D'Annunzio, *Hortus conclusus*, vv. 29-30: «Biancheggiano ne l'ombra i curvi cori / di marmo, ora deserti».
[17] Cfr. *Il viale delle statue*, v. 42.

Son l'ombre di una gran pace tranquille:
il sole, trasparendo dall'intrico,
segna la ghiaia del giardino antico[18]
40 di monete, di lunule,[19] d'armille.[20]

M'avanzo pel sentiero omai distrutto[21]
dalla gramigna e dal navone folto;
ascolto il gran silenzio, intento, ascolto
il tonfo malinconico d'un frutto.

45 Ma quanti frutti! Cadono in gran copia
in terra, sui bussetti,[22] sui rosai:
sire Autunno, quest'anno come mai,
munifico vuotò la cornucopia.

O gioco strano! Pur nella faretra
50 di Diana cadde una perfetta pera,
cosí perfetta che non sembra vera
ma sculturata[23] nell'istessa pietra.

Il frutto altorecato[24] assai mi tenta:
balzo sul plinto,[25] il dono della Terra[26]
55 tolgo alli acuti simboli di Guerra,[27]
avvincendomi[28] all'erma sonnolenta.

S'adonta ella, forse, ch'io la tocchi,
l'erma dal guardo gelido e sinistro?
(il tempo edace[29] lineò[30] di bistro[31]
60 le palpebre lapidee delli occhi).

---

[18] Cfr. *Signorina Felicita*, v. 2.
[19] Amuleto a forma di luna falcata (nel mondo romano).
[20] Braccialetto o cerchietto per le caviglie (nel mondo romano).
[21] Questa quartina ritorna, con adattamenti, ne *L'analfabeta*, vv. 41-44.
[22] Siepi di busso.
[23] Scolpita.
[24] È composto dotto, secondo modi di cui Gozzano dà frequenti esempi: cfr. v. 26 e *L'ipotesi*, v. 80.
[25] Base quadrangolare dell'erma di Diana.
[26] La pera.
[27] Cioè, alle frecce contenute nella faretra di Diana (cfr. v. 49).
[28] Aggrappandomi.
[29] Che divora tutte le cose, che consuma.
[30] Segnò.
[31] Cfr. *Le due strade*, v. 44.

Ma un sorriso ermetico ha la faccia
attirante,[32] soffuso di promesse,
– O miti elleni![33] – s'ella mi stringesse
d'improvviso, cosí, tra le sue braccia! –

65 E tolgo e mordo il frutto avventurato[34]
e mi pare di suggere[35] dal frutto
un'infinita pace, un bene, tutto
tutto l'oblio del tedio e del passato.

Ma guardo in torno. Vedo teoria[36]
70 d'erme ridenti in loro bianche clamidi,[37]
ridenti tra le squallide piramidi
del busso. – Torna la malinconia:

Ridevano cosí quando mio Padre
esalò la grande anima e pur tali
75 (udranno allor le mie grida mortali?)
sorrideranno e morirà mia madre.

Ridevano cosí che nella culla
dormivo inconsapevole d'affanno:
implacabili ancor sorrideranno
80 quando di me non resterà piú nulla!

---

[32] Che alletta, piena di lusinghe.
[33] Greci.
[34] Fortunato (perché è caduto sulla statua della dea).
[35] Succhiare.
[36] Corteo, schiera.
[37] Propriamente, corto mantello fermato con una fibbia sulla spalla o sul petto, proprio dell'abbigliamento (maschile, però) dei Greci e dei Romani.

Domani[1]

> *per l'amico*
> *Silla Martini de Valle Aperta*

I

Il corruscante[2] cielo d'Oriente
a gran distesa lodano gli uccelli,
Aurora arrossa i bianchi capitelli
sul tempietto di Leda, intensamente.

5 Tolgon[3] commiato tra le faci[4] spente
gli ospiti stanchi. Un servo aduna i belli
fiori che inghirlandarono i capelli
e li gitta allo stagno, indifferente.

Le rose aulenti[5] nella notte insonne,
10 le rose agonizzanti, morte ai baci
nelle capellature[6] delle donne,

scendon piano con l'alighe[7] tenaci,
in su la melma livida e profonda,
con le viscide larve dei batraci.[8]

---

[1] I sonetti furono pubblicati su « Il Piemonte » del 24 dicembre 1904 e ristampati sulla « Gazzetta del Popolo della domenica » del 5 marzo 1905, con la data « Stagno del Meleto », novembre 1904. Il conte Silla Martini de Valle Aperta, a cui sono dedicati, era un amico del Gozzano e frequentatore delle riunioni del Meleto.
[2] Cfr. *Torino*, v. 4.
[3] Prendono.
[4] Fiaccole.
[5] Profumate (ed è aggettivo caro al D'Annunzio).
[6] Capigliature, chiome.
[7] Alghe (più propriamente, piante palustri). È forma cara a D'Annunzio (cfr. almeno *Canto del sole*, in *Canto novo*, I, v. 4; V, vv. 19 e 23; VIII, v. 16). « Tenaci », cioè che tengono o trattengono con forza.
[8] Girini (« batraci »: rane).

II

Pace alle rose in fondo dello stagno,
in loro fredda orrenda sepoltura;
pur anche la sua gran capellatura
dischioma[1] l'olmo il pioppo ed il castagno.

5 Il cigno guata, mutolo e grifagno,[2]
lo stagno[3] ricolmarsi di frondura.[4]
Silla, sogniamo. Tutto ci assicura[5]
l'ultima pace e l'ultimo guadagno.

Guarda, fratello: innumeri le foglie
10 attorte[6] e rosse e gialle, senza strazio,[7]
distaccansi dal ramo, lentamente;

la Madre antica[8] in sé tutte le accoglie.
Sogniamo, Silla, memori d'Orazio,
quel sogno confortante che non mente.[9]

---

[1] Perde, lascia cadere.
[2] Torvo. Nella seconda stampa « lo stagno ».
[3] Nella seconda stampa « immobil ».
[4] Fronde, fogliame.
[5] Nella seconda stampa « L'Anima sogna: tutto le assicura ».
[6] Accartocciate. Nella seconda stampa « gialle e rosse ».
[7] Quello della morte.
[8] La terra. Nella seconda stampa « l'antica Madre ».
[9] È allusione generica a temi oraziani: cfr. *Carmi*, II, 11 e III, 18.

III

Perché morire? La città risplende
in Novembre di faci[1] lusinghiere;
e molli chiome avrem per origliere,[2]
bendati gli occhi dalle dolci bende.[3]

5 Dopo la tregua[4] è dolce[5] risapere
coppe obliate[6] e trepide vicende –
bendati gli occhi dalle dolci bende –
novellamente intessere al Piacere.

Ma pur cantando il canto di Mimnerno[7]
10 sento che morta è l'Ellade serena
in questo giorno triste ed autunnale.

L'anima trema nell'enigma eterno;
fratello, soffro la tua stessa pena:
attendo[8] un'Alba e non so dirti quale.

---

[1] Luci.
[2] Cuscino (cfr. *Parabola dei frutti*, v. 25).
[3] Quelle dell'amore.
[4] Intervallo.
[5] Nella seconda stampa « bello ».
[6] Le « coppe » del piacere (« risapere »: ritornare a fare esperienza).
[7] Mimnermo (per ragioni di rima il Gozzano scrive « Mimnerno »). Cfr. la lettera a Fausto Graziani da Savigliano, del 5 giugno 1903: « Mi sono appassionato per tutti i poeti che cantarono la voluttà e la vita, dal greco Mimnermo al nostro modernissimo Gabriele D'Annunzio ».
[8] Nella seconda stampa « sono malato del tuo stesso male ».

IV

Che giovò dunque il gesto di chi[1] disse:
« Il gran Pan non è morto! Ecco la via
dell'allegrezze nove. Ovunque sia
dato l'annunzio del novello Ulisse!

5 Il flavo Galileo che ci afflisse[2]
di tenebrore e di malinconia
e quella scialba vergine Maria
e quella croce diamo alle favisse! »?

Nulla giovò. L'impavide biasteme[3]
10 non rianimeran lo spento sguardo
dei numi elleni su gli antichi marmi.

« Lor gioventude vive sol nei carmi ».[4]
Secondo la parola del Vegliardo
il fato ineluttabile li preme.[5]

---

[1] D'Annunzio, ne *L'annunzio* (in *Maia*), vv. 117 e seguenti. Anche il mito di Ulisse, che si reincarna nel nuovo Ulisside Gabriele, è dannunziano (della *Laus vitae*).

[2] La quartina è esemplata su un passo della *Laus vitae*, vv. 8249-8253: « E la croce del Galileo / di rosse chiome gittata / sarà nelle oscure favisse / del Campidoglio, e finito / nel mondo il suo regno per sempre ». « Flavo »: biondo; « tenebrore »: tristezza, mestizia (e oscurantismo); « favisse »: pozzi circolari scavati presso i templi antichi, con lo scopo di conservarvi oggetti o per riti di purificazione; per il « Galileo » cfr. *Laus matris*, v. 37.

[3] Forma arcaica per « bestemmie »; ma cfr. D'Annunzio, *La figlia di Iorio*, I, 5: « Hai fatto biastema / contro l'anima del trapassato », e II, 4: « Le grandi biasteme / ei facea ».

[4] Adattamento di Carducci, *Primavere elleniche*, II (in *Rime nuove*), vv. 55-56: « Ne i carmi... spira sol ne i carmi / lor gioventude » (con riferimento a « Di Grecia i numi »). « Vegliardo »: il Carducci, appunto, che nel 1904 aveva quasi settant'anni.

[5] Incalza.

I fratelli[1]

Nell'impero dell'acque e delle nubi
dove regnava il pecoraio e il gregge,[2]
o Numero, già fatta è la tua legge
dalla potenza delli ordegni indubi.[3]

5 Conduce un filo[4] il moto che tu rubi
all'acqua e vola cento miglia e regge[5]
gli opifici rombanti di pulegge[6]
e di magli terribili e di tubi.

Ben riconosco il Verso tuo fratello
10 onnipossente Numero! Tu fai
a noi men disagevole il sentiero.[7]

E il tuo parente[8] piú leggiadro e snello
ci fiorisce le soste di rosai
e di menzogne dolci piú del Vero.

---

[1] Fu stampato per la prima volta dall'Antonicelli, ne *La moneta seminata* (1968), ricavandolo dal manoscritto de *La via del rifugio*.
[2] Sulle montagne.
[3] Le macchine elettriche (« indubi »: plur. di « indubbio », nel significato di: che non erra, che funziona sicuramente, esattamente).
[4] Il filo elettrico.
[5] Fa muovere, mette in moto.
[6] È una ruota che gira intorno al proprio asse a cui si avvolge una cinghia o una fune, usata per sollevare carichi o per trasmettere un moto rotatorio.
[7] Il cammino, il moto.
[8] Il verso.

Garessio[1]

Dalle finestre medievali e oscure
non piú le dame guardano i cavalli
e i cavalier passar per queste valli,
coruscanti di lucide armature.

5 Dalle finestre medievali e oscure
non piú ridon le dame ai bei vassalli,
ma i garofani bianchi, rossi, gialli
protendono le gran capigliature...

Pace e Silenzio! Fiori alle finestre
10 che invitano a piacevoli pensieri!
Ed ecco in alto, nel dirupo alpestre

fra le balze dei ripidi sentieri
Voi, o Maria, Voi che date al vento
il dolce riso e i bei capelli neri!

---

[1] Versi scritti dal poeta (in data 20 luglio 1905) nell'albo della signorina Maria Marro, a cui il sonetto è dedicato, a Garessio, dove Guido era andato ospite nella casa paterna dell'amico Eugenio Colmo. Furono pubblicati per la prima volta dall'Antonicelli (1968).

« Demi-vierge »[1]

per A. f. H.

I

Non ti conobbi[2] mai. Ti riconosco.
Perché già vissi; e quando fui ministro
d'un rito osceno,[3] agitator di sistro[4]
t'ho posseduta al limite d'un bosco.

5 Bene ravviso il sopracciglio fosco
le bande fulve...[5] Chi segnò di bistro
l'occhio caprino gelido sinistro?
Or ti rivedo[6] in un giardino tosco,[7]

vergine impura, dopo mille e mille
10 anni d'esilio. Tu, fatta Britanna,
scendi in Italia a ricercarvi il sogno.

Sono tre mila anni che t'agogno!
Ma com'è lungi il sogno che m'affanna![8]
Dove sono la tunica[9] e le armille?[10]

---

[1] I due sonetti furono pubblicati su « Poesia » di Marinetti del luglio-settembre 1906, con il titolo *L'esilio*, con la dedica « per una "demi-vierge" » e con la data « Firenze, Settembre 1905 ». L'Antonicelli pubblicò (1968) la redazione manoscritta dall'autografo de *La via del rifugio*, più matura rispetto a quella a stampa. Nel linguaggio mondano dell'inizio del secolo « demi-vierge » (in francese = semivergine) indicava la ragazza che, pur dedicandosi a giochi amorosi, si conserva tecnicamente vergine.
[2] Cfr. *Paolo e Virginia*, v. 17.
[3] Nella stampa « ellèno ».
[4] Strumento musicale a percussione, tipico dell'antico Egitto, costituito da una verga metallica piegata a U, chiusa da un manico e attraversata orizzontalmente da alcune verghette mobili.
[5] Rosse (per le « bande », cfr. *La bella del re*, v. 54).
[6] Nella stampa « ritrovo ».
[7] Toscano.
[8] Nella stampa « ci affanna ».
[9] Nella stampa « li aromati »; la stessa correzione in II, 1.
[10] Cfr. *Il frutteto*, v. 40.

II

Dove sono la tunica e le armille
d'elettro[1] che portavi a Siracusa?[2]
E le fontane e i templi[3] d'Aretusa[4]
e l'erme e gli oleandri delle ville?

5 Del tempo ti restò nelle pupille
soltanto la lussuria che t'accusa,
vergine impura dalla fronte chiusa
tra le due bande lucide e tranquille.

E questa sera tu lasci le danze
10 (per quel ricordo al limite d'un bosco?)
tutta fremendo, come un'arpa viva.

Giungono i suoni dalle aperte stanze
fin nel giardino... O bocca![5] Riconosco
bene il profumo[6] della tua genciva!

---

[1] Nella stampa « e il peplo che vestivi ». Elettro = ambra. È formula dannunziana: *Laus vitae* (in *Maia*), vv. 4176-4177: « I malleoli svelti / inanellati d'elettro »; *Feria d'agosto* (in *Alcyone*), vv. 67-68: « Porta anelli d'elettro e di cristallo / alla caviglia ».
[2] Siracusa è citata dal Gozzano in ricordo del centro ellenistico celebrato da Teocrito (si ricordi l'idillio *Le Siracusane*).
[3] Nella stampa « e il tempio di Gelone e ».
[4] *Aretusa*: secondo il mito, ninfa, che, per sfuggire all'amore del dio fluviale Alfeo, si gettò in mare dalle coste dell'Elide, in Grecia e ricomparve nell'isola Ortigia presso Siracusa. Qui fu mutata in fonte, e le sue acque si confusero con quelle dell'Alfeo, che l'aveva seguita passando intatto sotto il mare.
[5] Cfr. *L'esperimento* (prima stampa), vv. 83-84: « Bocca, riconosco / bene il profumo della tua gengiva ». « Genciva »: gengiva, come in *Ketty*, v. 10.
[6] Nella stampa « sapore ».

La loggia[1]

I

Noi ci vedemmo sotto cieli tetri,
vite di Cipro,[2] al tempo che tu arricci
pochi rimasti pampini ed arsicci
sui tralci immiseriti come spetri.

5 Ci rivediamo che ricopri i vetri
di verde folto, allacci di viticci
e attingi[3] coi tuoi grappoli biondicci
la loggia,[4] in alto, piú di venti metri.

Chi vede le tue prime foglie vizze,
10 o loggia solatia,[5] in Vigna Colta,[6]
come un'amica dolce ti ricorda.

Tu fosti che indulgesti alle sue bizze,
quando Centa vietava la raccolta
alla piccola mano troppo ingorda.

---

[1] I due sonetti erano compresi nel manoscritto de *La via del rifugio*, da cui furono espunti prima della stampa. Il primo, con il titolo *L'altana*, apparve su « Il Piemonte » del 15 ottobre 1905, e fu ristampato su « La Gazzetta del Popolo della domenica » del 19 novembre 1905; insieme furono pubblicati sulla « Vita Nuova » di Roma, giugno 1911, con la data « Settembre 1905 ».
[2] La vite di Cipro o la vite vergine o del Canada.
[3] Raggiungi.
[4] Nella prima stampa « la casa ».
[5] Nella prima stampa « altana soleggiata ».
[6] Nella prima stampa « Polta ».

II

M'è caro, loggia, poi che le tue pigne[1]
la nova luna di settembre invaia,[2]
piluccare i bei chicchi a centinaia
fra le grandi compagini rossigne.[3]

Piú mi compiaccio in te che nelle vigne,
ma, poiché getto i fiocini[4] ne l'aia,
Centa s'avvede, Centa la massaia
mi ricerca con l'iridi benigne.

« Bevesti il latte che non è mezz'ora!
Uva e latte dispandon[5] per le membra
tossico fino![6] Quella gola stolta!... »

Sgridami, Centa! Sali come allora
a condurmi pel braccio via! mi sembra
che tu debba allevarmi un'altra volta...

---

[1] Grappoli. È voce pascoliana: « *Pigna*: grappolo, ma grande saldo unito » (nelle note ai *Canti di Castelvecchio*). Cfr. anche *Grano e vino* (in *Primi poemetti*), v. 1: « Lodo ancor la pigna ».

[2] Fa diventare nere, cioè matura. È altra parola pascoliana: cfr. *Germoglio* (in *Myricae*), v. 21: « Grappolo verde e pendulo, che invaia / alle prime acque fumide d'agosto »; *Il soldato di San Piero in Campo* (in *Primi poemetti*), IV, v. 5: « E l'uva ingrossa, e invaia / i chicchi già ».

[3] La « pigna », appunto, unita, soda.

[4] I vinaccioli e anche le bucce degli acini.

[5] Spandono.

[6] Veleno sottile: cioè, formano una mescolanza indigesta.

A un demagogo[1]

Tu dici bene:[2] è tempo che consacri
ai fratelli la mente che si estolle[3]
anche il poeta, citaredo[4] folle
rapito negli antichi simulacri!

5 Non piú le tempie coronate d'acri
serti[5] di rose alla Bellezza molle;
venga all'aperto! Canti tra le folle,
stenda la mano ai suoi fratelli sacri!

E tu non mi perdoni se m'indugio,
10 poiché di rose non si fanno spade
per la lotta dei tuoi sogni vermigli.[6]

Ma un fiore gitterò dal mio rifugio
sempre a chi soffre e sogna e piange e cade.
Eccoti un fiore, o tu che mi somigli!

[1] Questo, come i cinque sonetti seguenti, sono stati tratti dal De Marchi dal manoscritto de *La via del rifugio*.
[2] Si ricordi la sezione della *Laus vitae* dannunziana dedicata a *Il gran demagogo*.
[3] Solleva, eleva.
[4] Propriamente, sonatore di cetra. Con la cetra si accompagnava l'antica poesia greca: è detto «folle» appunto perché «rapito» nelle immagini del passato («antichi simulacri»).
[5] Corone (dette «acri»: dall'acuto profumo).
[6] Di sangue, di rivoluzione cruenta.

Il modello

Perché non tenteremo la fortuna
d'un bel sonetto biascicante[1] in *ore*
e dove il core rimi con amore
e dove luna rimi con laguna?

5 Pensiero! – E non bellezza inopportuna.
Sincerità! – Il tema delle « otto ore ».[2]
Amore! – Un tal che si trapassa il core.
per una sarta, al chiaro della luna.

« Ma che arte, che lima!... Chi s'adopra,
10 scrivendo, a farsi intendere con poca
fatica, sarà valido e sincero... »

Cosí farò. Cosí, lasciata l'opra
del paiolo e del mestolo, la cuoca
dirà con te: « Ma qui c'è del pensiero! »

---

[1] Rimante.
[2] Della giornata lavorativa di otto ore, quale appunto fu discussa e stabilita, in Italia, proprio nel primo decennio del secolo.

Mammina diciottenne

Non mai – dico non mai – cosí m'infiamma
il senso d'una vita bella e forte
come quando apparite nelle corte
gonnelle d'alpinista, esile damma![1]

5 Non m'irridete![2] Ché nessuna fiamma
come costoro che vi fan coorte[3]
m'invita a seguitar la vostra sorte,
o Margherita, giovinetta Mamma!

O Margherita, mamma diciottenne,
10 chinatevi sul bimbo vostro e ad ogni
bacio s'unisca l'oro delle teste.

Guardandovi cosí fu che mi venne
come un rimorso di cattivi sogni
e un desiderio di parole oneste.

---

[1] La « damma » è la femmina del daino: il termine è proprio della tradizione poetica dotta, rinverdita dal D'Annunzio (*L'otre*, in *Alcyone*, IV, v. 28: « e di cervi e di damme le mie selve »; *La muta*, v. 6: « La muta dei segugi a volpe e a damma »; *Donna Francesca*, ne *La Chimera*, IX, v. 61: « Come a 'l vento tra le arbori la damma », in rima con « fiamma »).
[2] Deridete.
[3] Si accompagnano a voi, vi seguono.

L'invito

Uscite, o capre, or che la luna attinga
la prateria! Il pecoraio dorme.
Giunge sul vento, nella pace enorme
il suono della mitica siringa.[1]

5 Dolce richiamo! Il démone vi cinga
danzando erette. Andate orme su l'orme
dell'amatore musico biforme,[2]
inebbriate della sua lusinga.

Danzate, o capre! Steso sulla madia,
10 chiusi gli orecchi nel berretto frigio[3]
il pecoraio dorme alle Capanne.

O risognate i monti dell'Arcadia,
dimenticate l'onta ed il servigio[4]
sulla dolcezza delle sette canne![5]

---

[1] Strumento musicale degli antichi Greci, a fiato, formato da canne multiple, forate e legate fra di loro, in lunghezza decrescente, con corde e con cera. Era lo strumento tipico di Pan.

[2] Pan, appunto, detto « biforme » perché era figurato con corna e zoccoli di capro e orecchie a punta, nel resto del corpo d'uomo. Per l'aggettivo, cfr. D'Annunzio, L'otre (in Alcyone), III, v. 2: « In mezzo ai salici / mi rinvenne l'Egipane biforme ». È detto « amatore » perché il mito lo rappresenta costante insidiatore di ninfe e donne mortali.

[3] Berretto rosso, con la punta ripiegata in avanti, tipico dei pastori dell'antica Frigia (nell'Asia Minore).

[4] La vergogna, cioè, di essere fatte schiave dell'uomo.

[5] Quelle della siringa.

Elogio del sonetto[1]

Lodati, o Padri, che per le Madonne[2]
amate nel platonico supplizio,[3]
edificaste il nobile edifizio
eretto su quattordici colonne![4]

5 Nulla è piú dolce al vivere fittizio[5]
di te, compenso della notte insonne,
non la capellatura delle donne,
non metri novi in gallico artifizio.[6]

Nessuna forma dà questa che dai
10 al sognatore ebbrezza non dicibile
quand'egli con sagacia ti prepari!

O forma esatta piú che ogni altra mai,
prodigio di parole indistruttibile,
come i vecchi gioielli ereditari!

---

[1] Il Sanguineti indica le suggestioni recenti che influirono sul componimento gozzaniano: il Carducci (*Il sonetto* e *Al sonetto*, in *Rime nuove*), il Graf (*Il sonetto*, nelle *Danaidi*), il D'Annunzio (*Il sonetto d'oro*, nell'*Intermezzo*).

[2] Le donne amate, indicate con termine stilnovista.

[3] « Supplizio », perché, appunto, si tratta di amori « platonici », che non giungono mai alla soddisfazione dei sensi.

[4] I quattordici versi di cui risulta formato il sonetto.

[5] Quello della letteratura, del letterato che passa la « notte insonne » per scrivere il sonetto.

[6] È un'allusione al verso libero, « metro nuovo », appunto, di derivazione francese.

La beata riva[1]

Quegli che sazio della vita grigia
navigò verso l'isole custodi[2]
una levarsi intese fra melodi[3]
voce piú dolce della canna frigia:[4]

5 « Uomo! Ritorna sulle tue vestigia
al dolce mondo! Pel tuo bene m'odi!
Ché l'acqua stessa dei canori approdi
quella è che nutre la palude stigia ».[5]

« Con un fiore il passato si cancella! »
10 « Cancellerai la faccia della Madre
e della Sposa? » – « Tu sola mi piaci! »

« L'amarsi è bello! » – « Ma tu sei piú bella! »
« Fra queste braccia soffrirai! » – « Leggiadre! »
« Verrà la Morte ». – « Pur che tu mi baci! »

[1] Il titolo è di derivazione dantesca (*Purg.*, XXXI, 97: « Quando fui presso alla beata riva »), ma attraverso la suggestione del titolo (*La beata riva*) di Angelo Conti, pubblicato nel 1900 con una premessa di D'Annunzio.
[2] Le isole delle Sirene. Si allude a Ulisse (e all'ultimo viaggio quale è narrato nel poema conviviale del Pascoli; la vita grigia è quella normale, dopo il ritorno a Itaca).
[3] È termine dantesco (*Par.*, XIV, 122: « S'accoglieva per la croce una melode »; XXVIII, 119: « Tre melode, che suonano in tre / ordini di letizia », ma con suggestioni dannunziane: *Anniversario orfico*, v. 45: « Gli versavan le melodi / i Vènti dai lor carri di cristallo », e *Undulna*, v. 19: « Divine infinite melodi / io creo nell'esiguo vestigio », entrambi in *Alcyone*.
[4] La zampogna.
[5] Cioè, è quella del regno dei morti (la « palude stigia » è quella che forma lo Stige, uno dei fiumi d'oltretomba della mitologia pagana).

« *Non radice, sed vertice...* »[1]

> a Golia
> per la molto fogazzariana Circe famelica
> che tu sai...

Un tulle, verdognolo d'alga,[2]
l'avvolge: bellissimo all'occhio,
ed Ella m'accenna dal cocchio[3] –
si sfolla il teatro – ch'io salga:

5 « Positivista irredento,[4]
un'ora fraterna e un the raro
a casa vo' darle e il commento
dell'opere di Fogazzaro ».

Sí! Vengo! Ideale, convertici[5]
10 gli ardori dell'anime calme;
uniscile come le palme
toccantesi solo coi vertici.

---

[1] Anche quest'ode è stata tratta dal De Marchi dal manoscritto de *La via del rifugio*; l'Antonicelli ha riprodotto l'autografo. Il titolo deriva da un passo del capitolo XXII (intitolato *Come gli astri e le palme*) del romanzo *Daniele Cortis* di Antonio Fogazzaro, nel quale è narrato l'addio di Daniele a Elena: « Lo pregò quindi di trascriverle l'iscrizione latina della colonna. Rispose che gliela trascriverebbe e anche delle altre parole latine; d'un santo. Le prese le mani, le disse all'orecchio: – Sono sposi senza nozze, non con la carne ma con il cuore. Cosí si congiungono gli astri e i pianeti, non con il corpo ma con la luce; cosí si accoppian le palme, non con la radice ma con il vertice. Ebbro delle parole sublimi, le ridisse forte al cielo, alle montagne, al fiume rumoreggiante: « Innupti sunt coniuges non carne sed corde. Sic coniunguntur astra et planetae, non corpore sed lumine; sic nubent palmae, non radice sed vertice ». Il titolo latino significa, appunto, « non con la radice ma con la cima ». La dedica è a Eugenio Colmo, amico e compagno di studi di Gozzano, noto con lo pseudonimo di Golia per l'alta statura (1885-1967).
[2] Che ha il colore verdognolo dell'alga.
[3] Carrozza.
[4] Che non si redime, che non si converte.
[5] Rivolgi a noi.

> Le forme bellissime sue
> non curo, o Signora! Il Maestro[6]
> (non so se pudíco o maldestro)
> ci vieta servircene a due.[7]
>
> Daniele non bacia la bocca,
> ma fugge per Fede e Speranza,
> vaporeggiando a distanza
> l'amor della Donna non tocca.
>
> Ah! Lungi l'orrore dei sensi!
> E noi penseremo, o Signora,
> l'azzurreggiante d'incensi
> Cappella Sistina canora.
>
> Papaveri! E l'ora piú blanda[8]
> faremo, Signora, con quella
> del Sonno tremenda sorella:
> (prodigio di versi!...) Miranda.[9]
>
> Dispongo le carni compunte,
> Marchesa, mia pura sorella,
> la palma pensando, che snella
> non lega le basi[10] alle punte.
>
> Le basi... le punte incorrotte...
> il the... Fogazzaro... Marchesa!
> Ma questo sparato mi pesa!
> Non ho la camicia da notte...

15
20
25
30
35

---

[6] Il Fogazzaro.
[7] Cioè, marito e amante.
[8] Calma, tranquilla (senza ardore di sensi).
[9] È il titolo del poemetto che fu la prima opera pubblicata dal Fogazzaro, nel 1874.
[10] Radici.

L'altro[1]

L'Iddio che a tutto provvede
poteva farmi poeta
di fede; l'anima queta
avrebbe cantata la fede.

5 Mi è strano l'odore d'incenso:
ma pur ti perdono l'aiuto
che non mi desti, se penso
che avresti anche potuto,

invece che farmi gozzano[2]
10 un po' scimunito, ma greggio,[3]
farmi gabrieldannunziano:
sarebbe stato ben peggio!

Buon Dio, e puro conserva
questo mio stile che pare
15 lo stile d'uno scolare
corretto un po' da una serva.

---

[1] È l'abbozzo dell'unica tentata fra le « preghiere al Buon Gesú » che il Gozzano progettò nel 1907 (la *Preghiera al buon Gesú perché non mi faccia essere d'annunziano*), sul modello delle *Quatorze Prières* di Jammes ne *Le Deuil des Primevères* (1901). Nell'*Albo dell'officina* ne abbiamo l'elenco: « Preghiera al Buon Gesú perché sopprima alcuni imbecilli (non i cattivi: la malvagità è guaribile: la cretineria è incurabile). Preghiera al Buon Gesú per ottenere la donna d'altri. Preghiera al Buon Gesú perché sopprima i miei nemici. Preghiera al Buon Gesú per uno scherzo di cattivo genere. Preghiera al Buon Gesú per non essere d'annunziano ».
[2] Per la minuscola del nome, cfr. *La via del rifugio*, v. 36.
[3] Grezzo, naturale, autentico.

Non ho nient'altro di bello
al mondo, fra crucci e malanni!
M'è come un minore fratello,
20 un altro gozzano: a tre anni.

Gli devo le ore di gaudi
piú dolci! Lo tengo vicino;
non cedo per tutte *Le Laudi*[4]
quest'altro gozzano bambino!

25 Gli prendo le piccole dita,
gli faccio vedere pel mondo
la cosa che dicono Mondo,[5]
la cosa che dicono Vita...

---

[4] L'opera fondamentale di D'Annunzio poeta, pubblicata nel 1902.
[5] Cfr. *Signorina Felicita*, v. 183.

Le golose[1]

Io sono innamorato di tutte le signore
che mangiano le paste nelle confetterie.

Signore e signorine –
le dita senza guanto –
5 scelgon la pasta. Quanto
ritornano bambine!

Perché niun le veda,
volgon le spalle, in fretta,
sollevan la veletta,[2]
10 divorano la preda.

C'è quella che s'informa
pensosa della scelta;
quella che toglie[3] svelta,
né cura tinta o forma.

15 L'una, pur mentre inghiotte,
già pensa al dopo, al poi;
e domina i vassoi
con le pupille ghiotte.

Un'altra – il dolce crebbe[4] –
20 muove le disperate

---

[1] Fu stampato sulla « Gazzetta del Popolo della domenica » del 28 luglio 1907, con la data « Torino, confetteria Baratti ».
[2] Cfr. *Un rimorso*, v. 27.
[3] Prende, afferra.
[4] Traboccò.

bianchissime al giulebbe[5]
dita confetturate!

Un'altra, con bell'arte,
sugge la punta estrema:
25 invano! ché la crema
esce dall'altra parte!

L'una, senz'abbadare[6]
a giovine che adocchi,
divora in pace. Gli occhi
30 altra solleva, e pare

sugga, in supremo annunzio,
non crema e cioccolatte,
ma superliquefatte[7]
parole del D'Annunzio.

35 Fra quegli aromi acuti,
strani, commisti troppo
di cedro, di sciroppo,
di creme, di velluti,

di essenze parigine,[8]
40 di mammole, di chiome:
oh! le signore come
ritornano bambine!

Perché non m'è concesso –
o legge inopportuna! –
45 il farmivi da presso,
baciarvi ad una ad una,

o belle bocche intatte
di giovani signore,
baciarvi nel sapore
50 di crema e cioccolatte?

Io sono innamorato di tutte le signore
che mangiano le paste nelle confetterie.

---

[5] Propriamente, è sciroppo di frutta, con molto zucchero. Qui indica la crema contenuta nelle paste.
[6] Badare.
[7] Sublimate, quintessenziate.
[8] Cfr. *Il responso*, v. 14.

Al mio Adolfo[1]

    Ofo ha il naso a patatina
    Nani fatto a pisellino
    Si risveglian la mattina
    stretti insiem vicin vicino

5   Ofo dice scimiottino
    Nani dice scimiottina
    E posando la testina
    fa la nanna in l'angolino.

---

[1] Versi tratti dall'*Albo dell'officina*. Correggo, rispetto all'edizione Sanguineti (e a quella Calcaterra-De Marchi), per ragioni metriche il v. 4.

Nell'Abazia di San Giuliano[1]

Buon Dio nel quale non credo, buon Dio che non esisti,
(non sono gli oggetti mai visti piú cari di quelli che
[vedo?)

io t'amo! Ché non c'è bisogno di credere in te per
[amarti
(e forse che credo nell'arti? E forse che credo nel
[sogno?)

5 Io t'amo, Purissima Fonte che non esisti, e t'anelo!
(Esiste l'azzurro del cielo? Esiste il profilo del monte?)

M'accolga l'antica Abazia; è ricca di luci e di suoni.
Mi piacciono i frati; son buoni pel cuore in malinconia.

Son buoni. « Non credi? Che importa? Ripòsati un
[poco sui banchi.
10 Su, entra, su, varca la porta. Si accettano tutti gli
[stanchi ».

Vi seggo – la mente suasa[2] – ma come potrebbe sedervi
un tale invitato dai servi e non dal padrone di casa.

[1] È l'abbozzo di un componimento non portato a termine, composto dopo la lettura di un articolo de « Il Momento » di Torino, non molto benevolo nei confronti de *La via del rifugio* e, in particolare, dell'ultima poesia della raccolta, *L'ultima rinunzia* (come risulta da quanto è scritto in fronte all'abbozzo: « Il Momento. 20 aprile 1907) ». L'abazia di San Giuliano è presso San Francesco d'Albaro, Genova, dove il Gozzano trascorse lunghi periodi di convalescenza.
[2] Persuasa, convinta.

– « Ripòsati, o anima sazia! Ripòsati, piega i ginocchi!
Chissà che il Signore ti tocchi, chissà che ti faccia la
[grazia ».

15 – « Mi piace il Signore, mi garba il volto che gli avete
[fatto.
Oh, il Nonno! Lo stesso ritratto! Portava pur egli la
[barba! »

« O Preti, ma è assurdo che dòmini sul tutto inumano
[ed amorfo[3]
quell'essere antropomorfo che hanno creato gli
[uomini! »

– « E non ragionare! L'indagine è quella che offúscati il
[lume.
20 Inchínati sopra il volume,[4] ma senza voltarne le pagine,

o anima senza conforti, e pensa che solo una fede
rivede[5] la vita, rivede il volto dei poveri morti »

– « O Prete, l'amore è un istinto umano. Si spegne alle
[porte
del Tutto. L'amore e la morte son vani al tomista[6]
[convinto ».

---

[3] Non umano e non animato, cioè sugli animali, le piante, la materia.
[4] Della natura, con una metafora che è ne *L'analfabeta*, vv. 45 e 128.
[5] Nell'al di là.
[6] Seguace delle idee di san Tommaso d'Aquino: qui sta per filosofo cristiano ortodosso.

355

L'ipotesi[1]

I

Io penso talvolta che vita, che vita sarebbe[2] la mia,
se già la Signora vestita di nulla[3] non fosse per via...

E penso[4] pur quale Signora m'avrei dalla sorte per
 [moglie,
se quella tutt'altra Signora non già s'affacciasse alle
 [soglie.

---

[1] Fu abbozzata e lacerata nel 1907, ripresa e svolta nel 1908, come dice il Calcaterra. Tommaso Monicelli la pubblicò nel periodico « Il viandante » con una lettera del Gozzano che dice, fra l'altro: « E licenziala dunque! Non la posso riscattare con altra lirica mia. E tu m'induci cosí affettuosamente alla pubblicazione che non so piú dirti di no. Ma sappi tu, e sappia il pubblico dei tuoi lettori, che *L'ipotesi* è cosa della mia prima maniera, scritta poco piú che ventenne, in quei polimetri che oggi – affinato ad una metrica piú severa – mi riescono intollerabili. Nemmeno l'avrei pubblicata nel volume apparituro, o l'avrei confinata nella prima parte della raccolta, dove col nesso ciclico dell'insieme, avrebbe formato un "passaggio" logico, abbastanza armonioso. Cosí sola non piacerà. Non piace a me. E i piú crederanno trovarvi molti motivi rifritti della *Signorina Felicita*, mentre nella raccolta *L'ipotesi* è preludio di quell'idillio ». *L'ipotesi* fu poi esclusa dal « volume apparituro », cioè da *I colloqui*. Un'altra redazione fu pubblicata in appendice a: G. Gozzano e A. Guglielminetti, *Lettere d'amore*, Milano, 1951, da Spartaco Asciamprener: corrisponde a *La Signorina Domestica*, primo abbozzo e primo nome della futura « Signorina Felicita », citato nell'*Albo dell'officina*.
[2] Nella SD « che vita sarebbe stata ».
[3] La morte (cfr. *Alle soglie*, v. 26).
[4] In SD sono inseriti questi distici: « Un giorno – se quella signora non già si affacciasse alle soglie – / un giorno d'aprile, all'aurora, vorrei richiedere in moglie / quella che vive tranquilla, col nonno tremulo e avaro / in una squallida villa di San Francesco d'Albaro ». Si prosegue poi con il distico che inizia col v. 7, senza il « ma » iniziale.

II

5 Sposare vorremmo non quella che legge romanzi,
                                              [cresciuta
tra gli agi, mutevole e bella, e raffinata e saputa...

Ma quella che vive[5] tranquilla, serena col padre borghese
in un'antichissima villa remota del Canavese...

Ma quella[6] che prega e digiuna e canta e ride, piú fresca
10 dell'acqua, e vive con una semplicità di fantesca,

ma quella che porta le chiome lisce sul volto rosato[7]
e cuce[8] e attende al bucato e vive secondo il suo nome:

un nome che è come uno scrigno di cose semplici e
                                                  [buone,
che è come un lavacro benigno di canfora spigo[9]
                                              [sapone...

15 un nome[10] cosí disadorno e bello che il cuore ne trema;
il candido nome che un giorno vorrò celebrare in
                                              [poema,

il fresco nome innocente come un ruscello che va:
Felícita! Oh! Veramente Felícita!... Felicità...[11]

---

[5] In SD « veste ».
[6] In SD « quella ».
[7] In SD « quadrato ».
[8] In SD « quella che ».
[9] Lavanda.
[10] In SD « Domestica. – La Signorina Domestica! Oh! Veramente / domestica: dolceridente fra i testi d'erba cedrina! » (« testi »: vasi). Si chiude qui la II sezione di SD.
[11] L'interpretazione del nome di Felicita è parodia, come dice il Sanguineti, di quella dantesca, *Par.*, XII, 79: « O padre suo veramente Felice! » (con riferimento a san Domenico).

357

III

Quest'oggi[12] il mio sogno mi canta figure, parvenze
                                          [tranquille
20   d'un giorno d'estate, nel mille e... novecento...
                                          [quaranta.

(Adoro le date. Le date: incanto che non so dire,
ma pur che da molto passate o molto di là da venire).

Sfioriti sarebbero tutti[13] i sogni del tempo già lieto
(ma sempre l'antico frutteto darebbe i medesimi frutti).

25   Sopita[14] quest'ansia dei venti anni, sopito l'orgoglio
(ma sempre i balconi ridenti sarebbero di caprifoglio).

Lontani[15] i figli che crebbero, compiuti i nostri destini
(ma sempre le stanze sarebbero canore di canarini).

Vivremmo pacifici[16] in molto agiata semplicità;
30   riceveremmo talvolta notizie[17] della città...

la figlia: «...*l'evento s'avanza, sarete Nonni ben*
                                          [*presto:*[18]
entro fra poco nel sesto mio[19] *mese di gravidanza...* »

il figlio:[20] «...*la Ditta ha riprese*[21] *le buone giornate.*
                                               [*Precoci*
guadagni. Non è piú dei soci quel tale ingegnere
                                               [*svedese* ».

---

[12] In SD « Vivremo da buoni mortali, senza piú gioie né affanni / trascorrerebbero gli anni. E i giorni sarebbero eguali ». I vv. 19-22, invece, in SD costituiscono la sezione v, dopo il v. 60: « Quest'oggi il mio sogno mi canta le refezioni tranquille / di là da venire nel mille... e novecento... e quaranta. // Adoro le date. Le date incanto che non so dire! / purché da molto passate, o molto di là da venire ».
[13] In SD « sarebbero tutti distrutti ».
[14] Questo distico, in SD, è posposto a quello formato dai vv. 27-28.
[15] In SD « compiuti i nostri destini, lontani i figli che crebbero ».
[16] In SD « in pace con molta ».
[17] In SD « lettere ».
[18] In SD « Sarete nonni ben presto. Il faùsto evento s'avanza ».
[19] In SD « sesto mese ».
[20] In SD « oppure ».
[21] In SD « ripreso ».

35 Vivremmo, diremmo le cose piú semplici, poi che la
[Vita
è fatta di semplici cose, e non d'eleganza forbita.²²

IV

Da me converrebbero a sera il Sindaco e gli altri
[ottimati,²³
e nella gran sala severa si giocherebbe, pacati.²⁴

Da me converrebbe il Curato, con gesto canonicale.
40 Sarei – sui settanta – tornato nella gioventú clericale,

poi che²⁵ la ragione sospesa a lungo sul nero²⁶ Infinito
non trova migliore partito che ritornare alla Chiesa.²⁷

V

Verreste voi pure di spesso, da lungi a trovarmi, o non
[vinti
ma calvi grigi ritinti superstiti amici d'adesso...

45 E tutta sarebbe per voi la casa ricca e modesta;
si ridesterebbero a festa le sale²⁸ ed i corridoi...

Verreste, amici d'adesso, per ritrovare me stesso,
ma chi sa²⁹ quanti me stesso sarebbero morti in me
[stesso!

---

²² Manca questo distico in SD.
²³ Le autorità, le persone piú in vista.
²⁴ In SD è qui inserito questo distico: « Da me converrebbe il Notaio, il Prefetto, il Ricevitore / del Registro, il Dottore, il Farmacista, il Birraio... ».
²⁵ In SD « Poiché ».
²⁶ Pieno di mistero.
²⁷ In SD la sezione IV continua.
²⁸ In SD « i viali e ».
²⁹ In SD « chissà ».

359

Che importa! Perita gran parte di noi,[30] calate le vele,
50 raccoglieremmo le sarte intorno alla mensa fedele.

Però che compita la favola umana,[31] la Vita concilia[32]
la breve tanto vigilia dei nostri sensi alla tavola.

Ma non è senza bellezza quest'ultimo bene che avanza
ai vecchi! Ha tanta bellezza la sala dove si pranza!

55 La sala da pranzo degli avi[33] piú casta d'un refettorio
e dove, bambino, pensavi[34] tutto un tuo mondo illusorio.

La sala da pranzo che sogna nel meriggiar sonnolento
tra un buono[35] odor di cotogna,[36] di cera da pavimento,

di fumo di zigaro,[37] a nimbi...[38] La sala da pranzo,
                                                              [l'antica
60 amica dei bimbi, l'amica di quelli che tornano bimbi!

VI

Ma a sera, se fosse deserto il cielo e l'aria tranquilla,
si cenerebbe all'aperto, tra i fiori, dinnanzi[39] alla villa.

---

[30] Ironicamente, Gozzano congiunge una reminiscenza foscoliana (il primo verso del sonetto *Non so chi fui; perì di noi gran parte*) con una reminiscenza dantesca (*Inf.*, XXVII, 79-81: « Quando mi vidi giunto a quella parte / di mia etade ove ciascun dovrebbe / calar le vele e raccoglier le sarte »). Nella *Commedia*, Guido da Montefeltro, che parla, racconta come si fece « cordigliere » (cioè, frate francescano): la conversione del protagonista de *L'ipotesi*, con acre parodia, è, invece, « alla tavola » (v. 52).

[31] Altra congiunzione di reminiscenze illustri nel contesto parodico: Petrarca, *Rime*, CCLIV, 13 (« La mia favola breve è già compita ») e Dante, *Inf.*, XXVI, 114-115: « A questa tanto picciola vigilia / de' nostri sensi ch'è del rimanente ». Si noti che l'episodio dantesco di Ulisse ritornerà successivamente parodiato « a uso della consorte ignorante » (vv. 111-154).

[32] In SD « riduce la breve ».
[33] In SD « che amavi ».
[34] In SD « da bimbo sognavi ».
[35] In SD « buon ».
[36] Cfr. *Sonetti del ritorno*, I, v. 11.
[37] Sigaro (« zigaro » è la forma con cui la parola entrò in italiano).
[38] Nuvolette.
[39] In SD « d'innanzi ».

Non villa. Ma un vasto edifizio modesto dai[40] piccoli e
[tristi
balconi settecentisti fra il rustico ed il gentilizio...[41]

65 Si cenerebbe[42] tranquilli dinnanzi alla casa modesta
nell'ora che trillano i grilli, che l'ago solare[43] s'arresta

tra[44] i primi guizzi selvaggi dei pipistrelli all'assalto
e l'ultime rondini in alto, garrenti negli ultimi raggi.[45]

E noi ci diremmo le cose piú semplici poi che[46] la vita
70 è fatta di semplici cose e non d'eleganza forbita:

« Il cielo si mette[47] in corruccio... Si vede piú poco
[turchino... »
« In sala ha rimesso il cappuccio il monaco
[benedettino ».[48]

« Peccato! » – « Che splendide sere! » – « E pur che
[domani si possa... »
« Oh! Guarda!... Una macroglossa[49] caduta nel tuo
[bicchiere! »[50]

75 Mia moglie, pur sempre bambina tra i giovani capelli
[bianchi,
zelante, le mani sui fianchi andrebbe sovente in cucina.

[40] In SD « coi ».
[41] Cfr. *I sonetti del ritorno*, II, v. 9.
[42] Segue in SD questo distico: « Si cenerebbe in giardino, giardino senza pretese / d'alcuna eleganza: un giardino molto, ma molto borghese ». Il distico successivo suona: « Si cenerebbe tranquilli tra questa flora modesta / nell'ora che cantano i grilli e la meridiana s'arresta ».
[43] Della meridiana, perché il sole è tramontato.
[44] In SD « fra ».
[45] Segue in SD questo distico: « A capo di tavola, gaia, starebbe mia moglie, signora / a mezzo, e a mezzo massaia, e svelta e giovine ancora ».
[46] In SD « poiché ».
[47] In SD « s'è messo ».
[48] È una figura, per lo piú di cartone, che faceva funzione di barometro, alzandosi o abbassandosi per l'umidità.
[49] Farfalla dell'ordine Lepidotteri, fornita di una lunga spirotromba (cfr. *Della passera dei santi*).
[50] Qui si interrompe la redazione SD.

« Ah! Sono cosí malaccorte le cuoche... Permesso un
[istante
per vigilare la sorte d'un dolce pericolante... »
Riapparirebbe ridendo fra i tronchi degli ippocastani
80 vetusti, altoreggendo[51] l'opera delle sue mani.

E forse il massaio dal folto verrebbe del vasto frutteto,
recandone con viso lieto l'omaggio appena raccolto.

Bei frutti deposti dai rami in vecchie fruttiere custodi
ornate a ghirlande, a episodi romantici, a panorami!

85 Frutti! Delizia di tutti i sensi! Bellezza concreta
del fiore! Ah! Non è poeta chi non è ghiotto dei frutti!

E l'uve moscate piú bionde dell'oro vecchio; le fresche
susine claudie,[52] le pesche gialle a metà rubiconde,

l'enormi pere mostruose, le bianche amandorle,[53] i fichi
90 incisi dai beccafichi,[54] le mele che sanno di rose

emanerebbero, amici, un tale aroma che il cuore
ricorderebbe il vigore dei nostri vent'anni felici.

E sotto la volta trapunta di stelle timide e rare
oh! dolce resuscitare la giovinezza defunta!

95 Parlare dei nostri destini, parlare di amici scomparsi
(udremmo le sfingi[55] librarsi sui cespi di gelsomini...)

Parlare d'amore, di belle d'un tempo... Oh! breve la
[vita!
(la mensa ancora imbandita biancheggerebbe alle stelle).

Parlare di letteratura, di versi del secolo prima:
100 « Mah! Come un libro di rima, dilegua, passa, non
[dura! »[56]

---

[51] Cfr. *Il frutteto*, v. 5.
[52] Cfr. *I sonetti del ritorno*, IV, v. 7.
[53] Mandorle (« amandorle » riproduce il lat. tardo *amandula*, da cui deriva mandorla).
[54] Uccello passeriforme, grigio, con becco diritto e sottile: il nome deriva dal fatto che è ghiotto dei fichi (e degli altri frutti in genere).
[55] Farfalle crepuscolari (grosse, con corpo a forma di fuso e ali strette).
[56] Reminiscenza di Petrarca, *Rime*, CCXLVIII, 8: « Cosa bella mortal passa e non dura ».

« Mah! Come son muti gli eroi piú cari e i suoni
[diversi!⁵⁷
È triste pensare che i versi invecchiano prima di noi! »

« Mah! Come sembra lontano quel tempo e il coro
[febeo⁵⁸
con tutto l'arredo pagano, col Re-di-Tempeste⁵⁹
[Odisseo... »

105 Or mentre che il dialogo ferve mia moglie, donnina che
[pensa,
per dare una mano alle serve sparecchierebbe la mensa.

Pur nelle bisogna modeste ascolterebbe curiosa;
– « Che cosa vuol dire, che cosa faceva quel Re-di-
[Tempeste? »

Allora,⁶⁰ tra un riso confuso (con pace d'Omero e di
[Dante),
110 diremmo la favola ad uso della consorte ignorante.

    Il Re di Tempeste era un tale
    che diede col vivere scempio⁶¹
    un ben deplorevole esempio
    d'infedeltà maritale,
115   che visse a bordo d'un *yacht*
    toccando tra liete brigate
    le spiagge piú frequentate
    dalle famose *cocottes*...
    Già vecchio, rivolte le vele
120   al tetto un giorno lasciato,
    fu accolto e fu perdonato
    dalla consorte fedele...

---

[57] Quelli dei versi (« diversi »: delle varie opere di poesia).
[58] Il coro delle Muse (detto « febeo » perché accompagnavano Febo Apollo).
[59] È epiteto ricavato da D'Annunzio, *Laus vitae*, v. 703: « Odimi, o Re di tempeste », e v. 5257: « Io ti leggerò l'avventura / del Re di tempeste Odisseo ».
[60] Inizia qui la parodia di Omero e di Dante, cioè la rappresentazione delle avventure di Ulisse dal punto di vista borghese, che vede in esse soltanto la frivolezza, i tradimenti coniugali, il desiderio di fare soldi.
[61] Stolto, sciocco (ed è voce dantesca: *Par.*, XVII, 62: « La compagnia malvagia e scempia ».

>
> Poteva trascorrere i suoi
> ultimi giorni sereni,
> 125 contento degli ultimi beni
> come si vive tra noi...
> Ma né dolcezza di figlio,[62]
> né lagrime, né la pietà
> del padre, né il debito amore
> 130 per la sua dolce metà
> gli spensero dentro l'ardore
> della speranza chimerica
> e volse coi tardi[63] compagni
> cercando fortuna in America...
> 135 – Non si può vivere senza
> danari, molti danari...
> Considerate, miei cari
> compagni, la vostra semenza![64] –
> Viaggia viaggia viaggia
> 140 viaggia nel folle volo,[65]
> vedevano già scintillare
> le stelle dell'altro polo...
> viaggia viaggia viaggia
> viaggia per l'alto mare:
> 145 si videro innanzi levare
> un'alta montagna selvaggia...[66]

---

[62] Parodia di Dante, *Inf.*, XXVI, 94-97: « Né dolcezza di figlio, né la pieta / del vecchio padre, né 'l debito amore / lo qual dovea Penelopè far lieta, / vincer poter dentro da me l'ardore / ch'io ebbi a divenir del mondo esperto, / e de li vizi umani e del valore ». Si noti l'acme della parodia (cioè, della riduzione nei termini borghesi della vicenda di Ulisse), quale si ha nel passaggio da « pieta » (= pietas, religioso rispetto) di Dante a « pietà » (= compassione) di Gozzano, e da « Penelopè » a « dolce metà », che è il modo stereotipo del parlato borghese per indicare la moglie.

[63] Continua l'uso parodico di Dante, *Inf.*, XXVI, 124: « E volta nostra poppa » e 106: « Io e ' compagni eravam vecchi e tardi ».

[64] Dante, *Inf.*, XXVI, 118-119, dice: « Considerate la vostra semenza: / fatti non foste a viver come bruti, / ma per seguir vertute e canoscenza ». L'eroe imborghesito di Gozzano proclama che il denaro è l'essenza dell'uomo.

[65] Cfr. Dante, *Inf.*, XXVI, 125: « Dei remi facemmo ali al folle volo »; XXVI, 127-128: « Tutte le stelle già dell'altro polo / vedea la notte »; XXVI, 100: « Ma misi me per l'alto mare aperto ».

[66] Cfr. Dante, *Inf.*, XXVI, 133-135: « N'apparve una montagna, bruna / per la distanza, e parvemi alta tanto / quanto veduta non avea alcuna ».

>   Non era quel porto illusorio
>   la California o il Perú,
>   ma il monte del Purgatorio
> 150   che trasse la nave all'in giú.[67]
>   E il mare sovra la prora
>   si fu rinchiuso in eterno.
>   E Ulisse piombò nell'Inferno
>   dove ci resta tuttora...

155 Io penso talvolta[68] che vita, che vita sarebbe la mia,
se già la Signora vestita di nulla non fosse per via.

Io penso talvolta...

---

[67] Cfr. Dante, *Inf.*, XXVI, 141-142: «E la prora ire in giú come altrui piacque, / infin che 'l mar fu sopra noi richiuso».
[68] Replica dei versi 1-3.

Il commesso farmacista[1]

Ho per amico un bell'originale
commesso farmacista. Mi conforta
col ragionarmi della sposa, morta
priva di nozze del mio stesso male.

5 « Lei guarirà: coi debiti riguardi,
lei guarirà. Lei può curarsi in ozio;
ma pensi una modista, in un negozio...
Tossiva un poco... me lo scrisse tardi.

Torna!... Tornò, sí, morta, al suo villaggio.
10 Pagai le spese del viaggio. E costa!
Vede quel muro bianco a mezza costa?
È il cimitero piccolo e selvaggio.

Mah! Piú ci penso e piú mi pare un sogno.
La dovevo sposare nell'aprile;
15 nell'aprile morí di mal sottile.[2]
Vede che piango... non me ne vergogno ».

Piangeva. O morta giovane modista,
dal cimitero pendulo fra i paschi[3]
non vedi il pianto sopra i baffi maschi
20 del fedele commesso farmacista?

---

[1] Fu composto nel 1907 (Calcaterra).
[2] Tubercolosi.
[3] Pascoli.

« Lavoro tutto il giorno: avrei bisogno
a sera, di svagarmi; lo potrei...
Preferisco restarmene con lei
e faccio versi... non me ne vergogno ».[4]

25 Sposa che senza nozze hai già varcato
la fiumana dell'ultima rinunzia,[5]
vedi lo sposo che per te rinunzia
alle dolci serate del curato?

Vedi che, solo, e affaticati gli occhi
30 fra scatole, barattoli, cartine,
preferisce le sue veglie meschine
alle gioie del vino e dei tarocchi?

« Non glie li dico: ché una volta detti
quei versi perderebbero ogni pregio;
35 poi, sarebbe un'offesa, un sacrilegio
per la morta a cui furono diretti.

Mi pare che soltanto al cimitero,
protetti dalle risa e dallo scherno
i versi del mio povero quaderno
40 mi parlino di lei, del suo mistero ».

Imaginate con che rime rozze,
con che nefandità da melodramma
il poveretto cingerà di fiamma
la sposa che morí priva di nozze!

45 Il cor... l'amor... l'ardor... la fera[6] vista...
il vel... il ciel... l'augel... la sorte infida...
Ma non si rida, amici, non si rida
del povero commesso farmacista.

---

[4] Cfr. *Signorina Felicita*, vv. 306-307.
[5] La morte.
[6] Atroce, terribile.

Non si rida alla pena solitaria
50 di quel poeta; non si rida, poi
ch'egli vale ben piú di me, di voi
corrosi dalla tabe[7] letteraria.

Egli certo non pensa all'euritmia[8]
quando si toglie il camice di tela,
55 chiude la porta, accende la candela
e piange con la sua malinconia.

Egli è poeta piú di tutti noi
che, in attesa del pianto che s'avanza,
apprestiamo con debita eleganza
60 le fialette dei lacrimatoi.[9]

Vale ben piú di noi che, fatti scaltri,
saputi all'arte come cortigiane,
in modi vari, con lusinghe piane[10]
tentiamo il sogno per piacere agli altri.

65 Per lui soltanto il verso messaggero
va dal finito all'infinito eterno.
« Vede, se chiudo il povero quaderno
parlo con lei che dorme in cimitero ».

A lui soltanto, o gran consolatrice
70 poesia, tu consoli i giorni grigi,
tu che fra tutti i sogni prediligi
il sogno che si sogna e non si dice.

« Non glie li dico: ché una volta detti
quei versi perderebbero ogni pregio:
75 poi sarebbe un'offesa, un sacrilegio
per la morta a cui furono diretti ».

[7] Corruzione. Si legga la lettera alla Guglielminetti del 20 giugno 1908: « Le cose abbozzate, i versi limati a gran fatica mi sembrano tentativi spregevoli e vorrei dare tutto alle fiamme e guarire per sempre dalla Tabe letteraria. Ma poi che so che non guarirò mai, mi rassegno, riprendo le mie povere carte e proseguo il mio lavoro inutile rassegnatamente ».
[8] Armoniosa disposizione dei versi.
[9] Vasetto funerario (per profumi e unguenti, presso i Greci e i Romani: originariamente, doveva contenere le lacrime del compianto funebre).
[10] Facili, agevoli.

Saggio, tu pensi che impallidirebbe
al[11] mondo vano il fiore di parole
come il cielo notturno che lo crebbe[12]
80 impallidisce al sorgere del sole.

Di me molto piú saggio, che licenzio
i miei sogni, o fratello, tu mantieni
intatti fra le pillole e i veleni
i sogni custoditi dal silenzio!

85 Buon custode è il silenzio. E le tue grida
solo la morta giovane modista
ode: non altri della folla, trista[13]
per chi fraternamente si confida.

Non si rida, compagni, non si rida
90 del poeta commesso farmacista.

---

[11] Di fronte a, agli occhi del.
[12] Lo fece nascere, lo nutrí: perché il « fiore » di poesia è nato durante le veglie notturne.
[13] Maligna nei confronti di chi si confida.

13. *Poesie di Gozzano*

« *Historia* »

E l'anno scorso è morta.
Ebbe un amante. Pare.

Ricordi? Io la rivedo,
rivedo la compagna,
5 la classe, la lavagna,
e lei china alla filza
dei verbi greci... Smilza
e mascula:[1] un cinedo[2]
molto ricciuto e bello...
10 Ricordi? Io la rivedo
bionda, sciocchina, gaia:
un piccolo cervello
poco intellettuale
di piccola crestaia[3]
15 molto sentimentale.
Non la ricordi? Smorta,
con certe iridi chiare
dal vasto arco ciliare...[4]

E l'anno scorso è morta.
20 Ebbe un amante. Pare.

---

[1] Mascolina. È termine dannunziano: *Il piacere*, I, 5 (*Prose di romanzi*, I, pag. 108): « Barbarella Viti, la *mascula*, che aveva una superba testa di giovinetto »; *Ditirambo* IV (in *Alcyone*), vv. 571-572: « In un campo di strage la mascula / Nike ».
[2] Cfr. *Il gioco del silenzio*, v. 21.
[3] Cfr. *Il gioco del silenzio*, v. 10.
[4] Cfr. *Una risorta*, v. 76.

Quella è la casa dove
crebbe fanciulla. Guarda
quella finestra dove
vegliava ad ora tarda:
25   il biondo capo chino
su pergamene rozze
di greco e di latino,
sugli assiomi nudi...[5]
Ma poi lascia gli studi
30   maschi,[6] passando a nozze
cospicue:[7] un amico,
pare, un amico antico
della madre, uno sposo
ricchissimo ed annoso,[8]
35   inglese, che la porta
in terra d'oltremare...

E l'hanno scorso è morta.
Ebbe un amante. Pare.

Volsero gli anni. Ed ella
40   esule sul Tamigi
non dava piú novella...[9]
Pure, nei giorni grigi,
tra i miei grigi ricordi,
vedevo a quando a quando
45   i coniugi discordi:
lo sposo venerando
e l'esile compagna
signora in Gran Bretagna...

---

[5] Cioè, su testi e problemi di filosofia (gli « assiomi » sono le verità evidenti per se stesse, che non hanno bisogno di dimostrazione: quindi, « nudi »).
[6] Si ricordi la definizione « mascula » del v. 8 (il Sanguineti ricorda anche l'ode del Foscolo *A Luigia Pallavicini caduta di cavallo*, v. 39: « studi virili »).
[7] Ricche.
[8] Anziano.
[9] Notizia (è un francesismo).

Quand'ecco fa ritorno
50 fra noi, senza marito;
e fu rivista un giorno
piú bella nel vestito
cupo... Cercava intorno
col volto sbigottito,
55 con la pupilla assorta,[10]
chi la volesse amare...

E l'hanno scorso è morta.
Ebbe un amante. Pare.

[10] Cfr. *Invernale*, v. 21.

L'esperimento[1]

« Carlotta »...[2] Vedevo il nome che sussurro
scritto in oro, in corsivo, a mezzo un fregio
ovale, sui volumi di[3] collegio
d'un tempo, rilegati in cuoio azzurro...

5 Nel salone ove par morto da poco
il riso di Carlotta, fra le buone[4]
brutte cose borghesi, nel salone
quest'oggi, amica, noi faremo un gioco.
Parla il salone all'anima corrotta,
10 d'un'altra età beata e casalinga:
pel mio rimpianto voglio che tu finga
una commedia:[5] tu sarai Carlotta.

Svesti la gonna d'oggi che assottiglia
la tua persona come una guaina,[6]
15 scomponi la tua chioma parigina
troppo raccolta sulle sopracciglia;

---

[1] Fu composta nel 1908 e pubblicata su « Il Viandante » del 7 novembre 1909 (con i versi raggruppati in quartine), poi, nella redazione definitiva, su « La Donna » del 20 giugno 1911. È una parodia de *L'amica di nonna Speranza*: si veda la lettera al Vallini da San Giuliano del 15 gennaio 1908: « Ho abbozzato una stiticissima poesia su Carlotta Capenna, dove finisco per chiavare la medesima sul divano chermisi, ma non riesco a partire nella paura che entrino da un momento all'altro li zii molto dabbene... L'idea, come vedi, è sublime: ma non ho saputo ridurla in bei versi e ne sono contrariatissimo ».
[2] Nella prima stampa « Carlotta! » (e senza le virgolette).
[3] Nella prima stampa « del ».
[4] Cfr. *L'amica di nonna Speranza*, v. 2.
[5] Nella prima stampa « comedia » (e « comediante » nei vv. 30, 83 e 91).
[6] Cfr. *Una risorta*, v. 78.

vesti la gonna di quel tempo: i vecchi
tessuti a rombi, a ghirlandette, a strisce,
bipartisci[7] le chiome in bande lisce
20　custodi delle guancie e degli orecchi.

Poni a gli orecchi gli orecchini arcaici
oblunghi, d'oro lavorato a maglia,[8]
e al collo una collana di musaici
effigianti le città d'Italia...
25　T'aspetterò sopra il divano, intento
in quella stampa: Venere e Vulcano...
Tu cerca nell'immenso canterano
dell'altra stanza il tuo travestimento.

Poi, travestita dei giorni lontani,
30　(commediante!) vieni tra le buone
brutte cose borghesi del salone,
vieni cantando un'eco dell'Ernani,[9]
vieni dicendo i versi delicati
d'una musa del tempo che fu già:
35　qualche ballata di Giovanni Prati,[10]
dolce a Carlotta, sessant'anni fa...[11]

. . . .

　　　　Via per le cerule[12]
　　　　volte stellate
　　　　piú melanconica
40　　　la Luna errò.
　　　　E il lene e pallido
　　　　stuol delle fate
　　　　nel mar dell'etere
　　　　si dileguò...

---

[7] Cfr. *La bella del re*, v. 54.
[8] Nella prima stampa « màlia », secondo una grafia spontanea al Gozzano.
[9] Cfr. *L'amica di nonna Speranza*, v. 61.
[10] Cfr. *L'amica di nonna Speranza*, v. 46.
[11] Nella prima stampa « settant'anni ».
[12] È citazione, con qualche inesattezza, di un testo del Prati, e precisamente dei versi conclusivi del *Convegno degli spiriti* (in *Ballate*). Nel Prati « tremule » invece di « cerule ». La segnalazione è del Sanguineti.

45 Solo uno spirito
    sotto quel tiglio
    dov'ei s'amavano
    s'udia cantar.
    Ahi! Fra le lacrime
50 di quest'esiglio
    che importa vivere,
    che giova amar?...

    . . . .
    . . . .
    . . . .

Che giova amar?... La voce s'avvicina,
Carlotta appare. Veste d'una stoffa
55 a ghirlandette, cosí dolce e goffa
nel cerchio immenso della crinolina.[13]
Vieni, fantasma vano che m'appari,
qui dove in sogno già ti vidi e udii,
qui dove un tempo furono gli Zii
60 molto dabbene, in belli conversari.[14]

Ah! Per te non sarò, piccola allieva
diligente, il sofista[15] schernitore;
ma quel cugin che si[16] premeva il cuore
e che diceva « t'amo! » e non rideva.
65 Oh! La collana di città! Viaggio
lungo la filza grave di[17] musaici:
dolce seguire i panorami arcaici,
far con le labbra tal[18] pellegrinaggio!

[13] Cfr. *La bella del re*, v. 16.
[14] Cfr. *L'amica di nonna Speranza*, v. 74 e 60 (nella prima stampa « in dolci conversari »).
[15] Cfr. *Signorina Felicita*, v. 321.
[16] Nella prima stampa « ti ».
[17] Nella prima stampa « dei ».
[18] Nella prima stampa « un tal ».

            Come sussulta al ritmo del tuo fiato
70   Piazza San Marco e al ritmo d'una vena
            come sussulta la città di Siena...
            Pisa... Firenze... tutto il Gran Ducato!
            Seguo tra[19] i baci molte meraviglie,
            colonne mozze, golfi sorridenti:
75   Castellamare... Napoli... Girgenti...
            Tutto il Reame delle Due Sicilie!

            Dolce tentare l'ultime che tieni
            chiuse tra i seni piccole cornici:
            Roma papale! Palpita tra i seni
80   la Roma degli Stati Pontifici![20]
            Alterno, amica, un bacio ad ogni grido
            della tua gola nuda e palpitante;
            Carlotta non è piú! Commediante
            del[21] mio sognare fanciullesco, rido!

85   Rido! Perdona il riso che mi tiene,
            mentre mi baci con pupille fisse...
            Rido! Se qui, se qui ricomparisse
            lo Zio con la Zia molto dabbene!
            Vesti la gonna, pettina le chiome,
90   riponi i falbalà[22] nel canterano.
            Commediante del[23] tempo lontano,
            di Carlotta non resta altro che il nome.

            Il nome!... Vedo il nome che sussurro,
            scritto in oro, in corsivo, a mezzo un fregio
95   ovale, sui volumi di[24] collegio
            d'un tempo, rilegati in cuoio azzurro...

---

[19] Nella prima stampa « fra » (come anche al v. 79).
[20] Nella prima stampa seguivano questi versi: « Non sei Carlotta, bella cosa viva / nella penombra del salone fosco... / Non sei Carlotta! Bocca, riconosco / bene il profumo della tua genciva... ».
[21] Nella prima stampa « al ».
[22] Larga striscia di stoffa pieghettata o increspata, che orna la gonna.
[23] Nella prima stampa « d'un ».
[24] Nella prima stampa « nei volumi del collegio ».

[*Stecchetti*][1]

Perché dalla tua favola compianta –
Renzo Stecchetti,[2] musa prediletta
dello scolaro e della feminetta –
resuscita un passato che m'incanta?

5 Tu mi ricordi l'ottocento e ottanta
mi ricordi la mamma giovinetta
che ti rilegge e ti ripone in fretta;
e intorno un maggio antico odora e canta.

---

[1] Scrive il Calcaterra: « Il Gozzano aveva da prima ideato (probabilmente nel 1906) un poemetto in terzine, che incominciava: « Stecchetti, la tua favola compianta / mi ricorda la mamma sedicenne, / intorno al mille ed ottocento e ottanta. // Povera mamma! Tutto il suo passato / è chiuso nel volume che le venne / in dono da mio padre fidanzato. // Mio padre che le disse: "Ecco il poeta / nuovissimo. Un incanto! Leggerà..." / Era una sera senza stella, queta, / di maggio. Un maggio di trent'anni fa ». Ma poi l'ispirazione pel poemetto gli venne meno; e dall'abbozzo trasse, alcun tempo dopo, il sonetto... Il Gozzano non pubblicò poi il sonetto, perché il raffronto che qualche critico, dopo aver letto il poemetto *I colloqui*, aveva fatto tra la sua sorte e quella immaginaria dello Stecchetti, non gli era piaciuto ed egli sentiva profondamente diverse la sua poesia e la sua arte. In una lettera a Giulio De Frenzi, da Agliè, del 28 giugno 1907, il Gozzano, del resto, scrive: « Chi m'avesse mai detto che avrei tentata la musa tubercolotica! La Musa del buon Lorenzo Stecchetti! Ho riletto, dopo anni e anni, il caro volumetto... Ma come si vede che il Poeta aveva sanissimi polmoni! È tutt'altra cosa l'idea di morire, tutt'altra cosa! Si resta lí: non saprei dire come. Ma non si mormora, non s'impreca, non si dicono cose brutte. Si aspetta sorridendo la morte: si sta quasi bene ».

[2] Lorenzo Stecchetti, pseudonimo di Olindo Guerrini (1845-1916), scrisse *Postuma* (1877), raccolta di versi che immaginò scritti da un cugino morto di tisi.

Per quel passato, pel destino bieco[3]
10 tu mi sei caro, finto morituro
che piangi e imprechi e gemi nello strazio.

Io non gemo, fratello, e non impreco:
scendo ridendo verso il fiume oscuro
che ci affranca dal Tempo e dallo Spazio.[4]

---

[3] Quello della malattia e della morte (« bieco » = funesto, triste).
[4] Cfr. *La via del rifugio*, v. 136, *Il piú atto*, v. 11.

Congedo[1]

Anche te, cara, che non salutai
di qui saluto, ultima. Coraggio!
Viaggio per fuggire altro viaggio.[2]
In alto, in alto i cuori. E tu ben sai.

5 In alto, in alto i cuori. I marinai
cantano leni,[3] ride l'equipaggio;
l'aroma dell'Atlantico selvaggio[4]
mi guarirà, mi guarirà, vedrai.

Di qui, fra cielo e mare, o Benedetta,
10 io ti chiedo perdono nel tuo nome
se non cerchi parole alla tua pena,

se il collo liberai da quella stretta
spezzando il cerchio delle braccia, come
si spezza a viva forza una catena.

[1] Fu stampato su « La Donna » del 22 dicembre 1911, ma fu composto nel 1908, in occasione del progettato viaggio alle Canarie (cfr. *Signorina Felicita*, vv. 396-398). Nell'autografo si leggono alcuni altri versi sparsi: « Chiuda la mente il giovenile errore, / ben venga l'amata d'eroi. / Fu forse un tempo dolce cosa amore, / l'amore non è piú per noi »; « Triste cosa è il sognare, ché il risveglio / è doloroso come un primo inganno ».
[2] Cfr. *Signorina Felicita*, v. 395.
[3] Dolcemente.
[4] Cfr. *Signorina Felicita*, v. 398.

La piú bella[1]

I

Ma bella piú di tutte l'Isola Non-Trovata:
quella che il Re di Spagna s'ebbe da suo cugino
il Re di Portogallo con firma sugellata[2]
e bulla[3] del Pontefice in gotico latino.[4]

5   L'Infante[5] fece vela pel regno favoloso,
vide le Fortunate:[6] Iunonia, Gorgo, Hera
e il Mare di Sargasso[7] e il Mare Tenebroso
quell'isola cercando... Ma l'isola non c'era.

Invano le galee panciute a vele tonde,
10 le caravelle invano armarono la prora:
con pace del Pontefice l'isola si nasconde,
e Portogallo e Spagna la cercano tuttora.

---

[1] Fu pubblicata su « La Lettura » del luglio 1913 (ma in strofe di distici, invece che in quartine).
[2] Fornita del suggello reale.
[3] La bolla era il documento importante delle supreme autorità civili e religiose, in età medievale, autenticato dal sigillo di chi lo emetteva.
[4] In latino scritto con caratteri gotici.
[5] È il titolo dei príncipi di sangue reale nei paesi di lingua spagnola.
[6] Antico nome delle isole Canarie.
[7] Ampia sezione dell'oceano Atlantico, cosí chiamata perché coperta dalle alghe accumulatevi dalle correnti marine (i sargassi sono, appunto, alghe marine con tallo verde-bruno ed espansioni laterali simili a foglie). Il Mare Tenebroso è il nome antico di un'altra zona dell'Atlantico.

II

L'isola esiste. Appare talora di lontano
tra Teneriffe e Palma,[8] soffusa di mistero:
15 « ...l'Isola Non-Trovata! » Il buon Canariano
dal Picco alto di Teyde[9] l'addita al forestiero.

La segnano le carte antiche dei corsari.
... Hifola da trovarfi?... Hifola pellegrina?...[10]
È l'isola fatata che scivola sui mari;
20 talora i naviganti la vedono vicina...

Radono con le prore quella beata riva:[11]
tra fiori mai veduti svettano palme somme,[12]
odora la divina foresta spessa e viva,[13]
lacrima il cardamomo,[14] trasudano le gomme...

25 S'annuncia col profumo, come una cortigiana,
l'Isola Non-Trovata... Ma, se il piloto avanza,
rapida si dilegua come parvenza vana,
ti tinge dell'azzurro color di lontananza...[15]

---

[8] Sono le due isole maggiori dell'arcipelago delle Canarie.
[9] Il Pico de Teyde è la vetta piú alta dell'isola di Tenerife (m. 3716).
[10] Gozzano usa la grafia antica della « s » e l'« h » etimologica, come se riproducesse diplomaticamente un documento.
[11] Reminiscenza di Dante, *Purg.*, XXXI, 97: « Quando fui presso alla beata riva » (già utilizzata dal Gozzano per il sonetto omonimo, poi in *Ketty*, v. 50).
[12] Altissime.
[13] Citazione dantesca, *Purg.*, XXVIII, 2: « La divina foresta spessa e viva ».
[14] Pianta erbacea dei paesi tropicali, i cui frutti aromatici sono usati in profumeria, liquoreria e farmacia.
[15] Cfr. Pascoli, *L'ultimo viaggio* (in *Poemi conviviali*), XIII, v. 2: « Ed ecco a tutti colorirsi il cuore / dell'azzurro color di lontananza ».

Le non godute[1]

Desiderate piú delle devote
che lasceremmo già senza rimpianti,
amiche alcune delle nostre amanti,
altre note per nome ed altre ignote
5 passano, ai nostri giorni, con il viso
seminascosto dal cappello enorme,
svegliando il desiderio che dorme
col baleno degli occhi e del sorriso.

E l'affanno sottile non ci lascia
10 tregua; ma piú si intorbida e si affina
idealmente dentro la guaina[2]
morbida della veste che le fascia...
Desiderate e non godute – ancora
nessuna prova ci deluse – alcune
15 serbano come una purezza immune
dalla folla che passa e che le sfiora.

Altre, consunte, taciturne, assorte
guardano e non sorridono: ma sembra
che la profferta delle belle membra
20 renda l'Amore simile alla Morte;[3]
ardenti tutte d'una febbre e cieche
di vanità; biondissime, d'un biondo

---

[1] Fu stampata sulla «Riviera ligure» dell'aprile del 1911 (ma il Calcaterra la dice di composizione anteriore).
[2] Cfr. *Una risorta*, v. 78.
[3] Cfr. *Signorina Felicita*, v. 301 e *Il responso*, v. 69.

oro, le cinge[4] il pettine, secondo
l'antica foggia delle donne greche.

25 Per altre, il nodo greve dell'oscura
treccia[5] è d'insostenibile tormento;
sembra che il collo, esile troppo, a stento,
sorregga il peso dell'acconciatura;
l'opera dei veleni[6] in altre adempie
30 un prodigio purpureo:[7] le chiome
splendono di riflessi senza nome[8]
dilatandosi ai lati delle tempie...

Belle promesse inutili d'un bene
lusingatore della nostra brama,
35 quando una sola donna che non s'ama
c'incatena con tutte le catene;
quando ogni giorno l'anima delusa
sente che sfugge il meglio della vita,
come sfugge la sabbia tra le dita
40 stretta nel cavo della mano chiusa...[9]

Le incontrammo dovunque: nelle sere
di teatro, alla luce che c'illude;
la bella curva delle spalle ignude
ci avvinse del suo magico potere;
45 e quando l'ombra si abbatté su loro
addensandosi cupa entro le file
dei palchi, il freddo lampo d'un monile
fu l'indice[10] del duplice tesoro.

---

[4] Cioè, ferma loro i capelli sulla nuca.
[5] La treccia annodata sulla sommità del capo (« oscura » = bruna).
[6] Cosmetici: cfr. *Le due strade*, v. 47.
[7] Rosso fiamma (cioè, colorisce di rosso fiamma i capelli).
[8] Per i quali non ci sono parole adeguate.
[9] Reminiscenza di D'Annunzio, *La sabbia del tempo* (*Madrigali dell'estate*, in *Alcyone*), vv. 1-2: « Come scorrea la calda sabbia lieve / per entro il cavo della mano in ozio ».
[10] Il segnale.

E le avemmo compagne, ma per brevi
ore, in viaggi taciti, in ritorni,
le ritrovammo dopo pochi giorni
nei rifugi dell'Alpi, tra le nevi;
le ritrovammo sulla spiaggia, al mare,
dove la brama ci ferí piú acuta:
ah! Per quella signora sconosciuta
ore insonni, alla notte, lungo il mare!...

Chi sono e dove vanno? Dove vanno
le creature nomadi? Per quanti
anni, nel tempo, furono gli amanti
presi e delusi dall'eterno inganno?
Ah! Noi saremmo lieti d'un destino
imprevedute che ce le ponesse
a fianco, tristi e pellegrine anch'esse
nel nostro malinconico cammino.

Piú d'un inganno lasciò largo posto
a piú d'una ferita ancora viva...
Taluna – intatta[11] – ci attirò furtiva
seco, ma per un utile nascosto;
altre, già quasi vinte, quasi dome,
nella nostra fiducia troppo inerte,
fantasticate quali prede certe,
furono salve, non sappiamo come...

Ed altre... Ma perché tanti ricordi
salgono dall'inutile passato?
Salgono col profumo del passato
da un cofanetto pieno di ricordi?
Ed ecco i segni, ecco le cose mute,
superstiti d'amori nuovi e vecchi,
lettere stinte, nastri, fiori secchi,
delle godute e delle non godute...

---

[11] Vergine.

      Desideri e stanchezze, indizi certi
      d'un avvenire dedito all'ambascia[12]
      torbida che si schianta e che ci sfascia
      rendendoci piú tristi e piú deserti...
85 Eppure, un giorno, questa febbre interna
      parve svanire: quando ci si accorse,
      tardi, di quella che sarebbe forse
      per noi la sola vera amante eterna...

      Tanto l'amammo per quel solo istante
90 ch'ella si volse pallida su noi
      nell'offerta di un attimo, ma poi,
      sparve, ella pure; sparve come tante
      altre donne che passano, col viso
      seminascosto dal cappello enorme
95 inasprendo la brama che non dorme
      col baleno degli occhi e del sorriso...

---

[12] Angoscia.

L'amico delle crisalidi[1]

Una crisalide svelta e sottile[2]
    quasi monile
pende sospesa dalla cimasa[3]
    della mia casa.

5 Salgo talora[4] sull'abbaino
    per contemplarla
e guardo e interrogo quell'esserino
    che non mi parla:

O prigioniero delle tue bende
10   pendulo e solo,
soffri?[5] il tuo cuore sente che attende
    l'ora del volo?

Tu[6] ti profili dal tetto antico
    sui cieli pallidi...
15 No, non temere: sono l'amico
    delle crisalidi!

[1] Fu stampata sulla « Riviera ligure » dell'agosto 1909, con la data di « Agliè canavese, 1908 », in una redazione in cui, invece che quinari accoppiati, alternati a quinari semplici, comparivano strofette di sei quinari. Fu ripubblicata su « La Lettura » del marzo 1912, con varianti. L'Antonicelli ha pubblicato un'ulteriore redazione, con altre varianti.
[2] Nella prima stampa « bella e sottile »; nella redazione manoscritta « bella sottile ».
[3] Cfr. *Signorina Felicita*, v. 22.
[4] Nella prima stampa « talvolta ».
[5] Nelle due altre redazioni « senti? ».
[6] Nella prima stampa i vv. 13-16 sono posti dopo il v. 28, come inizio di una seconda sezione.

No, non temere l'orride stragi
    care una volta:
mi dan rimorso gli anni malvagi
20   della raccolta.

Papili[7] Arginnidi Vanesse Pieridi
    Satiri[8] Esperidi:[9]
contemplo triste con la mia musa
    la tomba chiusa.

25 Dormono in pace tutte le morte
    sotto il cristallo;
fra tutte domina[10] la sfinge[11] forte
    dal teschio giallo.

O prigioniero[12] delle tue bende
30   pendulo e solo
soffri?[13] Il tuo cuore sente che attende
    l'ora del volo?

Ti riconosco. Profilo aguzzo,
    dorso crostaceo,[14]
35 irto, brunito,[15] con qualche spruzzo
    madreperlaceo:

---

[7] Cfr., rispettivamente, *L'assenza*, v. 16; *Dell'ornitottera*, v. 37; *La via del rifugio*, v. 89; *Signorina Felicita*, v. 249.

[8] I Satiri (più propriamente Satiridi) sono una famiglia di farfalle diurne, di colore bruno.

[9] Famiglia di farfalle notturne.

[10] Nella prima stampa « regna su tutte ».

[11] Cfr. *Signorina Felicita*, v. 211 e *Della testa di morto*, vv. 12-13 (e, in genere, tutto il componimento).

[12] Nella prima stampa i vv. 29-32 sono posti dopo il v. 48, come inizio di una sezione terza.

[13] Nella prima stampa « senti? »; nella redazione manoscritta « senti? il tuo cuore soffre che attende ».

[14] Cioè, coperto da un involucro rigido, chitinoso.

[15] Nella prima stampa « irta, brunita »; nella redazione manoscritta « irto di punte ».

>   sei la crisalide d'una Vanessa:
>   la Policlora[16]
>   che vola a Maggio. Maggio s'appressa,
> 40   tra[17] poco è l'ora!
>
>   Tra poco[18] l'ospite della mia casa
>   sarà lontana;
>   penderà vôta[19] dalla cimasa
>   la spoglia vana.[20]
>
> 45   Andrai perfetta[21] dove ti porta
>   l'alba[22] fiorita;
>   e sarà come tu fossi morta
>   per altra vita.
>
>   L'ale![23] Si muoia, pur che morendo,
> 50   sogno mortale,[24]
>   s'appaghi alfine questo tremendo
>   sforzo dell'ale![25]
>
>   L'ale! Sull'ale l'uomo sopito,[26]
>   sopravissuto,
> 55   attinga i cieli dell'Infinito,
>   dell'Assoluto...

---

[16] La *Vanessa polychoros* è una specie diurna di Vanesse.

[17] Nella prima stampa, qui e nel v. 41, « fra ».

[18] Nella prima stampa « Fra poco dunque / dalla mia casa / sarai lontana »; nella redazione manoscritta le strofe dei vv. 41-44 e 45-48 sono scambiate nell'ordine.

[19] Vuota.

[20] Leggera.

[21] Nella forma adulta, compiuta la metamorfosi da crisalide in farfalla.

[22] Nella prima stampa « la via ».

[23] Nella redazione manoscritta sempre « ali » (e le strofe dei vv. 49-52 e 53-56 sono scambiate nell'ordine).

[24] Nella prima stampa e nella redazione manoscritta « cuore mortale »; nelle edizioni Calcaterra e De Marchi « sogni mortali ». L'Antonicelli segnala l'intervista fatta al poeta nel novembre del 1911 e pubblicata nel dicembre sulla rivista « Prisma », dalla quale sembrerebbe che *L'amico delle crisalidi* fosse stato progettato come « preludio » al poema sulle farfalle, a quel tempo già a buon punto.

[25] Nella prima stampa mancano i vv. 53-56.

[26] Rasserenato, pacificato.

E tu che canti[27] fisso nel sole,
   mio cuore ansante,
e tu[28] non credi quelle[29] parole[30]
   che disse Dante?[31]

---

[27] Nella prima stampa « Ma tu che guardi »; nella redazione manoscritta « E tu che guardi ».
[28] Nella prima stampa « oimè ».
[29] Nelle edizioni Calcaterra e De Marchi « queste ».
[30] Allusione a Dante, *Purg.*, x, 124-126: « Non v'accorgete voi che noi siam vermi / nati a formar l'angelica farfalla / che vola a la giustizia sanza schermi? ».
[31] Nella prima stampa « Dante! ».

Dante[1]

Un giorno, al chiuso,[2] il pedagogo fiacco
m'impose la sciattezza del comento
alternato alla presa di tabacco.

Mi rammento la classe, mi rammento
5 la scolaresca muta che si tedia
al comentare lento sonnolento;

rivedo sobbalzare sulla sedia
il buon maestro, per uno scolare
che s'addormenta su di te, Comedia!

10 Attento! Attento! – Ah! piú dolce sognare
con la gota premuta al frontispizio
e l'occhio intento alle finestre chiare!

Ad ora ad ora un alito propizio
alitava un effluvio di ginestre
15 sul comento retorico e fittizio.[3]

La Primavera, l'esule campestre,
conturbava la gran pace scolastica
pel vano azzurro delle due finestre.

---

[1] Fu pubblicata su « La Riviera ligure » del maggio 1910 e ristampata su « La Donna » dell'ottobre 1912.
[2] Molte movenze (e soprattutto questa, iniziale) ricordano il *Sogno d'estate* del Carducci (in *Odi barbare*).
[3] Artificioso.

    Io fissavo gli attrezzi di ginnastica
20 gli olmi gemmati,[4] l'infinito azzurro
    in non so che perplessità fantastica;[5]

    e tendevo l'orecchio ad un sussurro,
    ad un garrito di sperdute gaie,[6]
    in alto in alto in alto, nell'azzurro.

25 Guizzavano, da presso, l'operaie[7]
    affaccendate in paglia in creta in piume,
    riattando le case alle grondaie...

    Con gli occhi abbarbagliati da quel lume
    primaverile, mi chinavo stracco,
30 ripremevo la gota sul volume.

    E riudivo il pedagogo fiacco
    alternare alla chiosa d'ogni verso
    la consueta presa di tabacco...

    Ah! non al chiuso, ma nel cielo terso,
35 nel fiato novo dell'antica madre,[8]
    nella profondità dell'universo,

    nell'Infinito mi parlavi, o Padre![9]

---

[4] Con le gemme.
[5] Cfr. *Signorina Felicita*, v. 238.
[6] Sono le rondini (« gaie » è forma sostantivata, per indicare la tradizionale letizia delle rondini).
[7] Sono sempre le rondini, che restaurano con « paglia », « creta » (fango) e « piume » i loro nidi (« le case alle grondaie »).
[8] La terra.
[9] Dante.

« *Ex voto* »[1]

S'alza la neve in pace;
la valle che s'imbianca
spicca sul cielo bruno.

Il Santuario[2] tace
5 nella gran pace bianca
dove non c'è nessuno.

Nessuno per guarire
del male che lo strazia
piú giunge di lontano...

10 Sol io potrei salire,
salire per la grazia:
mi rifarebbe sano...[3]

Ma non vedrò la faccia
nera[4] e la mitra aguzza...
15 Troppo ai bei dí sereni,

avvinto a quelle braccia
baciai la medagliuzza
tepente[5] tra i due seni...

---

[1] Fu stampata su « La Donna » il Natale del 1913 con l'indicazione *Versi inediti per musica*. Una prima redazione (segnala il Calcaterra), del 1910, aveva come titolo *La vergine d'Oropa* e iniziava con questi versi: « O quanti per guarire / del male che li strazia / son giunti di lontano ».
[2] Di Oropa.
[3] Nella stampa « mi rifaresti sano ».
[4] Della statua della Madonna, venerata nel Santuario di Oropa (si ricordi che col titolo di *Oropee* il Camerana scrisse un gruppo di sonetti dedicati appunto alla Vergine nera di Oropa).
[5] Intiepidita.

La statua e il ragno crociato[1]

Io so il mistero di colei che abbassa
l'antiche ciglia in vigilanza estrema,[2]
quasi, nel marmo trepidando, tema
d'aggrovigliare un'esile matassa.

5 Io so. Guardate contro il sole:[3] passa
dall'una all'altra mano[4] e splende e trema
il filo che un'epeira diadema[5]
conduce senza spola[6] e senza cassa.[7]

Aracne[8] fu pietosa. E chi non mai
10 piú rivedrà la terra[9] sacra abbassa
le ciglia illuse e vede il mare Egeo,

---

[1] Pubblicato sulla «Riviera ligure» del marzo 1913, è, in realtà, un sonetto di Giuseppe De Paoli, l'amico genovese di Gozzano, che se ne appropriò e lo stampò come suo, adattandolo. Il De Paoli lo aveva pubblicato nel *Sistro d'oro* (1909) come quarto di un gruppo intitolato *L'erede*.
[2] Nel testo del De Paoli «Il volto sulle mani in un'estrema / felicità, ma come nella tema».
[3] Il De Paoli scrive «contro luce».
[4] Il De Paoli scrive «fra l'una mano e l'altra».
[5] Grosso ragno caratterizzato da una croce di macchie bianche sul dorso.
[6] Bobina che si introduce nella navetta e viene fatta passare avanti e indietro fra i fili dell'ordito durante la tessitura.
[7] Nel telaio, i due regoli che contengono il pettine per cui passa l'ordito (e servono a percuotere e a serrare il panno durante la tessitura).
[8] Aracne è la figura mitica rappresentata nella statua (secondo il mito, sarebbe stata la donna abilissima nel tessere che sfidò Atena, onde fu punita dalla dea e trasformata in ragno).
[9] Il De Paoli scrive «l'Ellade».

vede una schiava al ritmo dei telai,
appenderle dal plinto[10] una matassa:
e canta un canto dolce[11] il gineceo.[12]

---

[10] La base quadrangolare della colonna («dal plinto»: cioè, raccogliendola dalla base della colonna, su cui era deposta).
[11] Nel testo del De Paoli «lene».
[12] La parte interna della casa greca, riservata alle donne.

Im Spiele der Wellen[1]

Tra le sirene che Boecklin gittava
nel fremito dell'onde verdazzurre
una ne manca, appena adolescente,
agile piú di tutte e la piú bella.

5 Poiché non quella che supina ascolta
il Tritone soffiare nella conca,[2]
non quella che si gode la bonaccia
con tre scherzosi albàtri[3] affaticati,

e non quelle che fuggono al Centauro,
10 l'una presa alle chiome, l'altra emersa
con volto sorridente, l'altra immersa
col busto, eretta con le gambe snelle:

non tutte queste vincono la grazia
appena adolescente che abbandona
15 il mare caro al grande basilese,[4]
il mare Azzurro per il mare Grigio![5]

E al mare nostro piú non resta viva
che l'immagine fatta di memoria,
svelta nel solco dove piú ribolle
20 la spuma e dove l'onda è tutta gemme!

[1] Fu composta per Maria Klein von Dietpold, giovane figlia di un pittore tedesco, al Lido di Sturla, nel 1913. Il titolo significa « Nel gioco delle onde », ed è quello di un quadro del pittore svizzero Arnold Böcklin (1827-1901), tipico rappresentante della pittura simbolista, e per questo caro anche a Camerana e a Graf. È il quadro che Gozzano descrive nel suo componimento.
[2] Conchiglia.
[3] Uccello oceanico, grande volatore e nuotatore, con piedi palmati.
[4] Böcklin, appunto, nativo di Basilea.
[5] Cioè, il Mediterraneo per il Mare del Nord.

Ad un'ignota[1]

Tutto ignoro di te: nome, cognome,
l'occhio, il sorriso, la parola, il gesto;
e sapere non voglio, e non ho chiesto
il colore nemmen delle tue chiome.

5 Ma so che vivi nel silenzio; come
care ti sono le mie rime: questo
ti fa sorella nel mio sogno mesto,
o amica senza volto e senza nome.

Fuori del sogno fatto di rimpianto
10 forse non mai, non mai c'incontreremo,
forse non ti vedrò, non mi vedrai.

Ma piú di quella che ci siede accanto
cara è l'amica che non mai vedremo;
supremo è il bene che non giunge mai![2]

---

[1] Fu composta nel 1913 per Gigina Naretti, fidanzata dell'amico di Gozzano, Ettore Colla, e fu pubblicata sulla « Gazzetta del Popolo della sera » del 30 agosto 1916.
[2] Il verso ripete esattamente quello de *Il miraggio* di Amalia Guglielminetti (compreso nella raccolta *Le vergini folli*).

Ketty[1]

I

Supini al rezzo[2] ritmico del panka.

Sull'altana[3] di cedro il giorno muore,
giunge dal Tempio un canto or mesto or gaio,
giungono aromi dalla jungla[4] in fiore.

5 Bel fiore del carbone e dell'acciaio[5]
Miss Ketty fuma e zufola giuliva
altoriversa[6] nella sedia a sdraio.

---

[1] Insieme con il *Risveglio sul Picco d'Adamo*, è ciò che rimane dei poemetti che Gozzano scrisse durante il viaggio in India raccontato in *Verso la cuna del mondo*, e distrutti per sua volontà perché da lui giudicati osceni e pornografici. Si veda quanto il Gozzano scrive in una lettera del 1916, riprodotta da E. Zanzi sulla «Gazzetta del Popolo» del 9 agosto 1930: «Tranne il poemetto di Ketty, l'agile ragazza americana, tutto il resto è per il cestino: la pornografia di raro diventa arte, forse mai. Io non sono tagliato per le spirituali sconcezze letterarie. Ho letto il poemetto di Ketty a Chiaves e a mia madre. Ne sono entusiasti... Ho fatto qualche correzione: sto limandolo. Vorrei pubblicarlo sulla "Lettura" ». Il testo originario è stato ricostruito dall'Antonicelli sull'autografo, mentre scorretta era la forma in cui il poemetto apparve nelle edizioni Calcaterra e De Marchi (manca, ad esempio, il primo verso).
[2] Fresco («ritmico», perché provocato dal movimento regolare del «panka», il ventaglio immenso appeso al soffitto, che un servo indiano agita con una corda, come scrive il Gozzano in una delle lettere dall'India comprese in *Verso la cuna del mondo: L'impero dei Gran Mogol*).
[3] Loggia di legno di cedro.
[4] È la grafia usuale in Gozzano.
[5] Figlia, cioè, di qualche ricco industriale americano del carbone e dell'acciaio. Ketty, infatti, è di Baltimora, città industriale dello stato del Maryland.
[6] Supina (ma con un di più di abbandono e, al tempo stesso, di disinvoltura, di cameratismo).

Sputa. Nell'arco della sua saliva
m'irroro di freschezza: ha puri i denti,
10 pura la bocca, pura la genciva.[7]

Cerulo-bionda,[8] le mammelle assenti,
ma forte come un giovinetto forte,
vergine folle[9] da gli error prudenti,

ma signora di sé della sua sorte
15 sola giunse a Ceylon da Baltimora
dove un cugino le sarà consorte.

Ma prima delle nozze, in tempo ancora
esplora il mondo ignoto che le avanza[10]
e qualche amico esplora che l'esplora.[11]

20 Error prudenti e senza rimembranza:
Ketty zufola e fuma. La virile
franchezza, l'inurbana tracotanza

attira il mio latin sangue gentile.[12]

II

Non tocca il sole le pagode snelle
25 che la notte precipita. Le chiome
delle palme s'ingemmano di stelle.

Ora di sogno! E Ketty sogna: « ... or come
vivete, se non ricco, al tempo nostro?
È quotato in Italia il vostro nome?

---

[7] Per la grafia, cfr. *Demi-vierge*, v. 14.
[8] Bionda con gli occhi azzurri.
[9] È il titolo della raccolta poetica della Guglielminetti, qui ironicamente ripreso dal Gozzano.
[10] È la stessa clausola petrarchesca di *Signorina Felicita*, v. 127.
[11] Cioè, che non conosce ancora.
[12] È citazione petrarchesca (*Rime*, CXXVIII, 74: « Latin sangue gentile, / sgombra da te queste dannose some »), incrociata con Pascoli, *Gli eroi del Sempione* (in *Odi e inni*) v. 53 « Latin sangue, gentil sangue errabondo ».

30 Da noi procaccia dollari l'inchiostro... »
    « Oro ed alloro!... »[13] – « Dite e traducete
    il piú bel verso d'un poeta vostro... »

    Dico e la bocca stridula ripete
    in italo-britanno il grido immenso:
35 « Due cose belle ha il mon...[14] » « Perché ridete? »

    « Non rido. Oimè! Non rido. A tutto penso
    che ci dissero ieri i mendicanti
    sul *grande amore* e sul *nessun compenso*.

    (Voi non udiste, Voi tra i marmi santi
40 irridevate i budda millenari,
    molestavate i chela[15] e gli elefanti).

    Vive in Italia, ignota ai vostri pari,
    una casta felice d'infelici
    come quei monni[16] astratti e solitari.

45 Sui venti giri[17] non degli edifici
    vostri s'accampa quella fede viva,
    non su gazzette, come i dentifrici;

    sete di lucro, gara fuggitiva,
    elogio insulso, ghigno degli stolti
50 piú non attinge la beata riva;[18]

    l'arte è paga di sé, preclusa ai molti,
    a quegli data che di lei si muore... »
    Ma intender non mi può, benché m'ascolti,[19]

    la figlia della cifra e del clamore.[20]

---

[13] Cfr. *Signorina Felicita*, v. 198.
[14] È la famosa sentenza leopardiana del *Consalvo*, vv. 99-100: « Due cose belle ha il mondo: / amore e morte », che il Gozzano raccoglie in un unico verso endecasillabico.
[15] Monaci buddhisti (durante il noviziato).
[16] Monaci.
[17] Piani (con riferimento ai grattacieli americani). Il « non » è in relazione con « s'accampa ».
[18] Per la reminiscenza dantesca cfr. *La piú bella*, v. 21.
[19] Reminiscenza dantesca, dalla *Vita Nuova*, XXVI, 7, sonetto *Tanto gentile*, v. 11: « che 'ntender no la può chi no la prova ».
[20] Del denaro e della pubblicità.

III

55 Intender non mi può. Tacitamente
il braccio ignudo premo come zona
ristoratrice, sulla fronte ardente.

Gelido è il braccio ch'ella m'abbandona
come cosa non sua. Come una cosa
60 non sua concede l'agile persona...

– « O yes! Ricerco, aduno senza posa
capelli illustri in ordinate carte:
l'Illustrious lòchs[21] collection piú famosa.

Ciocche illustri in scienza in guerra in arte
65 corredate di firma o documento,
dalla Patti,[22] a Marconi, a Buonaparte...

(mordicchio il braccio, con martirio lento[23]
dal polso percorrendolo all'ascella
a tratti brevi, come uno stromento)[24]

70 e voi potrete assai giovarmi nella
Italia vostra, per commendatizie... »[25]
– « Dischiomerò per Voi l'Italia bella! »[26]

« Manca D'Annunzio tra le mie primizie;
vane l'offerte furono e gl'inviti
75 per tre capelli della sua calvizie... »

– « Vi prometto sin d'ora i peli ambiti;
completeremo il codice ammirando:[27]
a maggior gloria degli Stati Uniti... ».

---

[21] « Ciocche illustri » (ma l'esatta grafia inglese è *locks*).
[22] Adelina Patti (1843-1919), celebre soprano.
[23] Autocitazione dall'*Elogio degli amori ancillari*, v. 14: « la scaltrezza del martirio lento ».
[24] Uno strumento musicale.
[25] Raccomandazioni.
[26] Reminiscenza dantesca, *Inf.*, xx, 61: « Suso in Italia bella giace un laco ».
[27] La meravigliosa raccolta o collezione (cfr. *La messaggera senza ulivo*, v. 20, e *La basilica notturna*, v. 3).

L'attiro a me (l'audacia superando
80 per cui va celebrato un cantarino
napolitano,[28] dagli Stati in bando...).

Imperterrita indulge al resupino,
al temerario – o Numi! – che l'esplora
tesse gli elogi di quel suo cugino,

85 ma sui confini ben contesi ancora
ben si difende con le mani tozze,
al pugilato esperte... In Baltimora

il cugino l'attende a giuste nozze.

---

[28] Il tenore napoletano Enrico Caruso (1873-1921), che aveva subito negli Stati Uniti un processo per « rottura di promessa di matrimonio », ed era stato condannato (per questo è detto « dagli Stati in bando »: cioè, espulso dagli Stati Uniti, indicati secondo il modo familiare americano come gli « Stati » – States –).

Risveglio sul Picco d'Adamo[1]

Cantare udivo un gallo in sogno... Sognavo un villaggio
canavesano forse... L'aurora improvvisa mi desta.

Mi desta nel rifugio di stuoia[2] sul Picco selvaggio:
d'un tremolío d'acquario scintilla la selva ridesta.

5 Le felci arborescenti[3] contendono i raggi all'aurora,
dall'uno all'altro fusto s'allaccia la flora demente,[4]

spezzo ghirlande azzurre gialle sanguigne, m'irrora
la coppa del calladio,[5] l'orciuolo della nepente...

Cantava un gallo in sogno... Ma un gallo ben vivo
[risponde.
10 Sobbalzo. Ascolto. Il cuore col battito colma le tregue.

---

[1] Fu stampato sulla rivista abruzzese «Aprutium» dell'ottobre-novembre 1913, con la data «Adam's Peak - Rest-House, Ceylon, 1912), e ristampata (con un ampio commento e correzioni al testo) da Franco Contorbia su «Strumenti critici», ottobre 1971. Il Picco d'Adamo è la cima piú alta dell'isola di Ceylon (cfr. *Verso la cuna del mondo, Un Natale a Ceylon*).
[2] Cfr. *Un Natale a Ceylon*: «Abito da quasi un mese l'ultima *rest-house* offerta al viaggiatore dalla mirabile previdenza britannica... È minuscola e modesta questa *rest-house* sul Picco d'Adamo».
[3] Cfr. *Paolo e Virginia*, v. 23.
[4] Lussureggiante.
[5] Il caladio è una specie di colocasia tropicale, della famiglia Aracee. I fiori sono avvolti in una grande brattea a forma di coppa, nella quale si raccoglie l'acqua piovana («m'irrora / la coppa del calladio...»). La nepente è pianta insettivora tropicale, le cui foglie presentano un rigonfiamento a forma di anfora (ascidio: «orciuolo»), munito di opercolo mobile.

Regna il Re dei cortili le vergini selve profonde?
M'illude un negromante per gioco? Il mio sogno
                                 [prosegue?

Non il Re dei cortili qui regna, ma l'avo selvaggio
(già cantava sul Picco d'Adamo che Adamo non era).[6]

15 Canta il « gallo banckywa »[7] l'aurora del Tropico, il
                                                [raggio
d'oro che scende obliquo dove la jungla è piú nera.

---

[6] Reminiscenza di Zanella, *Sopra una conchiglia fossile del mio studio*, v. 14: « Vagavi co' nautili, / co' murici a schiera: / e l'uomo non era ».
[7] Il gallo originario dell'isola di Banka, a est di Sumatra, selvatico, considerato il progenitore del gallo domestico.

[*Ah! Difettivi sillogismi!*][1]

Ah! Difettivi sillogismi![2] L'io
che c'è sí caro, muore ad ogni istante
senza rimpianto. Muore nel riposo
e nella veglia. Un calice di vino
5   un grano d'oppio uno sbigottimento
una ferita, basta a dileguarlo.
Ma ci acqueta il pensiero che al risveglio
ritroveremo intatto e vigilante
il buon fanciulletto[3] interiore
10 che ci ripete d'esser sempre noi...
Ah! Fanciullesca è veramente questa
anima semplicetta[4] che riduce
alla nostra stadera[5] l'infinito;
nutre speranze, chiede privilegi
15 piú spaventosi del piú spaventoso
nulla, ché il nulla è non poter morire.
Come pensare senz'abbrividire
tutta l'eternità chiusa nell'io
in quest'angusto carcere terreno?

[1] Il componimento, che non ha avuto titolo da Gozzano, fu scritto nel 1914, ed è un adattamento in versi di motivi e materiali ricavati da Maeterlinck, precisamente da *L'immortalité*, che è il saggio conclusivo de *L'Intelligence des Fleurs* (1907).
[2] Reminiscenza dantesca, *Par.*, XI, 2: «Quanto son difettivi sillogismi».
[3] Qui, oltre che le pagine di Maeterlinck, Gozzano ha presente il «fanciullino» del Pascoli.
[4] Cfr. Dante, *Purg.*, XVI, 88: «L'anima semplicetta che sa nulla».
[5] Cfr. Dante, *Par.*, IV, 138: «Ch'alla vostra statera non sien parvi» («alla nostra stadera»: alla nostra misura limitata).

20 Quasi bramosi fantolini e vani[6]
    preghiamo un bene e non sappiamo quale.
    Quando per anni o per follia s'offusca
    l'altrui cervello, quella decadenza
    piú non c'inqueta della decadenza
25 corporea. Permane la speranza
    che l'io del caro sopravviva ancora
    mentre è già come se non fosse piú.
    Ora se quasi ci si acqueta in vita
    allo sfacelo della mente immemore[7]
30 che mai vogliamo dalla morte immune?[8]
    Questa cosa di noi che vuol persistere[9]
    indefinita, è dunque indefinibile
    come il raggio ch'emana dalla lampada,
    come il suono che emana dal liuto;
35 lampada e liuto sono tra gli arredi
    piú famigliari e semplici che posso
    scomporre ricomporre con le mani;
    il mistero m'appare se mi chiedo
    che sia, di dove venga, dove vada
40 il prodigio del suono e della luce...
    Oimè! L'essenza che rivibra in noi
    non può per intelletto esser compresa[10]
    da poi che l'io solo con se stesso,
    soggetto, oggetto della conoscenza,
45 come uno specchio vano si moltiplica
    inutilmente ed infinitamente
    e nel riflesso è prigioniero il raggio
    di verità che l'occhio non discerne.
    Giova quindi sottrarci all'incantesimo
50 alla voce che implora di rivivere
    come a un morbo insanabile terrestre.
    Negli attimi di grazia, quando l'io

---

[6] Cfr. Dante, *Purg.*, XXIV, 108-109: « Quasi bramosi fantolini e vani, / che pregano e 'l pregato non risponde » (« fantolini »: bambini).
[7] Che non ricorda piú.
[8] Libero, salvo.
[9] Durare.
[10] Cfr. Dante, *Par.*, XIX, 9: « Né fu per fantasia già mai compreso ».

dilegua nei pensier contemplativi[11]
quando l'istinto tace e si compiace
55 nella gioia dell'utile non nostro
o freme ad una strofe ad una musica
nell'ebbrezza senz'utile dell'arte,
forse ci giunge il pallido riflesso
d'una luce remota, della vita
60 che ci attende al di là, nel puro spirito,
nel non essere noi, nell'ineffabile.
È la fede che Socrate morente
predicava all'alunno: « Datti pace!
Non morirò: seppelliranno l'altro ».[12]
65 È la luce che Baghava Purana[13]
rivelava sul tronco del palmizio:
« Solo eterno è lo spirito. Non piangere
su te su me su altri. Perché l'io[14]
ed il non io son frutto d'ignoranza.
70 Desideravi un figlio, o Re; l'avesti;
oggi provi lo strazio del distacco,
strazio che dànno tutte le fortune
a chi s'illude e pensa durature
l'apparenze caduche della vita.
75 Solo eterno è lo spirito. Nei tempi
chi fu per te quel figlio che tu piangi?
Chi tu fosti per lui? Che voi sarete
l'uno per l'altro nell'ignoto andare?

---

[11] Formula dantesca, *Par.*, XXI, 117: « Contento ne' pensier contemplativi ».

[12] Cfr. Pascoli, *La civetta* (in *Poemi conviviali*), vv. 151-152: « Dice che andrà via, che il morto / non sarà lui: seppelliranno un altro » (l'origine è nel *Fedone* platonico).

[13] Gozzano deve aver qui identificato con la divinità stessa il *Bhagavata Purana*, cioè il *Purana* dei seguaci di Visnu, di cui *Bhagavat* è epiteto (e vale « Il Beato, L'Adorabile »). Con il nome di *Purana* (che significa « Antico ») si indica la raccolta di diciotto opere didattiche (« Antica tradizione », « Antica Leggenda »), dedicate al culto di Visnu e dalla tradizione attribuite a Vyasa.

[14] Cfr. *Il fiume dei roghi*, in *Verso la cuna del mondo*: « Quella Maharajana citata nei sacri testi che si strappava le chiome, ululando sul cadavere del suo unico figlio. E i yogi - si racconta - cercavano invano di

                Sabbia del mare, foglie date al vento...
80   Solo eterno è lo spirito. Consòlati ».
            Ma il Re singhiozza disperato ancora
            e pel prodigio d'uno di quei rishy[15]
            l'anima si ridesta nel cadavere,
            si guarda intorno sbigottita, dice:
85   « In quale delle innumeri apparenze
            d'animali, di uomini, di devhas[16]
            m'ebbi per padre questo che m'abbraccia?
            Non mi toccare: io non ti riconosco.
            O tu che piangi su di me non piangere.
90   Solo eterno è lo spirito. Consòlati ».
            Cosí parlato il giovinetto muore
            un'altra volta. L'anima s'invola
            eternamente. E il Re non piange piú.

richiamarla alla verità, di strapparla al demone dell'illusione. E tanto era lo strazio della donna che, per il potere d'un fachiro, l'anima ritorna al cadavere già disteso sul rogo. E la madre si getta sul resuscitato, folle di gioia. Ma il principe giovinetto s'alza sulla catasta, respinge la donna con un gemito, si guarda intorno sbigottito, dice: "Chi mi chiama? Chi mi strazia? Dove sono? Chi ha spezzato in me l'armonia della Ruota? In quale delle innumerevoli apparenze del mio passato mi ebbi per madre questa forsennata? Portatela dall'esorcista! Mara, il tentatore, ulula in lei!". Cosí parlato, il giovine ricade resupino e l'anima s'invola nell'ineffabile. La madre, la Maharajana Kritagma, fu quella che andò penitente fino ad Anuradhapura, nel centro di Ceylon, la Roma buddista, ed ebbe la grazia somma d'essere illuminata da Gotamo in persona ».
[15] Saggi (« saggi, rhisy », dice il Gozzano ne *Le grotte della Trimurti*, in *Verso la cuna del mondo*). È il nome vedico del sapiente, del cantore, del poeta.
[16] Spiriti divini.

La ballata dell'Uno[1]

L'Uno è tutto esaurito,[2]
non lo trova piú nessuno,
a chi dà copia dell'Uno
un milione è profferito.

5 Col piú gran caffè concerto[3]
vien Giolitti un poco male
per un male un poco incerto,
vien con tutto il personale
del Suffragio Universale.[4]
10 Ma – pagliaccio o rosso o bruno –[5]
tutti chiedono dell'Uno,
l'Uno già tutto esaurito.

Finalmente il Vaticano
lascia il Papa ed il Concilio,
15 balla il tango col Sovrano
dal garofano vermiglio.

---

[1] Fu pubblicata sul settimanale umoristico illustrato « Numero », fondato dall'amico Golia, nel 1 numero scherzosamente designato come numero II, il 4 gennaio 1914, anonima. Lo stesso settimanale, in occasione della morte del poeta, lo ricordava come autore di questa « ballata » (in data 20 agosto 1916). È stata ristampata dall'Antonicelli.

[2] Si riferisce, naturalmente, all'inesistente numero 1 della rivista.

[3] Cioè, con l'accompagnamento delle musiche degli spettacoli dei caffè-concerto (i caffè dove il pubblico era intrattenuto da numeri di arte varia, canto, musiche, ecc.).

[4] Nel 1913 Giolitti aveva fatto votare alla Camera una nuova legge elettorale, che allargava notevolmente il numero degli elettori (anche se di vero e proprio suffragio universale non poteva ancora parlarsi).

[5] Con allusione ai colori simbolici degli opposti schieramenti politici (qui, socialisti e cattolici).

Tutti vanno in visibilio:
il prelato col tribuno,
tutti chiedono dell'Uno:
20 l'Uno – ahimè – tutto esaurito!

Trema all'Uno e terra e mare!
la San Giorgio[6] per isbaglio
si rimette a galleggiare,
perciò grato l'ammiraglio
25 contro un già prossimo incaglio
contro i tiri di Nettuno
premunirsi vuol dell'Uno
l'Uno – ohimè – tutto esaurito.

Stanco d'essere il fantoccio
30 d'un insipido frasario
grida Verdi.[7] Alfin mi scoccio
di cotesto centenario.
Qui m'annoio solitario.
Ecco il Numero. Ma l'Uno?
35 L'Uno – ohimè – non l'ha nessuno,
l'Uno è già tutto esaurito!

Levigandosi[8] l'alloro
Gabriel[9] inqueto appare:
un mistero: il Pomo d'oro
40 ben volevo ricercare
sul rarissimo esemplare.
Gabriele andrà digiuno;
splende il numero, ma l'Uno,
l'Uno è già tutto esaurito.

---

[6] La San Giorgio era una corazzata in servizio nella marina italiana del tempo. Il Gozzano allude all'incidente che fece semiaffondare la nave durante il varo.
[7] Nel 1913 correva il primo centenario della nascita di Giuseppe Verdi.
[8] Lustrandosi.
[9] D'Annunzio.

45 Vien Mascagni[10] truce in vista
    ché su l'Uno spera già
    e già teme un'intervista
    « Poiché io sono – ognun lo sa –
    mammoletta d'umiltà... »
50 – Che voi siate un fiore o un pruno,
    gran maestro, fa tutt'uno
    l'Uno è già tutto esaurito.

    Térésah, Carola, Amalia,[11]
    l'altre insigni letterate,
55 che oggi infiammano l'Italia,
    si presentano infiammate
    come tante forsennate:
    un prurito inopportuno
    tutte sentono dell'Uno,
60 l'Uno – ohimè – tutto esaurito.

    Non resiste la Gioconda,[12]
    balza fuori arguta e gaia
    con la sua facciona tonda
    di perfetta giornalaia.
65 Cento quindici migliaia
    mi richiedono dell'Uno!
    A chi dà copia dell'Uno
    un milione è profferito.

    Oh successo inopportuno!
70 L'Uno è già tutto esaurito!

---

[10] Il musicista Pietro Mascagni (1863-1945).
[11] Rispettivamente, le scrittrici e poetesse (tutte piemontesi) Corinna Teresa Gay-Ubertis, nota con lo pseudonimo di Térésah (1877-1964), Carola Prosperi (nata nel 1883) e Amalia Guglielminetti (1881-1941).
[12] Il Gozzano allude, naturalmente, al ritratto leonardesco.

La messaggiera senza ulivo[1]

Bene scegliesti l'unico rifugio,
trepida messaggiera insanguinata!
(Sangue d'amico? Sangue di nemico?
Ah! Che il sangue è tutt'uno, oltre la soglia!)[2]

5 Palpiti esausta e sfuggi la carezza
e temi il rombo... È il rombo del tuo cuore.
Socchiudi gli occhi dove trema ancora
lo spaventoso tuo pellegrinare.

Ah! Sarcasmo indicibile! Tu sacra
10 dai tempi delle origini alla pace
la novella ci rechi – ah, senz'ulivo! –
del flagello di Dio[3] sopra la Terra.

Ma non del Dio Signore Nostro: il dio
feticcio irsuto della belva bionda:[4]
15 – Rinascono le donne ed i fanciulli,
uccideremo ciò che non rinasce! –[5]

---

[1] Fu pubblicata su « La Donna » del 20 settembre 1914, preceduta da una notizia che ne illustrava l'occasione: « È giunto alle piccionaie della Società Colombofila di Milano un colombo di Liegi, recante la targa ben nota. La bestiola, sfuggita certo a qualche piccionaia distrutta, deve aver vagato di città in città, stordita dal fragore della strage e dal rombo del cannone. Ed ha percorso non meno di duemila chilometri, prima di riparare, spennata e insanguinata, in Italia (Settembre 1914 – I giornali –) ».
[2] Della morte.
[3] La guerra.
[4] Con allusione ai Tedeschi: è il tempo dell'invasione del Belgio neutrale e dei bombardamenti di Reims, nei quali è danneggiata la cattedrale, fatti tutti che determinano indignazione e proteste in tutta l'Europa, anche perché la propaganda alleata diffonde abilmente descrizioni delle atrocità germaniche.
[5] I monumenti, le opere d'arte.

E le trine di marmo, le corolle
di bronzo, gli edifici unici al mondo,
i vetri istoriati, i palinsesti[6]
20 alluminati,[7] i codici ammirandi,[8]

ciò che un popolo mite ebbe in retaggio
dalla Fede e dall'Arte in un millennio
ritorna al nulla sotto i nuovi barbari:[9]
non piú barbari, no: ladri del mondo!

25 Tu non tremare, messaggiera bianca;[10]
bene scegliesti l'unico rifugio:
la spalla manca della bella Donna[11]
eretta in pace nel suo bel giardino.

La riconosci? Dolce ti sorride
30 piegando il capo sotto la corona
turrita a vellicarti con la gota
e con l'ulivo[12] ti ravvia le penne.

Ma tien la destra all'elsa[13] e le pupille
chiaroveggenti fissano il destino;
35 non fu mai cosí forte e cosí bella[14]
e palpitante dalla nuca al piede.

La riconosci? Non ti dico il nome
troppo già detto, sacro all'ora sacra!
Bene scegliesti l'unico rifugio,
40 trepida messaggiera insanguinata!

---

[6] Propriamente palinsesto è ogni antico codice di pergamena su cui, dopo essere stata raschiata la primitiva scrittura, è stato scritto un altro testo o documento.

[7] Cfr. *Suprema quies*, v. 17.

[8] Cfr. *Ketty*, v. 77.

[9] Il Gozzano allude alle cattedrali belghe e della Francia settentrionale, danneggiate dai bombardamenti tedeschi.

[10] La colomba.

[11] L'Italia, rappresentata allegoricamente come una donna con in capo una corona turrita nell'illustrazione che accompagnava la prima stampa del componimento gozzaniano (« spalla manca » = spalla sinistra).

[12] È da ricordare che, alla data di composizione della poesia gozzaniana, l'Italia era ancora neutrale.

[13] Della spada.

[14] Cfr. *Invernale*, v. 35.

La bella preda[1]

I

Fanciullo formidabile: soldato
dell'Alpi e tu mi chiedi
ch'io celebri il tuo gesto in versi miei!
Non trovo ritmi – oimè! – non trovo rime
5   cosí come vorrei
al tuo gesto sublime!
Ma sai tu quanto sia bello il tuo gesto,
simbolica la spoglia
dell'aquila regale che t'offerse
10 l'Altissimo[2] – redento![3] – a guiderdone[4]
della baldanza tua liberatrice?
La vittima che dice:
Terra d'Italia è questa!
a consenso palese
15 dei cieli sommi nella santa gesta?

II

Tu non sapevi. Solo con te stesso
e coi fratelli in una forza sola,
sostavi sulla gola

---

[1] Fu pubblicata sulla « Lettura » dell'agosto 1915, e si ispira al fatto di un alpino combattente, che uccise un'aquila sulle pendici del monte Altissimo e la inviò ai compaesani, perché la imbalsamassero e la custodissero (come spiega il Calcaterra).
[2] Monte.
[3] Liberato: « redento » è il termine della propaganda irredentista per i territori del Trentino e della Venezia Giulia occupati durante la guerra.
[4] Premio, ricompensa.

        vertiginosa,[5] l'anima in vedetta,
20 protetto dalla vetta
    signoreggiata.[6] Il cuore
    batteva impaziente dell'assalto.
    Il cielo era di smalto
    cerulo, nel silenzio intatto come
25 quando non era l'uomo ed il dolore...
    Era il meriggio alpino,
    splendeva il sole nella valle sgombra.
    In larghe rote[7] s'annunciò dall'alto
    l'olocausto[8] divino,
30 la messaggiera, disegnando un'ombra.

III

    Che pensasti nell'attimo? Colpisti.
    Bene colpisti. Il vortice dell'ale
    precipitò ventandoti sul viso.[9]
    E l'aquila regale
35 ecco immolasti sul granito alpino
    come sull'ara sacra alla riscossa
    del popolo latino.
    E la tua mano rossa
    fu del sangue ricchissimo[10] aquilino.
40 Battezzasti cosí con la tua mano,
    nella stretta che tutti ebbero a gara,
    commentando l'augurio e la bravura,
    battezzasti cosí con la tua mano
    tutti i compagni tuoi,
45 dal giovinetto imberbe al capitano!

---

[5] Che dà le vertigini.
[6] Conquistata.
[7] Cfr. *Invernale*, v. 16.
[8] La vittima (« divina »: mandata da Dio, nello spirito dei vv. 12-15).
[9] Facendoti vento: cfr. Dante, *Purg.*, XVII, 67-68: « Senti'mi presso quasi un mover d'ala / e ventarmi nel viso ».
[10] Dell'aquila (« ricchissimo » = abbondante, ma anche nello spirito del simbolo che l'aquila assume di vittoria, di conquista).

IV

Sarcasmo inconsapevole! E tu mandi
oggi la spoglia a noi che con bell'arte
le si ridoni immagine di vita;
ma quale arte iscaltrita
50 può simulare l'irto palpitare
di penne e piume, il demone[11] gagliardo
tutto rostro ed artigli e grido e sguardo
nell'ora[12] che si scaglia?
Nessuna sorte è triste
55 in questi giorni rossi di battaglia:
fuorché la sorte di colui che assiste...
E – sarcasmo indicibile per noi
scelti ai congegni ed alla vettovaglia –[13]
tu strappasti l'emblema degli eroi
60 ed a noi mandi un'aquila di paglia!...

---

[11] L'aquila, detto « demone » per la forza, l'impeto.
[12] Nel momento, nell'istante.
[13] Al lavoro nelle fabbriche, con le macchine, per fare le armi, e alla sussistenza, a procurare e a preparare i viveri per i combattenti.

La basilica notturna[1]

> Pax tibi, Marce, Evangelista meus.[2]

I

D'oro si fanno brune le cupole stupende,
ma sotto il cielo illune[3] il cielo d'oro splende.

Splende l'emblema come nel codice ammirando:
Venezia trepidando nel sacrosanto nome.

5 Sta l'Angelo di Dio, sta col fatale incarco[4]
lassú « Pace a Te, Marco, Evangelista mio! »[5]

Intorno gli fan coro tutti i Profeti, in rari
musaici millenari. Palpita il cielo d'oro.[6]

Il palpito millenne[7] corre[8] Santi e Madonne;
10 vivono le colonne, le fragili transenne.[9]

Ma quale antica ambascia[10] il Tempio oggi ricorda,
difeso nella sorda materia che lo fascia?[11]

---

[1] Fu stampata su « La Donna » del 20 dicembre 1915, con la data « Venezia, 1915 ». Per la guerra, la basilica di san Marco era stata protetta con sacchetti di sabbia e gli oggetti d'arte piú preziosi erano stati trasferiti in luoghi piú sicuri.
[2] È il motto che si legge sull'emblema di Venezia, il leone, che simboleggia san Marco evangelista, con la zampa sul libro aperto nel quale si legge, appunto, il motto.
[3] Cfr. *L'analfabeta*, v. 150.
[4] Peso, carico.
[5] È la traduzione del motto latino posto in epigrafe.
[6] Della cupola.
[7] Millenario (con riferimento all'età della basilica).
[8] Percorre, attraversa (« corre » è usato transitivamente).
[9] Sono le balaustre di tavole di marmo, lavorate e intarsiate, che dividono il presbiterio dalla navata.
[10] Angoscia.
[11] Allusione ai sacchetti di sabbia posti a protezione della basilica.

II

Pei ciechi balaustri, per le navate ingombre
passano grigie l'ombre di tutti i dogi illustri.

15 Dice uno Zani:[12] Vissi pel tempio apparituro.[13]
Quale nemico oscuro sale dai ciechi abissi?

Dov'è l'icona fine di quattromila perle,
mirabili a vederle tra l'opre bizantine?

Dove le croci greche, sante in Gerusalemme,
20 i codici, le gemme, i calici, le teche?[14]

E dice un Selvo:[15] Tolsi[16] i marmi d'oltremare:
posi con questi polsi la pietra dell'altare.

La Bibbia m'ammoniva. Sculpii divotamente.
La pietra fu vivente: dov'è la pietra viva?

25 Gli Zorzi i Mocenigo i Vanni i Contarini
i Gritti i Morosini i Celsi i Gradenigo[17]

guatano il legno greggio[18] che cela marmi ed ori.
– Minacciano i tesori i barbari e il saccheggio?

– Risorgono al reame[19] i Turchi gli Unni i Galli?
30 Tornarono i cavalli all'ippodromo infame?[20]

---

[12] È la forma veneziana di Giovanni. Qui il Gozzano allude al doge Giovanni Partecipazio, che governò dall'829 all'836 e sotto il quale fu costruita la prima basilica, per custodirvi il corpo di san Marco.

[13] Sul punto di essere costruito.

[14] Piccolo ciborio, destinato a conservare nel tabernacolo l'ostia per l'ostensorio.

[15] Domenico Selvo, doge dal 1071 al 1084, sotto il quale fu compiuta la ricostruzione della basilica.

[16] Portai via.

[17] Sono tutti nomi di illustri famiglie veneziane, che diedero dogi alla Repubblica.

[18] Sono le strutture di legno che reggono i sacchetti di sabbia.

[19] Al dominio, a regnare.

[20] L'ippodromo di Costantinopoli, dal quale furono portati via i cavalli di rame dorato che ornano la terrazza del piano superiore della basilica, nel 1204, durante la IV crociata, come preda di guerra (è detto « infame » perché fu teatro di lotte anche sanguinose di avverse fazioni del popolo costantinopolitano).

III

Sta l'Angelo di Dio, sta col fatale incarco
lassú « Pace, a Te, Marco, Evangelista mio! »

Santo dei Santi eroi guerrieri e marinai,
o Santo, o tu che fai che « noi si dica noi »,

35 quale remota ambascia il Tempio tuo ricorda,
difeso nella sorda materia che lo fascia?

Minacciano i tuoi beni, la Chiesa disadorna
Barbari e Saraceni! Ah! Ciò che fu ritorna! –

Ai soldati alladiesi combattenti[1]

O tu, che d'odio sacrosanto avvampi
i confini del Barbaro cancella!
Con l'anno sorga una migliore stella
a consolar gli insanguinati campi!

5 Tu che combatti per l'Italia bella,
tra cupi rombi e balenar di lampi,
salve! Ed il cielo provvido ti scampi[2]
alla sposa, alla madre, alla sorella!

Il tuo paese attende il tuo ritorno.
10 Tempi migliori ti saran concessi,
se in dolce pace finirà la guerra.

I nostri voti affrettano quel giorno;
tra belle vigne e biondeggiar di messi,
ritornerete, figli della terra!

---

[1] Fu pubblicato in un calendarietto stampato ad Agliè nel gennaio 1916, a beneficio dei combattenti.
[2] Risparmi.

Prologo[1]

Dice il Sofista[2] amaro: ... il Passato è passato;
è come un'ombra, è come se non fosse mai stato.
Impossibile è trarlo dal sempiterno oblio;
impossibile all'uomo, impossibile a Dio!
5 Il Passato è passato... Il buon Sofista mente:
basta un accordo lieve e il Passato è presente.
Basta una mano bianca sulla tastiera amica
ed ecco si ridesta tutta la grazia antica!
Anche se il tempo edace[3] o il barbaro cancella
10 i tesori che all'arte diede l'Italia bella,
v'è un'arte piú del marmo, del bronzo duratura[4]
fatta di suoni, fatta di una bellezza pura,
un'arte che sussiste pur tra i tesori infranti[5]
finché una corda vibri e una fanciulla canti!
15 Il Seicento rivive con la sua grazia ornata
in Orazio dell'Arpa[6] od in Mazzaferrata,[7]

---

[1] Fu scritto per le sorelle Silvia e Alina Zanardini, amiche della famiglia Gozzano, che nel 1914 avevano cercato di dar vita a spettacoli di musica e di poesia unite insieme. Il Gozzano non poté intervenire alla serata inaugurale (18 novembre 1914) e inviò questo componimento come omaggio.
[2] Cfr. *Signorina Felicita*, v. 321; *Totò Merùmeni*, v. 47.
[3] Cfr. *Il frutteto*, v. 59.
[4] È la ripresa del celebre detto oraziano, *Carm.*, III, 30, 1: «exegi monumentum aere perennius».
[5] Questa, come le precedenti, sono allusioni alla violenza della guerra contro i monumenti dell'arte (cfr. *La messaggera senza ulivo*, *La basilica notturna*).
[6] Orazio Michi (1595-1641), detto Orazio dell'Arpa per il virtuosismo nel sonare un'arpa doppia a 58 corde, fu al servizio del cardinale Maurizio di Savoia.
[7] Giovanni Battista Mazzaferrata fu attivo soprattutto a Ferrara, nella prima metà del Seicento.

s'eterna il Settecento piú che in marmi o ritratti,
in un motivo lieve di Blangini...[8] Scarlatti...[9]

Melodrammi, oratorii,[10] messe, vespri, mottetti:[11]
20 odor sacro e profano d'incensi e di belletti!
La musica da camera risorge in guardinfante
tra una dama che ride e un abate galante!
Né il Settecento solo, ma noi risaliremo
all'origini prime, fino al limite estremo,
25 quando non anche[12] noto era il cembalo e l'ale
scioglieva il canto al ritmo del liuto provenzale.
Ad evocare il sogno che l'anima riceve
s'alterni la parola nella cornice breve.[13]
Ché pei Maestri antichi non fu la scena immota,
30 ma sognarono « vive » la sillaba e la nota.
Rivivano quai[14] furono. E dell'età passate
risorgano, col canto, le fogge disusate.
Non per arte femminea,[15] né per vezzo leggiadro,
ma perché il vero viva nell'armonia del quadro.

35 Questo è l'intento nostro. Coi Maestri piú noti
e men noti rivivere i secoli remoti.
Nostre canzoni, gemme dei nostri orafi insigni
un po' dimenticate nei loro antichi scrigni!
Tutti i motivi italici noi tratteremo in parte
40 se fortuna è propizia al nostro sogno d'arte.
Questo è l'intento nostro. E ci valga l'intento,
se le forze non sempre son pari all'argomento.
E – se faremo bene – decretate il successo...
e... se male faremo... applaudite lo stesso!

---

[8] Felice Blangini (1781-1841), torinese, fu attivo soprattutto a Parigi.
[9] Cfr. *L'amica di nonna Speranza*, v. 30.
[10] L'oratorio è un'azione sacra, interamente cantata da solisti, coro e orchestra, senza costumi e scene teatrali.
[11] Il mottetto è una composizione sacra a piú voci.
[12] Non ancora.
[13] Si ricordi che gli spettacoli delle sorelle Zanardini erano di musica e di poesia.
[14] Quali.
[15] Da donne, per le donne.

Carolina di Savoia[1]

Dopo un anno moriva quella che usciva sposa
da questa Reggia... Visse la vita d'una rosa:[2]
un mattino! Bel fiore non sedicenne ancora[3]
colto da mano ignota in sulla prima aurora!

5 « Principessa Maria Carolina Antonietta
di Savoia! Lo sposo da me scelto v'aspetta:
il Duca di Sassonia: Marcantonio Clemente »
... Cosí parlava il padre, il Re,[4] solennemente.

– Cognata[5] Carolina – le disse quel mattino –
10 giunto è l'ambasciatore di Sassonia a Torino!
Verso il promesso sposo tra poco te ne andrai!
– Verso il promesso sposo? Non l'ho veduto mai! –

---

[1] Fu composto per le serate delle sorelle Zanardini, e non è che la rielaborazione in versi di un canto popolare piemontese, già dal Gozzano incluso nella prosa *Torino d'altri tempi* (in *Prose varie*) e registrato dal Nigra (*Canti popolari del Piemonte*, n. 144). Il componimento gozzaniano fu concluso il 17 febbraio 1915. Maria Carolina di Savoia, nata il 17 gennaio 1764, morì a Dresda il 28 dicembre 1782, a poco più di un anno dalle nozze con Antonio Clemente, duca di Sassonia. Non aveva, quindi, ancora diciannove anni.
[2] Ripetizione di celebri versi del poeta francese François de Malherbe (1555-1628), nella *Consolation à M. Du Perier*, vv. 15-16: « Et, rose, elle a vécu ce que vivent les roses, / l'espace d'un matin ».
[3] In realtà, Maria Carolina stava per compiere i diciannove anni.
[4] Vittorio Amedeo III, padre della principessa.
[5] Maria Carolina fu sposata al duca di Sassonia per procura del fratello, Carlo Emanuele. Dalla prosa *Torino d'altri tempi* si ricava che a parlare è qui la cognata di Maria Carolina, Adelaide di Francia, nipote di Luigi XV.

– Ha visto il tuo ritratto, hai visto il suo: ti piace? –
– Mi piace? È un po' di tela dipinta, che tace...
15 Oh! sposerei ben meglio un umile artigiano
che il Duca di Sassonia – oimè – cosí lontano! –
– Un umile artigiano! Son miti le pretese! –
– Oh sposerei ben meglio un povero borghese!... –
– Un povero borghese! Cognata mia bizzosa!...
20 E le adattava intanto la ghirlanda di sposa.
Le cameriere intente all'opra delicata
guardavano la bimba pensosa ed accorata.
– Duchessa di Sassonia! Se questo è il mio destino,
non rivedrò l'Italia, non rivedrò Torino!...

25 La Regina Maria,[6] Re Vittorio Amedeo,
la Corte, il Clero, i Nobili aprivano il Corteo.
Le carrozze di gala avanzavano lente
per Torino infiorata, tra la folla piangente.
– *La Bela Carôlin* (la folla la chiamava
30 cosí, familiarmente, la folla che l'amava!)
La Bela Carôlin ci lascia e va lontano!
Il Duca di Sassonia ha chiesto la sua mano!
L'Ambasciatore è giunto e se la porta via...
Nozze senza lo sposo! Oh! che malinconia! –
35 Malinconiche nozze ed allegrezze vane:
archi di fiori, canti, clangori[7] di campane...
Mille mani plebee cercavano la stretta
della mano ducale, la mano prediletta...
– Ti segua il voto[8] nostro! Ti benedica Iddio! –
40 Carolina piangeva a quel supremo addio.
La figlia dalla madre divisa fu – che pena! –

---

[6] Cfr. *Torino d'altri tempi*: « La Principessa, povera bimba, cerca ogni pretesto per prolungare di un'ora la sua partenza. Ha supplicato, ha smaniato per passare a Torino un giorno ancora, e la Regina ha avuto l'idea di una passeggiata d'addio per la città con relativa esposizione della Santissima Sindone alla Galleria di Piazza Castello. Il Re ha resistito, poi ha concesso ».
[7] Suono alto e squillante.
[8] Augurio.

a viva forza, come si spezza una catena...⁹
– Piangete cittadini, piangete il mio destino!
Non rivedrò mia madre, non rivedrò Torino!

45 Dopo un anno moriva quella che usciva sposa
da questa Reggia. Visse la vita d'una rosa:
un mattino! E si spense nel paese lontano
senza una mano amica nella piccola mano!
Oggi rivive. Il popolo che l'adorava tanto
50 la canta. E non è morto chi rivive nel canto!

---

⁹ Cfr. *Torino d'altri tempi*: « Il fratello è costretto a sciogliere le braccia di lei a forza come si spezza una catena ».

La culla vuota[1]

> (Una madre giovinetta veglia sulla grande culla velata, accompagnando il dondolío della mano col ritmo del canto).

Ninna-nanna, bimbo mio!
Ninna-nanna, dolce Re!
Mentre Mamma pensa a Dio,
c'è il buon Dio che pensa a te!
5 Quando tu nascesti venne
la Madonna a contemplare,
si fermarono le penne
dei Cherúbi[2] ad adorare!
E nel cielo fu la Stella
10 e s'udirono parole
e piú fulgido fu il Sole
e la Terra fu piú bella!
Ninna-nanna, pupo biondo,
Ninna-nanna, dolce Re!
15 Non si trova in tutto il mondo
pupo bello come te!...

> (Solleva i veli della culla vuota. La fruga. Balza in piedi, indietreggia barcollando: poi si passa le mani sul volto atterrito, quasi per sentirsi ben viva).

Vuota è la culla... È vero od è menzogna?
Menzogna atroce, incubo fugace!
Togli al martirio il cuore di chi sogna!

> (Giunge la voce della Morte invisibile. Prima fioca e remota, indi piú cruda e distinta).

---

[1] Fu terminato nel maggio 1916 e destinato alle serate delle sorelle Zanardini.
[2] Cherubini (la forma « Cherubi » è dantesca, *Par.*, XXVIII, 99).

LA MORTE INVISIBILE

20 Sogno non è! Non incubo fugace.
Tuo figlio non è piú! Ma datti pace!
Ma datti pace! Non lagnarti forte,
non ti lagnare a voce cosí sciolta,[3]
va il tuo lamento, ma nessun l'ascolta.
25 Povera donna taci! È cosa stolta
cercar d'opporsi a me che son la Morte!

LA MADRE

Oh, voce roca, funebre sul vento
sei tu, la Morte? che m'hai tolto il figlio?
Ah! L'odo urlare, urlare di spavento,
30 bianco lo vedo com'è bianco un giglio,
un giglio chiuso dall'ossuto artiglio...

                (Breve silenzio. Il volto di lei è
                come quello di una demente).

No! Non è vero! È il mio vaneggiamento...

LA MORTE

Non è vaneggiamento! Il bimbo giace
sotto la terra ancor molle e smossa
35 ma l'alba nuova sorge e si compiace
d'educar[4] fiori su l'angusta fossa
e l'anima innocente s'è già mossa
verso le stelle per l'eterna pace!

LA MADRE

O Morte, dammi l'angioletto biondo
40 che tu celasti nella terra oscura;
l'abisso dove giace è troppo fondo
la pietra che lo copre è troppo dura;
scampalo, Morte, dalla sepoltura,
poi manda in sepoltura tutto il mondo!

LA MORTE

45 Ti rendo il figlio, o donna, ma rammenta
che ti sarà martirio l'avvenire.

---

[3] Senza freno, altissima.
[4] Coltivare, fare crescere.

LA MADRE

Soffrir pel figlio mio! Non mi spaventa
l'ammonimento ch'io dovrò soffrire;
per veder vivo lui vorrei morire
50 e nel morire riderei contenta!

LA MORTE

Ti rendo il figlio, o donna, ma t'avverto
che gli scorre il delitto entro le vene!
l'occhio avrà torvo, il cuor di frode esperto...

LA MADRE

Rendimi il figlio! So che mi conviene
55 col buon consiglio di condurlo al bene,
farne un cuor saggio ed uno sguardo aperto.

LA MORTE

Il figlio tuo ti verrà reso, ma
non ti scordare mai di questo giorno;
egli dormiva già felice là
60 donde nessuno fece mai ritorno.
Donna, è ben meglio il funebre soggiorno,
meglio la pace dell'eternità.

LA MADRE

Io ti ringrazio, o Morte! Infine il povero
figliolo mio torna alle mie braccia;
65 su questo seno troverà ricovero,
su questo seno celerà la faccia,
e farà il bene sotto la minaccia
dell'amoroso tenero rimprovero...

LA MORTE

Io te lo rendo, ma non tarderai
70 a lacerarti il cuor dallo sconforto.
Mi supplicavi, o donna, e t'ascoltai.
Ti feci lieta, ma per tempo corto;
e un giorno tu dirai: fosse pur morto
e non si fosse ridestato mai.

LA MADRE

75 Perché, perché codesto tuo parlare,
s'egli sarà per sempre a me vicino?
Se ogni mattin lo guiderò all'altare,
se foggerò piú bello il suo destino?

LA MORTE

Appena il braccio sarà forte al remo
80 lascerà la sua madre e il casolare;
dalla deserta riva sentiremo
dí e notte, notte e giorno il tuo gridare;
e forse un giorno lancerai sul mare
invano, invano il tuo lamento estremo.
85 Ed egli dove il cielo di turchese
scende nell'onda, ove s'estingue il sole,
rimpiangerà il minuscolo paese,
rimpiangerà le tue buone parole.
E griderà nell'anima che duole;
90 griderà: Morte! Con me sii cortese!
Chiederà morte! E appagherò mie brame
non lui sopendo sopra un letto molle,
tra dolci preci e candide corolle...
Morrà sul palco,[5] infamia del reame,
95 morrà sul palco. Maleoprando volle
rendersi degno della morte infame!

(La madre si copre con le mani il volto disfatto dalla visione spaventosa).

Io te lo rendo. Ma tu sappi ancora...

LA MADRE
(con un brivido d'orrore) No! taci! taci!

(La madre s'accascia; con un moto d'orrore crescente si fa difesa con le braccia, come sotto una percossa. Lungo silenzio. Poi alza il volto trasfigurata).

---

[5] Delle esecuzioni capitali.

No! taci! taci! non mi dir piú nulla!
Non mi ridire ciò che m'addolora...

LA MORTE
Io te lo rendo. Ma tu sappi ancora...

LA MADRE
Lasciami sola sopra questa culla
a piangere quest'anima fanciulla
che tramontò nel sorger dell'aurora!

Natale[1]

La pecorina di gesso,
sulla collina in cartone,
chiede umilmente permesso
ai Magi in adorazione.

5 Splende come acquamarina[2]
il lago, freddo e un po' tetro,
chiuso fra la borraccina,[3]
verde illusione di vetro.

Lungi nel tempo, e vicino
10 nel sogno (pianto e mistero)
c'è accanto a Gesú Bambino,
un bue giallo, un ciuco nero.

[1] Questa e le poesie che seguono furono raccolte dalla madre e dal fratello di Gozzano con il titolo *Le dolci rime* e pubblicate per la prima volta in appendice alla raccolta di fiabe *La principessa si sposa* (1917).
[2] Pietra preziosa di colore azzurrino, varietà del berillo.
[3] Muschio.

La Befana

Discesi dal lettino
son là presso il camino,
grandi occhi estasiati,
i bimbi affaccendati

5   a metter la scarpetta
che invita la Vecchietta[1]
a portar chicche[2] e doni
per tutti i bimbi buoni.

Ognun, chiudendo gli occhi,
10 sogna dolci e balocchi;
e Dori, il piú piccino,
accosta il suo visino

alla grande vetrata,
per veder la sfilata
15 dei Magi, su nel cielo,
nella notte di gelo.

Quelli passano intanto
nel lor gemmato[3] manto,
e li guida una stella
20 nel cielo, la piú bella.

---

[1] La Befana, appunto.
[2] Dolciumi.
[3] Coperto di gemme.

Che visione incantata
nella notte stellata!
E la vedono i bimbi,
come vedono i nimbi[4]

25 degli angeli festanti
ne' lor candidi ammanti.
Bambini! Gioia e vita,
son la vision sentita[5]

nel loro piccol cuore
30 ignaro del dolore.

---

[4] Le aureole.
[5] Contemplata, vissuta.

Pasqua

A festoni la grigia parietaria[1]
come una bimba gracile s'affaccia
ai muri della casa centenaria.

Il ciel di pioggia è tutto una minaccia
5 sul bosco triste, ché lo intrica il rovo
spietatamente, con tenaci braccia.

Quand'ecco dai pollai sereno e nuovo
il richiamo di Pasqua empie la terra
con l'antica pia favola dell'ovo.

---

[1] Pianta erbacea della famiglia Urticacee, con foglie ovali ruvide e fiori verdognoli in spighette. È comune sulle rocce e sui muri.

Oroscopo

*Alla mamma
per la nascita del fratello Renato*

La bionda fata sollevò le mani
sopra la culla in atto di preghiera
e nel chiaro mattin di primavera
suonò la bella voce in ritmi arcani:

5 « Spiriti eterni, Geni sovrumani
viventi dove il sol non ha mai sera,
scendete dalla vostra eccelsa sfera...
Venite, o Geni, dai regni lontani.

Donategli la forza e la saviezza,
10 la nobiltà dell'animo e del core;
ch'io l'ho predestinato alla bellezza:

e dategli la grazia delicata
della sua Mamma, dategli l'amore... »
Disse: e in ciel dileguò la bionda fata!

Dolci rime[1]

> *a Luisa Giusti, amica minuscola,
> con un cartoccio di cioccolato*

Sola bellezza al mondo
che l'anima non sazia,
fiore infantile, biondo
miracolo di grazia;

5 grazia di capinera
che canta e tutto ignora,
grazia che attende ancora
la terza primavera![2]

Tu credi ch'io commerci
10 (poi che poeto un poco)
in chi sa quali merci
buone alla gola o al gioco!

– Dammi una poesia! –
Cosí, come un confetto,
15 mi chiedi... E t'hanno detto
che sia?... Non sai che sia!

Che sia, come va fatto
il dono che vorresti,
ti spiegherò con questi
20 dischi di cioccolatto.

---

[1] Fu pubblicato per la prima volta sul «Corriere dei Piccoli» del 5 ottobre 1913, con fregi dello scultore e poeta Antonio Rubino (1880-1964).
[2] Cioè, non ha ancora tre anni.

Due volte quattro metti
undici dischi in fila
(già dolce si profila
sonetto dei sonetti)

25 Due volte tre componi
undici dischi alfine
(compiute in versi « buoni »
quartine ecco e terzine)

Color vari di rime
30 (tu ridi e n'hai ben onde)
poni: terze e seconde
concordi, ultime e prime.

Molto noioso? O quanto
noioso piú se fatto
35 di sillabe soltanto
e non di cioccolatto!

Di qui potrai vedere
la mia tristezza immensa:
piccola amica, pensa
40 che questo è il mio mestiere!

Prima delusione

La bionda bimba coi capelli al vento
correva per i viali del giardino
rossa nel volto, respirando a stento
per sfuggire al suo bruno fratellino.

5 « *Mamma!* »: era giunta all'albero di pesco,
calpestandone i fior scossi dal vento:
poi rise, del suo riso argenteo e fresco,
al fratellino giunto in quel momento.

« *Non mi prendesti!* » disse e rise ancora
10 al fratellino un po' mortificato;
e il sol, che traversava i rami allora,
baciò quel capo piccolo e dorato.

« *Fulvio, perché la bamboletta parla?*
Dici che sia una bambina vera? »
15 « *Chissà! Bisognerebbe un po' osservarla,*
guardarle il viso che pare di cera ».

« *Vai a prenderla: è dentro nella serra* ».
Il fratellino corse, e lei rimase
coll'occhio fisso all'ombre, che per terra
20 formava il sol nell'ultima sua fase.

Tornò il fratello con la bamboletta:
« *Guardala, Fulvio, a me par proprio viva,*
se tiri quello spago parla, e, aspetta,
se la bacio e la lodo si ravviva.

25 *Sí, sí! Se io le parlo mi comprende,
    se la rimbrotto subito s'attrista;
    quando la bacio, il bacio lei mi rende
    e poi, del resto, ridere l'ho vista».*

    L'accarezzava intanto, la bimbetta,
30 sui bei capelli morbidi e ricciuti,
    ma ad una mossa falsa la pupetta
    cadde e s'infranse in cocci assai minuti.

    Turbata in cuore da lacrime ardenti
    la bimba curva cerca in mezzo ai cocci:
35 occhi di vetro, due piccoli denti
    e le manine simili a due bocci.

    Le lacrime le scendon, sul visino,
    su la parrucca che trattiene in mano;
    cerca di consolarla il fratellino:
40 «*Ti dò il mio cerchio, e anche quel buffo nano*».

    Ma no: non è la bambola perduta
    che fa piangere tanto la bambina:
    vera, parlante, sempre l'ha creduta;
    invece è sol di porcellana fina.

45 Piange la bimba perché fu delusa.
    L'aveva tanto amata come viva
    e che la ricambiasse s'era illusa,
    povera bimba! e l'illusion finiva.

    Il sole tramontava tutto fuoco,
50 da lungi si sentivan batter l'ore
    ed in quel giorno destinato al gioco
    pianse la bimba il primo suo dolore.

La canzone di Piccolino[1]

(dal bretone)

Piccolino, morta mamma,
non ha piú di che campare;
resta solo con la fiamma
del deserto focolare;
5 poi le poche robe aduna,
mette l'abito piú bello
per venirsene in città.
Invocando la fortuna
con il misero fardello,
10 Piccolino se ne va.

E cammina tutto il giorno,
si presenta ad un padrone:
– « Buon fornaio al vostro forno
accoglietemi garzone ». –
15 Ma il fornaio con la moglie
ride ride trasognato:[2]
– « Piccolino, in verità
il mio forno non accoglie
un garzone appena nato!
20 Non sei quello che mi va ».

---

[1] Fu stampato sul « Corriere dei Piccoli » del 5 settembre 1909, con illustrazioni di Gustavino. L'Antonicelli scrive: « M.A. Prolo, nella sua *Storia del cinema muto italiano* (1951), elenca tra i film del 1911 della torinese casa Ambrosio *Solo al mondo* (storia di Piccolino), m. 133 – soggettista Guido Gozzano – operatore Giovanni Vitrotti ».

[2] Stupito, esterrefatto.

Giunse al Re nel suo palagio,
si presenta ardito e fiero:
– « Sono un piccolo randagio,
Sire, fatemi guerriero ». –
25 Il buon Re sorride: – « Omino,
vuoi portare lancia e màlia?[3]
Un guerriero? In verità
tu hai bisogno della balia!
Tu sei troppo piccolino:
30 Non sei quello che mi va ».

Vien la guerra, dopo un poco,
sono i campi insanguinati;
Piccolino corre al fuoco,
tra le schiere dei soldati.
35 Ma le palle nell'assalto
lo sorvolano dall'alto
quasi n'abbiano pietà.
– « È carino quell'omino,
ma per noi troppo piccino:
40 non è quello che ci va! » –

Finalmente una di loro
lo trafora in mezzo al viso;
esce l'anima dal foro,
vola vola in Paradiso.
45 Ma San Pietro: – « O Piccolino,
noi s'occorre[4] d'un Arcangelo
ben piú grande, in verità.
Tu non fai nemmeno un Angelo
e nemmeno un Cherubino...
50 Non sei quello che ci va ». –

---

[3] Maglia di ferro (un tipo di armatura).
[4] Si ha bisogno.

Ma dal trono suo divino
Gesú Cristo scende intanto,
e sorride a Piccolino
e l'accoglie sotto il manto:
55 – « Perché parli in questo metro,[5]
o portiere d'umor tetro?
Piccolino resti qua.
Egli è piccolo e mendico
senza tetto e senz'amico:
60 egli è quello che mi va...
O San Pietro, te lo dico,
te lo dico in verità!... » –

---

[5] Tono, modo.

La Notte Santa

(Melologo[1] popolare).

– Consolati, Maria, del tuo pellegrinare!
Siam giunti. Ecco Betlemme ornata di trofei.
Presso quell'osteria potremo riposare,
ché troppo stanco sono e troppo stanca sei.

5
                    Il campanile scocca
                    lentamente le sei.

– Avete un po' di posto, o voi del Caval Grigio?
Un po' di posto per me e per Giuseppe?
– Signori, ce ne duole: è notte di prodigio;
10 son troppi i forestieri; le stanze ho piene zeppe.

                    Il campanile scocca
                    lentamente le sette.

– Oste del Moro, avete un rifugio per noi?
Mia moglie piú non regge ed io son cosí rotto!
15 – Tutto l'albergo ho pieno, soppalchi[2] e ballatoi:[3]
Tentate al Cervo Bianco, quell'osteria piú sotto.

                    Il campanile scocca
                    lentamente le otto.

---

[1] Il melologo è un testo letterario declamato con accompagnamento di musica.
[2] Soffitte (o anche locali ottenuti dividendo orizzontalmente locali molto alti).
[3] Terrazzi.

– O voi del Cervo Bianco, un sottoscala almeno
20 avete per dormire? Non ci mandate altrove!
  – S'attende la cometa. Tutto l'albergo ho pieno
  d'astronomi e di dotti, qui giunti d'ogni dove.

                Il campanile scocca
                lentamente le nove.

25 – Ostessa dei Tre Merli, pietà d'una sorella!
  Pensate in quale stato e quanta strada feci!
  – Ma fin sui tetti ho gente: attendono la stella.
  Son negromanti, magi persiani, egizi, greci...

                Il campanile scocca
                lentamente le dieci.

30

  – Oste di Cesarea... – Un vecchio falegname?
  Albergarlo? Sua moglie? Albergarli per niente?
  L'albergo è tutto pieno di cavalieri e dame:
  non amo la miscela dell'alta e bassa gente.

35

                Il campanile scocca
                le undici lentamente.

  La neve! – Ecco una stalla! – Avrà posto per due?
  – Che freddo! – Siamo a sosta[4] – Ma quanta neve,
                                          [quanta!
  Un po' ci scalderanno quell'asino e quel bue...
40 Maria già trascolora, divinamente affranta...

                Il campanile scocca
                La Mezzanotte Santa.

    È nato!
        Alleluja! Alleluja!
    È nato il Sovrano Bambino.
45   La notte, che già fu sí buia,
    risplende d'un astro divino.

---

[4] Siamo al riparo.

Orsú, cornamuse, piú gaje
suonate; squillate, campane!
Venite, pastori e massaje,
o genti vicine e lontane!

Non sete, non molli tappeti,
ma, come nei libri hanno detto
da quattro mill'anni i Profeti,
un poco di paglia ha per letto.
Per quattro mill'anni s'attese
quest'ora su tutte le ore.
È nato! È nato il Signore!
È nato nel nostro paese!
Risplende d'un astro divino
La notte che già fu sí buja.
È nato il Sovrano Bambino.
È nato!

    Alleluja! Alleluja!

SOMMARIO

5 Cronologia della vita e delle opere
7 Introduzione di GIORGIO BÀRBERI SQUAROTTI
23 Bibliografia
29 Documenti e testimonianze del tempo
36 Giudizi critici posteriori
47 Illustrazioni

57 POESIE

59 LA VIA DEL RIFUGIO

61 La via del rifugio
68 L'analfabeta
76 Le due strade
80 Il responso
84 L'amica di nonna Speranza
89 I sonetti del ritorno
95 La differenza
96 Il filo
97 Ora di grazia
98 Speranza
99 L'inganno
100 Parabola
101 Ignorabimus
102 La morte del cardellino
103 L'intruso

104 La forza
105 La medicina
106 Il sogno cattivo
107 Miecio Horszovski
108 In morte di Giulio Verne
109 La bella del re
113 Il giuramento
115 Nemesi
120 Un rimorso
123 L'ultima rinunzia

127 I COLLOQUI

129 I. IL GIOVENILE ERRORE

131 I colloqui
134 L'ultima infedeltà
135 Le due strade
141 Elogio degli amori ancillari
143 Il gioco del silenzio
145 Il buon compagno
147 Invernale
150 L'assenza
153 Convito

157 II. ALLE SOGLIE

159 Alle soglie
163 Il più atto
165 Salvezza
166 Paolo e Virginia
177 La signorina Felicita ovvero La Felicità
198 L'amica di nonna Speranza
206 Cocotte

211 III. IL REDUCE

213 Totò Merùmeni

218 Una risorta
224 Un'altra risorta
227 L'onesto rifiuto
229 Torino
234 In casa del sopravissuto
237 Pioggia d'agosto
240 I colloqui

243 LE FARFALLE - Epistole entomologiche

245 Storia di cinquecento Vanesse
251 Dei bruchi
257 Delle crisalidi
261 Monografie di varie specie. Del parnasso
265 Della cavolaia
270 Dell'aurora
274 Dell'ornitottera
279 Della testa di morto
284 Della passera dei santi

293 POESIE SPARSE

295 Primavere romantiche
298 La preraffaellita
300 Vas voluptatis
301 Il castello d'Agliè
306 Laus Matris
309 Parabola dei frutti
311 L'incrinatura
313 La falce
315 Suprema quies
317 A Massimo Bontempelli
320 L'Antenata
321 Il viale delle Statue

327 Il frutteto
331 Domani
335 I fratelli
336 Garessio
337 Demi-vierge
339 La loggia
341 A un demagogo
342 Il modello
343 Mammina diciottenne
344 L'invito
345 Elogio del sonetto
346 La beata riva
347 Non radice, sed vertice
349 L'altro
351 Le golose
353 Al mio Adolfo
354 Nell'Abazia di San Giuliano
356 L'ipotesi
366 Il commesso farmacista
370 « Historia »
373 L'esperimento
377 [Stecchetti]
379 Congedo
380 La piú bella
382 Le non godute
386 L'amico delle crisalidi
390 Dante
392 « Ex voto »
393 La statua e il ragno crociato
395 Im Spiele der Wellen
396 Ad un'ignota
397 Ketty
402 Risveglio sul Picco d'Adamo
404 [Ah! Difettivi sillogismi!]
408 La ballata dell'Uno
411 La messaggera senza ulivo

413 La bella preda
416 La basilica notturna
419 Ai soldati alladiesi combattenti
420 Prologo
422 Carolina di Savoia
425 La culla vuota
430 Natale
431 La Befana
433 Pasqua
434 Oroscopo
435 Dolci rime
437 Prima delusione
439 La canzone di Piccolino
442 La Notte Santa

Finito di stampare nel mese di aprile 1996
presso lo stabilimento Allestimenti Grafici Sud
Via Cancelliera 46, Ariccia RM

Printed in Italy

BUR
Periodico settimanale: 17 aprile 1996
Direttore responsabile: Evaldo Violo
Registr. Trib. di Milano n. 68 del 1°-3-74
Spedizione abbonamento postale TR edit.
Aut. N. 51804 del 30-7-46 della Direzione PP.TT. di Milano

ANNOTAZIONI

ANNOTAZIONI

ANNOTAZIONI

ANNOTAZIONI

ANNOTAZIONI

ANNOTAZIONI

ANNOTAZIONI

α Avant-ust —
α Threat of photog = no more
  related to this = have to
  See — Cezanne = Welch
  Close —

C — Sy— → tradition

Cez — Return — ? S, Add C

Impression — vertetia having —

how we see — the close —

how we think —

ANNOTAZIONI

→ not a museum piece of
beauty = beautiful bcs ⇒ ⇒
wit easy, still possible=
D'annunzio = ugh i hate
verse - oscuro,
amare it =?

ANNOTAZIONI